Angelo VIVANTE

L'IRRÉDENTISME ADRIATIQUE

Traduction française
par
TERGESTINUS

ÉDITEUR :
IMPRIMERIE COMMERCIALE :: GENÈVE
Rue de la Synagogue, 31.

L'Irrédentisme Adriatique

Angelo VIVANTE

L'IRRÉDENTISME ADRIATIQUE

Traduction française
par
TERGESTINUS

ÉDITEUR :
IMPRIMERIE COMMERCIALE :: GENÈVE
Rue de la Synagogue, 31.
—
1917

TABLE DES MATIÈRES

L'aube de l'Union et la Venezia Giulia. — Pourquoi Trieste se détache de l'histoire italienne. — Le Port-franc cosmopolite. — La reconstruction nationale et l'Etat 1848 : une courte idylle entre Trieste et Venise. — Les antithèses de la pensée nationale. — La revanche de l'Autrichianisme et le dépit vénitien. — Lueurs de réaction nationale. — Francfort et la Constituante viennoise. — Députés triestins et députés istriens. — Pierre Kandler et la société triestine. — Le triomphe du parti loyaliste aux élections administratives. — Le contre-coup des journées viennoises d'octobre. — Les oscillations du « Giornale di Trieste ». — L'année 1848 dans la Venezia Giulia étudiée par un observateur impartial. — La récompense du loyalisme : le statut de 1850. — Le Conseil décennal et l'involution de la Conscience Nationale à Trieste. — Main de fer et gant de velours. — Solférino et la fin de l'absolutisme : la Lettre-Patente de 1860 et la Constitution de 1861. — L'Unité italienne et le sentiment national.

CHAPITRE II

Les premiers propagandistes. — La conversion de P. Valussi. — Les commencements à Trieste et la Diète istrienne « del Nessuno ». — Irrédentisme national et limites géographiques. — L'irrédentisme potentiel de Cavour. — Les contradictions des

CHAPITRE III

CHAPITRE IV

Avertissement du traducteur

Un demi-siècle de propagande irrédentiste en Italie, s'est condensé, aux approches de la guerre austro-italienne, dans les propositions de M. Sonnino au gouvernement austro-hongrois, du 8 avril 1915. Au moment même où la théorie devait se transformer en action, toute l'étonnante idéologie de l'irrédentisme accoucha d'une modeste proposition d'autonomie pour Trieste, la ville si ardemment convoitée. En effet, conscient de la complexité redoutable du problème triestin, le gouvernement italien, jetant par dessus bord le lest de la phraséologie irrédentiste, préconisa pour Trieste la solution suivante :

„Art. 3. — La ville de Triest et son teritoire, qui sera prolongé au Nord jusqu'à comprendre Nabresina et à toucher à la nouvelle frontière italienne et, au Sud, jusqu'à comprendre les districts judiciaires de Capo d'Istria et de Pirano, seront érigés en Etat autonome et indépendant au point de vue international, militaire, législatif, financier et administratif. L'Autriche-Hongrie renoncera à toute suzeraineté. Trieste devra rester port franc. Il prendra sa part de la Dette publique actuelle de l'Autriche-Hongrie, proportionellement à la population.»

C'était la voix de la raison même qui parlait par la plume du Ministre des Affaires Etrangères d'Italie. Le Livre Vert italien infligeait un cruel démenti à une rhétorique sentimentale qui ignorait, de propos délibéré, la réalité *des choses. Les événements pourront à leur tour infirmer le bon sens et la logique qui ont présidé aux ouvertures de M. Sonnino. Il n'en restera pas moins vrai que l'art. 3 de la Note du 8 avril est une solution logique, naturelle, équitable du problème du grand emporium commercial de l'Adriatique. L'autre solution, préconisée par l'Etat-major irrédentiste, se heurterait fatalement aux assises granitiques de la géographie et du statut national de l'arrière-territoire. La paix définitive de l'Europe et l'avenir économique de la grande ville maritime y souffriraient également.*

C'est ce que, dès 1912, avait clairement vu et lumineusement exposé un jeune socialiste italien de Trieste dans un livre admirable, disparu de la circulation à la veille de la Grande Guerre et dont s'est évidemment inspiré le directeur de la politique étrangère d'Italie en rédigeant sa célèbre note à l'Autriche. Ce livre, publié à Florence en 1912 par une association d'inspiration mazzinienne, la « Libreria della Voce », nous en présentons aujourd'hui la traduction française au public européen. L'œuvre profondément méditée de Angelo Vivante est précédée d'une introduction, dont nous détachons ici pour nos lecteurs, les passages les plus caractéristiques. M. Vivante, après avoir défini l'essence même de son enquête, à savoir : « étudier et discuter l'irrédentisme, élagué de toute rhétorique, de toute affectation pseudo-littéraire, avec un minimum de passion humaine » aborde directement le sujet de son étude.

« Donc Trieste — dit-il — et, avec Trieste, l'Istrie (dont Trieste est, sinon historiquement, au moins économiquement la partie principale) et Gorice, effectivement inséparable de Trieste, voilà « l'irrédentisme adriatique ». Ce n'est peut-être pas l'irrédentisme adriatique tout entier. La stratégie et la tactique, nous le verrons, voudraient

étendre l'irrédentisme jusqu'au-delà de Fiume, en pleine Croatie ; la rhétorique et la littérature, même plus loin, jusqu'à Cattaro, où il déboucherait dans l'impérialisme. Ces deux formes de l'irrédentisme dépassent le cadre de cette enquête... Au fur et à mesure qu'on étudiera et qu'on discutera l'irrédentisme adriatique julien, on étudiera et on discutera les rapports entre l'Autriche et l'Italie au point le plus délicat de la controverse. Mais l'objet de cette étude n'est pas uniquement l'analyse des rapports de l'Italie avec l'empire austro-hongrois actuel, au centralisme dualiste ou au dualisme centraliste. Son objet est également le statut politique de l'avenir, quel qu'il doive être. Nous étudions, par conséquent, le problème immanent des rapports entre la nation italienne, réunie en un seul organisme politique, et les diverses nationalités (y compris les Italiens de la région Julienne) qui des Alpes orientales, des Carpathes, du Danube, de la Save, gravitent, avec plus ou moins d'intensité, vers le rivage oriental de l'Adriatique. La ligne de gravitation la plus directe passe par la région Julienne, débouche à Trieste et dessert particulièrement cette ville. Que de connexions avc les problèmes des alliances et des ententes, des Balkans, de l'Unité Yougoslave, etc ! »

. . . .

. . . .

On sent dans ces pages que l'auteur a fait une sélection et s'est livré à un examen des faits et des données politiques, nationales, économiques. Ce sont les points d'appui des discussions futures. « Or, ces faits et ces données, de quelque côté qu'on les examine, ne militent pas en faveur de l'idéal du séparatisme julien. L'enquête laisse donc intentionnellement de côté toute considération ethique-juridique. Elle met en évidence non pas des droits, mais des

forces en lutte. (Au demeurant, quelle est la ligne de démarcation entre la force et le droit?) Je le sais bien, ce
terrain est antipathique à beaucoup de mentalités, mais il
est, somme toute, moins glissant et aussi peut-être moins
dangereux pour les Italiens que l'autre. Si on abandonnait
le critérium de la force — critérium qu'on peut mesurer
dans son entité présente aussi bien que, jusqu'à un certain point, dans son rythme futur, — nous nous engagerions
dans une voie sans issue. En effet, comment pourrait-on
contester aux Slaves juliens le droit de réagir contre toutes les formes d'assimilation, voire même contre les forces
automatiques qui se dégagent de l'ambiance ? Comment
leur contester le droit d'être finalement eux-mêmes, après
avoir été, pendant dix siècles, une simple matière organique pour le profit des autres ?

« Ruggiero Bonghi, qui n'était assurément pas un inter-
nationaliste, l'a dit il y a trente ans : « Supposer — écrivait-il — que les Slaves de la région Julienne n'ont pas
le droit d'y être, c'est tout simplement ridicule ; préten-
dre que, pour avoir le droit d'y rester, ils doivent oublier
qu'ils sont Slaves c'est une absurdité. »

« Mais les Italiens invoquent un titre spécial à l'hégémonie et à l'assimilation forcée. Ils invoquent les droits de la
culture et de la civilisation. C'est la thèse d'un sociologue
théoricien de la lutte nationale — Ludovic Gumplovicz. Il
insistait sur l'injustice d'une égalité linguistique trop rigide
et anguleuse entre les peuples de l'Autriche. Mais Gumplovicz parlait il y a trente ans selon les idées de son temps.
Il n'engageait pas l'avenir. Même à cette époque, ses re-
marques sur les « idiomes plébéiens » ne pouvaient que
très imparfaitement s'appliquer aux Slovènes et aux Croates. Aujourd'hui... ah ! aujourd'hui ce titre de supériorité
s'estompe et s'évanouit pour tous ceux qui contemplent

non pas le sommet mais les bases d'une nation, pour ceux qui soumettent ce titre à une enquête rigoureuse, non pas au point de vue des répercussions trompeuses d'un art ou d'une science-patrimoine des élites — mais dans les indications plus modestes, mais infiniment plus concluantes, de culture, d'humanité et de diffusion démocratique. Et alors, cette vieille civilisation nous apparaît bien paresseuse et lente à se répandre, et avec quelle rapidité la civilisation nouvelle, enfant baptisé d'hier, se précipite pour l'atteindre et la dépasser !

« C'est, somme toute, la constatation la plus mélancolique de notre enquête. »

On se saurait mieux dire. La mort tragique de Vivante, victime lui aussi du cyclone qui s'est abattu sur les esprits aussi bien que sur les vallées paisibles, a privé l'Italie d'une force intellectuelle de premier ordre, d'un caractère intègre et positif, ennemi de tout clinquant, de toute fausse sentimentalité.

Cette enquête approfondie sur une des faces les plus troublantes du futur statut politique de l'Europe, est une précieuse contribution à la paix qui, pour être durable et bienfaisante, doit sortir du cerveau de la Démocratie toute armée de sagesse et de justice au milieu de cette épouvantable mêlée des peuples.

CHAPITRE PREMIER

Trieste et l'Unité italienne

L'aube de l'Union et la Venezia Giulia. — Pourquoi Trieste se détache de l'histoire italienne. — Le Port-franc cosmopolite. — La reconstruction nationale et l'Etat 1848 : une courte idylle entre Trieste et Venise. — Les antithèses de la pensée nationale. — La revanche de l'Autrichianisme et le dépit vénitien. — Lueurs de réaction nationale. — Francfort et la Constituante viennoise. — Députés triestins et députés istriens. — Pierre Kandler et la société triestine. — Le triomphe du parti loyaliste aux élections administratives. — Le contre-coup des journées viennoises d'octobre. — Les oscillations du « Giornale di Trieste ». — L'année 1848 dans la Venezia Giulia étudiée par un observateur impartial. — La récompense du loyalisme : le statut de 1850. — Le Conseil décennal et l'involution de la Conscience Nationale à Trieste. — Main de fer et gant de velours. — Solférino et la fin de l'absolutisme : la Lettre-Patente de 1860 et la Constitution de 1861. — L'Unité italienne et le sentiment national.

Le mouvement unitaire italien a presque un acte de naissance. En juillet 1799, dix-neuf citoyens italiens, appartenant à toutes les régions de la Péninsule, envoyèrent à Paris, au Conseil Législatif des Cinq Cents, une adresse. Dans ce document, ils demandaient à la Nation Française de « déclarer que les peuples de l'Italie toute entière, des Alpes à la Sicile, sont libres de convoquer une Convention Nationale pour se donner un gouvernement démocratique qu'ils estiment nécessaire à leur bonheur. »

L'idée unitaire, jadis convoitise de princes ou aspiration de poètes et de solitaires, devient désormais l'effort collectif d'hommes qui pensent et qui agissent, c'est-à-dire, un mouvement et un sentiment politiques.

Cette aube qui se lève sur la Péninsule dès la fin du XVIIIème siècle, éclaire-t-elle de ses rayons la région julienne et son centre, Trieste ?

On pourrait répondre : Non — et passer outre ; mais ce serait trébucher sur le seuil même de la maison. Il ne suffit donc pas de constater que le sentiment unitaire se manifeste timidement chez nous presque un siècle plus tard que dans le royaume d'Italie. Il faut rechercher le pourquoi de ce phénomène. L' « irrédentisme », en tant que terme technique, naît après que l'unité s'est faite en Italie [1]. Pour que les Italiens restés de l'autre côté de la frontière puissent aspirer à la « rédemption par l'annexion », il faut que cet Etat devienne une réalité.

Mais le générateur nécessaire de l'irrédentisme doit cependant résider dans un sentiment unitaire pré-existant, enraciné dans la conscience, répandu au moins dans quelque couche sociale, le sentiment d'avoir avec l'Italie une destinée commune et la volonté d'y collaborer.

C'est à cette conscience, lentement cristallisée au cours des siècles, produit d'une quantité infinie de facteurs convergents, qu'on doit le mouvement unitaire et ensuite l'unité politique de la Péninsule.

Des traces passablement anciennes de ce sentiment on pourrait à la rigueur en retrouver en Istrie ;

mais à Trieste — on peut hardiment l'affirmer — il n'existe pas avant la formation du royaume d'Italie.

Pourquoi ? L'aversion pour l'union avec les pays italiens et l'attachement obstiné aux organismes politique d'outre-monts pourquoi constituent-ils le trait caractéristique de l'histoire de Trieste ?

La ville, colonie romaine de second ordre, municipe goth et byzantin, deux fois conquise par les Longobards, puis fief de l'Empire érigé en baronnie pour ses évêques, puis commune émancipée à force d'argent par son seigneur ecclésiastique, la ville dis-je, dès qu'elle peut en toute liberté — et nous sommes au XIIIme siècle — contempler la mer et les collines qui l'entourent, n'a devant elle, sur ses flancs et même derrière ses remparts, qu'un seul ennemi qui veut et doit vouloir sa mort.

Cet ennemi c'est — Venise.

La lutte entre Trieste et Venise (il faut insister sur ce point pour mieux comprendre l'histoire de Trieste) porte une marque tout à fait originale. Emancipée définitivement de Byzance, Venise s'affirme à l'instant même maîtresse, de fait sinon de droit, de la mer Adriatique. Elle gardera ce pouvoir pendant six siècles. Trieste acquittera son tribut au Doge, même après sa reddition à l'Autriche, jusqu'en 1500 ; symbole extérieur et permanent d'une suprématie contre laquelle la ville a dressé toute son histoire.

Cette lutte ne ressemble ni aux petites rivalités et aux jalousies des communes italiennes, ni au grand duel maritime vénéto-gênois. Gênes domine une partie de la Méditerranée, Venise l'Adriatique. C'est une lutte entre deux hégémonies qui se heur-

tent en dehors de leurs mers teritoriales et s'entre-
choquent pour la conquête d'une sphère d'attraction plus étendue ; duel qui, en vertu de son ampleur, permet à chacune des parties contendantes
de vivre et de se développer l'une à côté de l'autre.
La rivalité entre Gênes et Pise lui ressemble davantage. Et, en effet, la mort de Pise, en tant que puissance maritime, à la bataille de la Meloria, assure
la suprématie méditerranéenne de Gênes.

Entre Trieste et Venise, ce ne sont pas les armes
qui décident. Trieste se ménage une lointaine victoire, en échappant à l'étreinte vénitienne, c'est-à-
dire en se détachant définitivement de l'histoire politique de l'Italie. Ce n'est pas par l'effet d'un pur
hasard que la seconde et définitive reddition de
Trieste à l'Autriche (30 septembre 1382) a lieu au
lendemain de la paix de Turin qui, sous la média-
tion d'un duc de Savoie, avait reconnu l'indépendance de la Commune. Venise — sauf la redevan-
ce de quelques droits féodaux — la reconnaît aussi,
Venise qui, depuis 1200, avait perdu et repris quatre fois la ville convoitée, en engageant de sanglantes luttes avec les patriarches d'Aquilée, avec les
ducs d'Autriche, appelés à l'aide par Trieste, toujours prête à secouer le joug vénitien.

Les recteurs de la ville avaient parfaitement compris que l'indépendance de la commune signifiait,
au fond, la domination vénitienne, c'est-à-dire l'é-
touffement définitif de la ville. Le patriarcat d'Aquilée, qui avait formé jusque là un contre-poids à Venise et qui détenait le pouvoir féodal en Istrie, allait
sous peu disparaître sous la griffe du Lion de St-Marc.
La côte occidentale de l'Istrie, sauf quelque solution
de continuité qui sera bientôt comblée, était de fait

terre de St-Marc. Encore un peu, et « l'embouteille-ment » de Trieste serait un fait accompli. Il fallait trouver une force extérieure intéressée à empêcher la conquête vénitienne de ce dernier débouché libre de la haute Adriatique. Trieste découvre cette force dans la maison ducale des Habsbourg, qui avait été par deux fois investie de la pourpre impériale, maî-tresse de la Carniole et de l'Istrie et par conséquent limitrophe du territoire triestin, de la Carinthie et de la Styrie, c'est-à-dire de pays qui gravitaient éco-nomiquement vers Trieste. Les oligarques triestins eurent foi dans la solidité de l'édifice politique que les Habsbourg étaient en train d'édifier et, mar-chands avisés, ils prirent une hypothèque dont ils devaient, à une longue échéance, recueillir les fruits.

La nouvelle vassalité ne produisit aucun change-ment dans le statut de la ville. Elle garda longtemps son individualité politique vis-à-vis des tiers : droit de guerre, de paix, etc. En effet, après la reddition, le duel avec Venise continua et Trieste soutint, tou-te seule ou mal appuyée, des guerres et des intrigues. Avec l'Autriche ou sans elle, elle est souvent obligée de conclure des traités de paix désastreux. Mais le lien, bien que très lâche, qui l'attache aux domi-nateurs de son hinterland, lui assure l'avenir.

Pour expliquer l'impuissance de la protection ex-ercée par les Habsbourg, il faut avouer que ces princes s'étaient chargés d'une tâche bien au-dessus de leurs forces. Ils auraient dû défendre contre Ve-nise la liberté du commerce adriatique. Mais cette défense a été pendant de longs siècles impossible. L'Empire, que les Habsbourg monopolisaient défi-nitivement dans la première moitié du XVme siècle, n'était pas une puissance maritime, pas même pendant sa floraison, alors que le soleil ne se couchait pas sur les territoires de Charles V.

Après la division entre les Habsbourg d'Autriche et ceux d'Espagne, les Océans et la puissance maritime échoient à ces derniers. En face de cette faiblesse se dresse une grande force, une superbe organisation maritime. Avec ses équipages et ses galères, Venise déclare : « L'Adriatique est à moi, c'est ma mer, ou plutôt c'est ma « terre », autrement dit, je possède sur l'Adriatique les mêmes droits que les autres Etats ont sur leurs terres. Les navires non vénitiens ne peuvent la sillonner que s'ils acquittent les droits qu'il me plaira de leur imposer ; ils ne peuvent entrer dans les ports que si j'y consens. De même que la mer, les produits de la mer aussi m'appartiennent.

« Le *sel* avant tout, la richesse des villes de la côte istrienne, surtout de la commune de Trieste, qui est née pour les salines et qui en est entourée » [1])

L'obstructionnisme maritime n'est pas le seul obstacle au développement de la ville. Venise veille partout. Elle entrave le progrès de Trieste partout : en terre ferme, sur le Carso pierreux, dans les vallées de la Carniole. Et voilà la seconde raison économique du pacte avec l'Autriche : Trieste veut conserver au moins ce qu'on appelle aujourd'hui son *hinterland,* sa sphère d'attraction qui était à cette époque constituée par les marchés du Carso et de la Carniole. Elle demande à ses maîtres d'obliger leurs sujets de s'approvisionner à Trieste et pas ailleurs, en employant les systèmes prohibitifs de l'économie du moyen âge, c'est-à-dire la fermeture des voies conduisant aux ports vénitiens (Strassenzwang). Les ducs et après eux des empereurs donnent des ordres, en effet, mais sans aucune efficacité. Leur organisation politique est encore dépourvue de ces formidables machines unitaires qui peuvent aujourd'hui faire plier les intérêts particuliers devant ceux de l'Etat.

Venise offre, d'ailleurs, toutes les attractions des grands marchés ; et elle paralyse la distance, en opposant à Trieste ses marchés istriens ; surtout Capodistria, reliée elle aussi au Carso et à la Carniole. Les haines s'aiguisent ainsi entre Trieste et l'Istrie vénitienne, qui — naturellement — doit défendre avec âpreté, les miettes que la Dominatrice laisse tomber du banquet de sa toute puissance maritime. [5]

Pendant quatre siècles, Venise peut, grâce à l'impuissance ou la complicité des souverains autrichiens, mettre des impositions sur les navires, abattre les barrages des routes, détruire les salines, étouffer en un mot toutes les voies respiratoires de la petite mais dangereuse rivale. La peur augmentait naturellement avec les années, à tel point que, dans une consultation jalousement conservée dans les archives de la République, consultation attribuée à Fra Paolo Sarpi, et publiée vers la fin du XVIIème siècle, on adresse aux doges le conseil « de profiter de quelque besoin urgent de l'Empereur, ce qui lui arrive souvent, et de lui acheter argent comptant Trieste. La somme, aussi considérable qu'elle fût, ne saurait être mieux dépensée. » [6])

Mais le conseil arrive trop tard. La découverte de l'Amérique, le passage du Cap de Bonne Espérance, déplacent l'axe du commerce méditerranéen vers les Océans. La décadence générale de l'Italie se trouve être le signal de la décadence de Venise. Tandis que lui échappe la primauté du commerce méditerranéen, Venise, par suite du progrès constant de la conquête ottomane, perd son dernier marché colonial, l'Orient. Elle est incapable de lui en substituer un autre. Son oligarchie, habituée au privilège, craint la liberté des trafics. L'idée du port-franc, qui fait par deux fois son apparition au Sénat, s'évanouit sans laisser de traces. Mais en même temps, une autre évolution arrive à son terme : le duché d'Autriche s'est identifié avec l'Empire et celui-ci devient à son tour une organisation capable d'agir méthodiquement du centre à la périphérie. L'Empire, vers le milieu du XVIIIème siècle, fait par la Belgique son apparition, sur la mer du Nord, avec la Lombardie et le royaume de Naples sur la côte adriatique et méditerranéenne de l'Italie. La paix de Passarowitz avec la Turquie (1718) lui ouvre les marchés de l'Orient. C'est à ce moment que le pacte porte tous ses fruits. Il se trouve, en effet, que Trieste est le seul débouché adriatique qui, de par une tradition commerciale et maritime — toute modeste qu'elle soit — et par l'effet d'aspirations séculaires, est appelée à devenir « le grand entrepôt autrichien », le succédané naturel adriatique de Venise. La république de St-Marc ne sait plus réagir. Venise qui encore en 1631, avait défendu à un cortège de noces impériales de traverser son golfe adriatique, doit tolérer qu'en 1702 — pendant la guerre de la succession d'Espagne — les navires de guerre de l'Empereur traversent l'Adriatique et s'aventurent au delà de l'embouchure du Pô. Elle doit, en 1717, tolérer la proclamation de la liberté de l'Adriatique par une Lettre-Patente Impériale de Charles VI. Elle envoie ses ambassadeurs à Trieste pour complimenter l'Empereur lors de sa visite à cette création de ses constants efforts (1728). L'œuvre est d'abord stérile, parce qu'elle est fondée sur le privilège et non sur la liberté des trafics. Le Port-Franc ne commence qu'avec Marie-Thérèse (1740-1780). C'est à partir de cette époque que l'ascension vertigineuse de la ville s'accentue et que l'ancienne commune oligarchique se transforme en entrepôt cosmopolite d'un grand Etat. [7])

Cette transformation constitue un nouveau facteur qui exercera une large influence sur le *sensorium* social des Triestins. Le Port-Franc avait lentement cristallisé une ville toute nouvelle à côté de la vieille commune : la ville de chercheurs de fortune accourus d'Orient et d'Occident ; d'aventuriers en rupture de ban avec leur patrie venus à la curée ; serbes et allemands, hollandais et grecs, arméniens et turcs, français et italiens de toutes les régions de l'Italie. Cette ville forma même extérieurement un ensemble compact, car elle s'étendit au delà du vieux port sur les marécages des anciennes salines. Charles VI en avait fait politiquement un territoire séparé, en la soumettant à la juridiction immédiate de l'Empire, sous le titre de « Distretto Camerale ». Le Patriciat qui détient toujours l'administration de la ville commence à se trouver mal à l'aise vis-à-vis du Distretto ; car, d'un côté, il ne peut que vouloir l'enrichissement des nouveaux venus qui l'aideront à réaliser son rêve séculaire de la création d'un « Entrepôt » ; de l'autre, il est profondément blessé en voyant les « Distrettuali » s'affirmer en maîtres, se soustraire à la juridiction des citadins, extorquer à l'Etat des privilèges tributaires et fonciers, se vanter de leur ignorance cosmopolite, tourner en dérision la dignité et les traditions patriciennes.

Le prudent régime thérésien sait tirer son profit de ce contraste : il désarme le patriciat en annexant le District à la Commune et en étendant sur le premier les moindres juridictions citadines. Mais, en même temps, il supprime la clause fondamentale de la « Dedizione », l'individualité politique de Trieste comme ville immédiate et autonome de l'Empire, en s'adjoignant Fiume, Aquileia et une partie de la côte adriatique croate sous le nom de « Littorale », qui devait plus tard avoir un regain de célébrité [8]).

Le patriciat témoigne à l'impératrice sa reconnaissance en baptisant le District « Borgo Teresiano ». Son jugement et son attitude sont ratifiés d'ailleurs par le jugement et l'attitude de la postérité ; les ordonnances de Marie-Thérèse de 1749 sont considérées même au XIXème siècle comme le germe de la prospérité triestine ; et leur centenaire est fêté comme la date de l'inauguration du grand entrepôt international.

A vrai dire, il y avait une profonde contradiction entre les vieilles formes politiques, et cet entrepôt, dont les vieilles gens avaient invoqué la nécessité. La même année où Marie-Thérèse avait obtenu l'abdication de la commune, celle-ci, invitée à donner son avis sur le meilleur moyen de faire fleurir le commerce, revient, dans un mémoire, à la superstition du privilège, à l'erreur de Charles VI et elle propose, entre autres, de prohiber sévèrement l'entrée des produits étrangers, de la même qualité que les produits des Etats autrichiens. Ce qui aurait été la négation même du Port-Franc.

« L'impératrice adopta le système opposé, qui fut couronné d'un heureux succès. Le mémoire prouve combien l'abdication de la commune était nécessaire, ainsi que la main mise du Gouvernement. »

Ce sont les propres paroles du plus profond des érudits triestins, de ce Pietro Kandler qui jouera un rôle éminent das la formation de la conscience populaire jusqu'en 1860 et qu'un écrivain peu suspect de tiédeur nationale, Emilio Caprin, appelle avec beaucoup de raison « le plus grand talent indigène du XIXme siècle. »

*
* *

C'est que Kandler pressent la révolution qui allait s'accomplir, qui était même accomplie, vers la fin du XVIIIème siècle, à Trieste et dans les rapports entre Trieste et l'Empire. La vieille commune, dont la base ethnique est latine, mais qui était en réalité profondément autrichienne [9]), et qui absorbait facilement les rares éléments étrangers échoués à Trieste, la vieille commune se mourait, suffoquée par les nouvelles forces qui surgissaient de tous côtés autour d'elle. La victoire sur Venise, ce programme séculaire de la commune oligarchique, l'avait tuée. Car c'est cette victoire même qui avait fait surgir la nouvelle ville, rendez-vous d'une tourbe cosmopolite et marchande, dont la conscience, non unitaire, mais simplement nationale, ne s'épanouira que par suite d'un long et douloureux processus d'assimilation.

De son côté, l'Empire, jusque-là distant et indifférent, commencera à développer, à côté de son action économique, un programme national au profit du germanisme. En effet, le Borgo Teresiano, à son origine, est allemand. L'Eglise paroissiale est allemande, les livres hypothécaires sont rédigés en allemand, les rues portent des noms allemands. Joseph II utilise l'allemand pour centraliser l'Etat. Il supprime à Trieste les écoles des Congrégations, mais la laïcisation se fait en allemand, même dans les écoles primaires.

Cette germanisation, nous le verrons plus tard, est, faute d'ambiance favorable, condamnée à périr. Le cosmopolitisme marchand dominateur, quoique l'élément allemand y soit fortement représenté, trouve son compte dans l'usage de la langue de la rue ; et c'est l'italien qui reste la langue des affaires, des communications, des spectacles. Mais cette assimilation purement extérieure, comporte-t-elle l'expression d'une conscience nationale quelconque ? Non, évidemment. De même que l'oligarchie communale, par l'effet de son développement historique, n'aura aucun sentiment unitaire, l'entrepôt n'aura, pendant longtemps, aucun sentiment national.

Et ce sera le siècle même où la pensée unitaire de l'Italie commencera à s'élaborer. [10])

Les causes de ce phénomène sont plus qu'évidentes. Les nouveaux venus considéreront l'incorporation de la ville à l'Empire comme le facteur principal de leur richesse, et verront dans le cosmopolitisme concentré à Trieste la preuve du succès du Port-Franc. Dans la conquête autrichienne de Venise et de l'Istrie, ils trouveront la consécration de l'hégémonie adriatique de Trieste. L'expulsion de l'Autriche de l'Adriatique sera la subite catastrophe de la ville et le retour de l'Empire le signal d'un épanouissement vertigineux des trafics et des gains. [11])

Dans un pareil milieu, la formation d'une conscience nationale, si limitée qu'elle puisse être à une élite, doit nécessairement être laborieuse et très lente.

Pendant la tourmente napoléonienne, le processus n'est qu'à son début. Marmont, le gouverneur de l'Illyrique, en rappelant dans ses mémoires la structure ethnique de l'étrange région que Napoléon lui avait confiée, exprime l'impression purement cosmopolite qu'il avait rapportée de Trieste. « Les habitants, dit-il, étaient composés d'Allemands, d'Illyriens (c'est-à-dire de Slaves) d'Italiens, d'Albanais et de personnes de tous les pays. »[12])

Vingt ans après la rentrée des Autrichiens à Trieste, nous trouvons un petit cénacle intellectuel, composé presque exclusivement de non-triestins, qui ont inscrit sur leur programme la résurrection de la conscience nationale. Ce sont les rédacteurs du journal « La Favilla » (1836-1846). Le caractère cosmopolite de Trieste, le marché bariolé, l'essaim de dames de Carniole, de Carinthie, du Rhin, de la Belgique, de France, d'Egypte, de Grèce, forment le sujet préféré du journal italien.

En 1846, l'organe de la conscience nationale triestine se voit obligée de constater que la ville est « un rendez-vous des trois peuples voisins ». La « Favilla » meurt, avec la conviction d'avoir accompli sa mission. Dans son article d'adieu (31 Décembre 1846) Francesco Dall'Ongaro écrit : « Celui qui rédige ces lignes se rappelle avoir été interrogé, il y a sept ans, dans un salon, pour savoir si Trieste devait être appelée ville italienne ou autrement. A sa réponse affirmative tout le monde lui rit au nez ; aujourd'hui, rien que la question ferait sourire. »

Mais le *sensorium* cosmopolite n'est pas éteint ;[12]) nous le verrons résister même à l'année 1848. L'hym-

né à la constitution et au souverain, composé par
Gazzoletti dans l'ivresse révolutionnaire et chanté
dans un délire d'enthousiasme au Teatro Grande,
prend pour point de départ le polyglottisme autrichien ; il commence par ces vers :

O frères, parlant des langues différentes
Mais unis par la pensée et par le cœur...

Pour achever de caractériser le milieu, nous rap-
pellerons un phénomène caractéristique de la phase que traverse la ville ; l'Etat lui-même contribue
au développement de la culture italiennne et partant
à la formation de la conscience nationale, avant
1848.

La politique joséphiste de germanisation collec-
tive et forcée a échoué misérablement. Metternich
sait déjà se servir du slavisme, qui vient de s'éveil-
ler, pour tenir en échec le magyarisme, sous le vernis allemand.

Le « *divide et impera* » fait timidement son apparition. A Trieste, l'attitude des autorités est bienveil-
lante. C'est l'époque des gouverneurs « frondeurs »,
tel ce prince Porcia, rejeton d'une famille féodale du
Frioul, grand détracteur de la nouvelle ville, qu'il
pare du nom de « Camp de baraques » où les étrangers empochent de l'or ; grand ami des traditions nationales citadines et des hommes qui veulent les ressusciter ; qui ouvrait sa maison au théâtre et aux
conversations littéraires. La tactique de Porcia fut
reprise, avec plus de sens politique, par le comte
François Stadion, qui dirigea la lieutenance pendant
la période critique de 1840 à 1847. Stadion, descen-
dant d'une vieille famille allemande, esprit bizarre,
mélange d'esthète et d'utilitarien, grand seigneur de

naissance et d'éducation, flatte les intellectuels, étale sa sympathie pour la langue et pour la musique italiennes. Splendide amphytrion et jouisseur raffiné, vieux garçon et richissime, il sait utiliser le cuisinier pour se concilier les esprits.

Dall'Ongaro est un de ses convives et c'est lui que le gouverneur charge de la compilation d'un livre italien pour les écoles primaires ; c'est encore lui qui transforme les écoles allemandes en écoles italiennes.

Stadion s'efforce aussi d'adoucir l'âpreté dans les rapports entre Trieste et Venise ; et c'est à son initiative qu'on doit un échange de visites entre Triestins et Vénitiens. Parmi ses hôtes très fêté par le gouverneur, se trouve l'illustre historien milanais Cesare Cantù, qui publie dans la « Favilla » un compte-rendu intéressant de ces excursions en exaltant la fraternité des deux anciennes rivales [14])

La succession de la « Favilla » est recueillie par le journal officiel : « l'Osservatore Triestino, » qui, en 1846, inaugure une rubrique littéraire à laquelle collaborent les meilleurs esprits de la ville.

A côté de cette pensée surtout littéraire, un autre courant commence à s'affirmer tenant par sa source au culte du passé et qui voudrait harmoniser le passé avec le présent. Deux hommes en sont les génies représentatifs : *Domenico Rossetti et Pietro Kandler.*

Domenico Rossetti (1774-1842) était issu d'une famille originaire d'Albanie immigrée à Trieste au XVIIIème siècle. Fils d'un des plus jeunes patriciens de la ville, il porte en lui toute la nostalgie de l'ancien régime oligarchique et il se berce de l'illusion que ce régime pourrait refleurir. A la veille de l'occupation française, niveleur du passé à l'instant même où le patriciat se meurt de sénilité, Rossetti rédige un projet de statut dans le but de reconstruire, si possible, l'ancienne commune : il rêve la création d'un patriciat nouveau qui serait formé de tous les marchands enrichis et retirés des affaires et qui devrait reprendre la tradition triestine nationale, autrichienne et oligarchique.

Pierre Kandler (1804-1872) historien, juriste, archéologue de génie, s'élève de la ville à la région toute entière ; il rêve à son tour pour elle des autonomies, des privilèges compatibles avec la nature des temps. Mais chez l'un et chez l'autre prévaut et prévaudra la conviction profonde, que l'épanouissement de la région julienne est inséparable de l'union politique avec l'Autriche. Domenico Rossetti ne voit pas 1848 et sa pensée ne peut se faire au nouveau régime. Kandler qui sent l'esprit du libéralisme de 1848 et qui survit à 1859, à 1866 et à 1870 restera à tout jamais réfractaire à la nouvelle idéalité séparatiste. Ceci n'empêchera pas que l'un et l'autre se vouent de toute leur âme à l'affirmation, sur tous les domaines, de la conscience nationale et des droits autonomistes triestins. De ces droits, la ville, nous l'avons vu, avait été privée dès 1809. La « Mairie » française ne vécut que sur le papier. L'Autriche, revenue en 1813, se considère comme maîtresse par droit de conquête, et par conséquent déliée de ses engagements antérieurs ; le Port-Franc rétabli, le gouvernement pour tout le reste passe l'éponge sur le passé. Trieste, avec Gorice, Gradisca, l'Istrie, Fiume et avec une partie du littoral croate, disparaît dans un « Gouvernement des côtes », ou « Littoral », qui est livré au bon plaisir de la bureaucratie. La ville est administrée par trois assesseurs et un président, tous nommés par le gouvernement (Magistrat Imp. Royal). La fonction de procureur de la ville est aussi une place gouvernementale. Elle est confiée à Rossetti, le seul, qui, dans l'atonie générale, s'aperçoive des conséquences fatales de la confiscation de l'autonomie. En 1826, on peut distinguer un embryon de vie communale : « la députation consultative » composée de six membres nommés par le gouvernement et de six autres envoyés par la « Bourse », la délégation de la nouvelle classe des commerçants. Cette organisation ne dure que jusqu'en 1839. Vienne, envoie cette année un vrai statut : le statut ferdinandien ; mais lui aussi change plutôt les noms que les choses ; il crée un conseil de 40 membres, choisis par le gouvernement sur 80 candidats proposés par le magistrat et par la députation ; le seul pouvoir positif du conseil, c'est l'examen des bilans. « Le conseil ferdinandien, dit Kandler, n'eut d'autre résultat que d'accroître [17]) d'un degré le nombre des instances inférieures administratives, le gouvernement gardera le pouvoir dans les instances supérieures. »

Résumons : Classe mercantile, sans conscience nationale ni politique ; conscience nationale en formation dans les classes plus cultivées ; classes populaires absentes ; absolutisme paternel du Gouvernement. Dans ce milieu éclate la tourmente de 1848.

L'année 1848 à Trieste est un phénomène varié et complexe. A chacune de ses phases correspond une attitude spéciale du public. Son premier cri est « Constitution ». Ce mot, vaguement et mal compris par la majorité, ne rencontre aucune opposition. Les gens sans tradition lui ménagent une réception favorable. Il n'y a ni aristocratie, ni clergé féodal qui tremblent pour leurs privilèges fonciers ; la bourgeoisie du capital, n'a rien à craindre, plutôt tout à gagner de sa participation au gouvernement de l'Etat, de la liberté de parole, de réunions, etc. pourvu que tout cela s'établisse vite et sans troubles dangereux pour les affaires ; les intellectuels voient dans la constitution le plus rapide triomphe de la conscience nationale et le chemin vers l'autonomie ; la foule amorphe espère tirer de l'inconnu et du nouveau quelque adoucissement à ses misères. C'est donc un enthousiasme peu conscient mais sincère celui qui, dans la nuit du 16 Mars accueille les premières nouvelles sur la constitution des passagers et des postillons de la « diligence » de Vienne et qui la fait circuler dans la ville qui, bien vite, illumine et retentit de vivats. Le lendemain, la foule décroche un portrait de Metternich au Tergestée et l'Hôtel Metternich devient l'Hôtel National.

La joie et la colère (faut-il le dire ?) sont rigoureusement légalitaires : la proclamation impériale (qui constitue une Garde Nationale, supprime la censure et annonce la prochaine convocation d'un Parlement) est communiquée par le gouverneur à la foule qui applaudit sur la place. L'évêque et le président de la Commune en prononcent l'éloge. « L'Istria » de Pierre Kandler — le journal qui recherche dans le passé des documents de la nationalité du pays — renonce pour un numéro au sérieux d'une revue historique et pousse des vivats à l'adresse du souverain libérateur, dans un article signé Kandler [57]) lui-même et dans un autre signé par Tommaso Luciani qui, deviendra quelques années plus tard, l'apôtre de l'irrédentisme istrien. La Garde Nationale, marque le pas au loyalisme autrichien. Celui-ci, bien vite, deviendra antilibéral et anti-italien.

Un épisode bien caractéristique se passe dans les premières journées de 1848 : Trieste apprend à Venise les nouvelles de Vienne, la promesse solennelle du régime constitutionnel qui aurait dû se manifester aussi par la convocation de la Congrégation lombardo-vénitienne. Dans la matinée du 18 Mars, pendant que Trieste est en joie, les passagers du paquebot parti de Venise le jour précédent, relatent que dans cette ville on ignore absolument tout, que Venise frémit, s'agite et qu'une révolution est en l'air. Un groupe de jeunes gens forme à l'instant ce projet : partons pour Venise et apportons lui la nouvelle de la promulgation de la Constitution. Aussitôt dit, aussitôt fait ; on demande au Lloyd un bateau. Le Lloyd, en raison du but patriotique du voyage, met gratuitement le bateau arrivé de Venise à la disposition des jeunes gens. Les plus enthousiastes s'embarquent, parmi eux un jeune homme, né en Dalmatie, interné à Trieste, qui sera plus tard Ministre du royaume d'Italie : Frédéric Seismit-Doda. Le soir même, le bateau est en vue de St-Marc. Une foule énorme se presse sur la rive des Esclavons, anxieuse devant le bateau triestin revenu en dehors de l'horaire. « Liberté, Constitution » ! on crie du pont du navire ; on répond de la rive par les mêmes cris. Les envoyés sont portés en triomphe jusqu'au palais du gouverneur Palffy auquel ils remettent le texte de la proclamation impériale dont Palffy donne lecture à la foule entassée sur la place Saint-Marc, aux cris de : Vive Venise, Vive Trieste, Vive la Constitution, Vive Ferdinand !

Des bouches vénitiennes, ne pouvaient pas longtemps pousser ce dernier cri. L'Autriche, dans la Venise de 1848, signifiait dépression et compression, la fin d'une puissance millénaire, le sceptre de l'Adriatique passé au rivage opposé. Et, en effet, le 19 Mars, il y a déjà conflit entre la foule et les Croates : quatre morts et plusieurs blessés ; le 22, les ouvriers de l'Arsenal assomment le colonel Marinovich, haï comme argousin et par dessus le marché étranger ; les autorités civiles et militaires paralysées par la peur, cèdent le pouvoir au municipe. La République, évoquée place St-Marc par la voix puissante de Daniele Manin, paraît à la foule ; et elle est, en réalité, le complément logique et fatal du mouvement. Mais ce n'est plus la Sérénissime maîtresse jalouse et enfermée, nationalement amorphe, mais la République démocratique, partie intégrante de l'unité politique italienne.

A ce moment, la courte idylle tissée en une heure d'ivresse, doit se déchirer. Trieste, comme Venise, suit le rappel de son passé, l'impératif catégorique du présent, tous les deux hostiles à l'impulsion unitaire.

On peut noter cependant quelque éclair fugitif. Le triestin Orlandini, un des fondateurs de la « Favilla » qui a assisté aux journées de mars à Vienne, essaye d'acclimater le drapeau tricolore italien à Trieste. Cette tentative est suivie d'une réaction immédiate ; le 24 Mars au Tergestée — lieu de rendez-vous des négociants — des rixes s'ensuivent. Une proposition est lancée tendant à expulser de la Garde Nationale quelques soldats ou officiers qui avaient osé porter avec ostentation les trois couleurs italiennes à la place des deux couleurs autrichiennes (blanc et rouge). Pour défendre les trois couleurs intervient le gouverneur autrichien en personne, avec une proclamation bizarre. Elle est adressée aux citoyens qui ont essayé d'insulter certaines personnes qui portaient les couleurs de leur nation, alors qu'il faut respecter notre hôte étranger qui se pare des emblèmes de la patrie ! ! ! Bizarre reconnaissance autrichienne de la révolution lombardo-vénitienne, contre laquelle l'Autriche est en train d'aiguiser ses armes.

C'est l'heure des confusions et des incohérences. Le journal officiel n'avait-il pas publié les strophes d'un hymne à Venise avec des vers comme celui-ci :

Reine de l'Adriatique, réveille-toi... ?

Les semaines victorieuses de la revanche italienne vont commencer. La liquidation de l'Autriche dans la péninsule italienne peut paraître imminente, et l'union des princes italiens contre l'Autriche bien solide, la marche de Charles Albert et de ses alliés jusqu'à l'Isonzo et au delà bien possible. C'est alors que la « Gazette de Vienne » parle du royaume Lombardo-Vénitien comme d'un pays perdu et qu'elle propose une compensation dans les principautés danubiennes, c'est alors qu'à Trieste un gros bonnet des finances, le baron Bruck, se laisse aller à de sombres pronostics : « Qui nous assure que nous n'aurons demain la République ? ».

« La République », (c'est-à-dire la séparation de l'Autriche sous une forme ou sous une autre) aurait pu venir en effet, mais seulement à la suite d'une guerre malheureuse et non d'un mouvement intérieur. Même chez les propagandistes du mouvement national, l'identité des vues et des espoirs fait complètement défaut. Tandis que Orlandini se flatte de pouvoir apporter de Venise, avec les cocardes tricolores, l'idée et l'élan unitaires, Dall'Ongaro, exilé à Udine, propose pour Trieste l'avenir d'une ville libre, ni italienne, ni autrichienne, une « Hambourg de l'Adriatique ». [16]

Ce n'est pas par l'effet du hasard que cette idée, conciliatrice en apparence, naît pendant les fugitives victoires démocratiques en Autriche et en Italie et alors que les aspirations purement nationales du libéralisme triestin paraissent pouvoir se concilier avec les idées séparatistes et unitaires du royaume Lombardo-Vénitien. Que la nouvelle Autriche reconnaisse le droit à l'indépendance des Lombards et des Vénitiens, et voilà la nouvelle Italie lui tendant la main avec Trieste entre les deux, unie intellectuellement à la première, économiquement à la seconde. Mais les deux voix, de Orlandini et de Dall' Ongaro s'excluant mutuellement, retombent dans le vide.

A Venise — où l'ivresse de l'heure aurait pu faire oublier la raison de faire des intérêts en opposition — la désillusion du sujet de l'attitude de Trieste est vivace et profonde. Les hymnes se changent en malédictions. La haine traditionnelle se réchauffe : les « frères » du 18 Mars sont devenus, le 1er Avril : « un amas de négociants cosmopolites, qui, avec beaucoup de hardiesse, avec une fourberie raffinée et avec l'appui ouvert du gouvernement autrichien, ont privé Venise et toute l'Italie d'une grande partie d'un commerce florissant... un amas d'aventuriers mal venus. » Trieste est « l'amphibie qui emploie tous les moyens, toutes les trahisons pour s'opposer au Risorgimento italien... et qui tend à embarrasser nos relations sur mer, pour rendre l'action par terre moins efficace... » Dans la fureur de la réaction, on se plait à attribuer à Trieste, des fautes dont l'histoire ne lui a imputé aucune responsabilité ; par exemple, « d'avoir retenu en otage les navires de guerre vénitiens et d'avoir renvoyé complètement dépouillés les marins vénitiens. »

Malgré une défense passionnée d'Orlandini, qui prend avec éloquence fait et cause pour sa ville natale, la guerre entre Trieste et Venise devait devenir plus aigüe. Le 24 Mai, une escadre sarde-vénitienne-napolitaine fait son apparition dans le golfe de Trieste. Un peu plus tard, les navires napolitains se retirent. L'escadre reste sous les ordres de l'amiral sarde Albini et d'un officier vénitien, Bua, au service de l'Autriche, qui, le 22 Mars, avec tous ses équipages et avec les navires dans les eaux vénitiennes, se rallie à la cause de la République.

Quelles instructions et quels ordres indépendants, ou subordonnés aux vicissitudes de la guerre terrestre, auraient été donnés à l'amiral Albini, nous ne le savons pas. Que l'expédition ait eu aussi des intentions offensives et qu'elle ne dût pas se borner exclusivement à empêcher l'attaque des forces navales autrichiennes restées intactes à Pola, cela est, semble-t-il, prouvé par le rapport présenté par Paolucci, ministre de la guerre et ministre de la République, à l'Assemblée Nationale, dans la séance du 4 Juillet 1848. On sait que contre l'éventualité d'un bombardement ou d'un débarquement à Trieste, la Confédération germanique protesta par la voie diplomatique, considérant Trieste comme territoire fédéral. Ce qui est moins connu, c'est que les gouvernements représentés par l'escadre avaient conçu l'espoir d'un mouvement insurrectionnel à Trieste, lequel aurait été le signal d'une action offensive sur le territoire autrichien. Du 24 Mai au 12 Juin, l'escadre a l'air d'attendre les évènements et ce n'est que trois semaines après son arrivée qu'elle justifie, au point de vue international, sa présence, en notifiant le blocus de la place.

En ce même mois de juin, les journaux patriotes (par exemple «La Concordia» et le « Pio IX » de Milan », déplore que Trieste n'ait pas eu le courage de se défendre. Vers la fin de juillet « L'Avvenire d'Italia » de Milan, après les défaites piémontaises, devient plus explicite encore. Il critique comme insensé le plan de Garibaldi de marcher à travers le Tyrol vers Vienne et il s'écrie : « A-t-on oublié la malheureuse expérience de Trieste? » L'Istrie maritime elle aussi, où la pensée unitaire commence à s'épanouir, attend de Trieste le signal de la révolution.

L'attente était vaine. L'apparition de l'escadre peut à la rigueur exciter les vagues espoirs de quelque rare patriote (quoique le futur libéralisme irrédentisant, nous l'avons vu et nous le verrons, soit encore légalitaire) mais il soulève mille craintes dans la classe commerçante dominatrice. Mais lorsque le blocus intervient pour paralyser le commerce — la religion suprême de la ville — le sensorium social se pénètre d'un esprit antirévolutionnaire et partant anti-italien. Et presque en même temps, commencent les défaites de Charles Albert et le retour victorieux de l'Autriche, de l'amphithéâtre des Alpes, vers les plaines de la Lombardie. Les commerçants et leurs clients se persuadent que la « République » est morte. Ils ne craignent plus de s'engager trop à fond contre les vainqueurs possibles de demain.

L'attitude de Trieste, mérite en effet les éloges du maréchal Gyulaj (le futur vaincu de Magenta) le commandant de la place bloquée. Il l'indique comme un exemple à suivre aux Istriens moins loyalistes. L'état de siège — proclamé après la déclaration du blocus — est incapable de réprimer les manifestations patriotiques des citoyens. Des marches aux flambeaux et des illuminations s'organisent en l'honneur de Gyulaj, qui réunit les pouvoirs civils et militaires, et la presse, même celle du parti libéral, le couvre de fleurs. Rien d'étonnant à ce que, dans un pareil milieu, on puisse même fêter la chute de Milan !

A Venise, ce loyalisme obstiné des Triestins provoque une nouvelle manifestation d'indignation qui, cette fois, se pare d'un caractère officiel. Ce ne sont plus des articles signés et accueillis par l'organe du gouvernement : c'est l'organe lui-même qui aux fausses nouvelles de mouvements austrophiles vénitiens, arrivées de Trieste, ajoute ce cinglant commentaire : « La très fidèle ville de Trieste suit sa tradition de générosité. Faute de tristes nouvelles à publier sur notre ville, pour sa satisfaction intime, elle les invente. »

A l'ouverture de l'Assemblée Constituante, Manin, dans une relation sur les évènements militaires, avait déjà fait allusion à Trieste, sans la nommer, en la désignant crûment « la rade où se préparaient nos deuils. »

Colères et ironies, que l'excitation tragique de l'heure explique amplement, mais colères et ironies qui renferment un jugement trop passionné et trop sommaire. En réalité, si les victoires passagères de la révolution italienne n'ont pu détourner Trieste de son chemin, les défaites et la joie bruyante avec laquelle les marchands et les ilotes les célèbrent, suscitent des manifestations de réaction et de protestation, premiers signes précurseurs des nouveaux courants de la pensée des citadins. Les journaux quotidiens libéraux commencent à peine à paraître à Trieste (août 1848) et il nous sera plus facile désormais de suivre dans leurs colonnes les évolutions de l'esprit public de 1848. Le « Costituzionale » — la « Gazzetta di Trieste » — le « Telegrafo della Sera » etc. reproduisent la pensée des libéraux avec de légères nuances de ton. L'indissolubilité de la destinée de Trieste de celle de l'Autriche est répétée et accentuée largement jusqu'à la fin ; et ce n'est certainement pas la crainte de la loi pénale qui les fait parler. La loi provisoire de la presse du 31 mars 1848 était bien plus libérale que celle qui est actuellement en vigueur. Elle ne connaissait pas la « procédure objective », elle admettait le jury, permettait la vente publique, etc.

Cependant, les affirmations loyalistes n'excluent pas la polémique contre l'ultra-autrichianisme et ses intolérances ; la chronique de ces mois en offre des épisodes comiques. A la devanture d'un magasin de linge s'étale — horrible ! — un mouchoir tricolore ; et voilà qu'un monsieur décemment habillé s'approche indigné et — crache sur la vitrine ! Un torchon rouge flotte à la fenêtre d'un logis. Le rouge fait partie des trois couleurs. Aussitôt des coups de sifflet partent, des cailloux sont lancés, des femmes s'évanouissent et voilà qu'intervient la solution Stecchettienne : « C'était la tente ! »

Enfantillages de chronique mais indices, en même temps, de l'atmosphère de soupçon qui commence à troubler la vie de la ville, jadis si calme dans son atonie politique. Pas d'échauffourée qui ne soit sur le champ colorée d'une teinte subversive. La Garde Nationale, mécontente de la forme de son képi, organise un charivari sous les fenêtres de son commandant ; là-dessus rencontre sanglante des soldats avec la foule. Démonstration anti autrichienne ? Le bruit en court, mais (preuve de patriarcalisme gouvernemental !) le commandant militaire se charge de la démentir officiellement !

D'autre part, les mouchoirs tricolores — tout conspués qu'ils soient — peuvent cependant signifier qu'il y a quelque chose de nouveau qui bourdonne au fond du sensorium social triestin. Examinons donc, pour nous orienter, les caractères positifs de cette première expérience des libertés constitutionnelles.

La nouvelle ère apporte une grande nouveauté : les élections. Trieste, nous l'avons vu, était née et s'était superbement développée sous un régime essentiellement antiparlementaire et antiélectoral. La fonction électorale lui est, par conséquent, étrangère. Elle ne lui est pas antipathique, mais elle est incomprise et inappréciée. Il en est ainsi toutes les fois que les faveurs nous accablent sans que nous ayons désirées ni demandées. Et puis on passe rapidement du néant à l'exagération. En mai, élection des députés à la Diète de Francfort ; en juin, élection des députés à la Constituante de Vienne ; en août, élection des conseillers municipaux.

Ces élections de Francfort que sont-elles ? Quels rapports peuvent exister entre Trieste et le Parlement qui aurait dû substituer à la fédération des princes allemands la fédération des peuples ? Ici se reflète le vide d'origine de l'année 1848 allemande. L'assemblée de Francfort prétend représenter exactement l'organisme fédéral tel qu'il a été constitué, sous le protectorat de l'Autriche et de la Prusse, à partir des traités de 1815. Or, cet organisme comprend aussi des pays non allemands ; dans le protocole fédéral du 6 Avril 1818, promulgué par patente impériale du 2 mars 1820, le « territoire de Trieste » figure parmi les pays de l'Autriche faisant partie de la confédération. L'aggrégation de Trieste contredisait l'esprit et la lettre du compromis dans lequel le Souverain s'était engagé à ne pas aliéner et à ne transférer non plus une partie quelconque de ses droits sur la ville.

Mais la ville de Trieste de 1820 ne comprit pas ; et, d'ailleurs, elle n'avait pas voix au chapitre. Il était, d'autre part, de l'intérêt de l'Autriche de peser, avec un maximum de territoire, sur la confédération, pour combattre la suprématie prussienne. Le ministre viennois du mois de mars — mouvement ne l'oublions pas, essentiellement bourgeois libéral allemand — s'empressa de fixer les élections dans tous les pays autrichiens appartenant à la Confédération c'est-à-dire Trieste, Gorice et l'Istrie anciennement autrichienne.

La classe commerçante triestine, avec sa psychologie habituelle, raisonna ainsi : « Tout ce qui nous unit davantage à l'Allemagne étend notre *hinterland* et profite à nos affaires. Allons à Francfort pour jouer, s'il le faut, le rôle de patriotes allemands ! » … Et voilà qu'on procède à la constitution d'un comité électoral dont, à côté d'hommes de la

Bourse, font partie des éléments qui formeront plus tard le noyau politique le plus conservateur.

Le programme de ce comité impose aux futurs membres de la Diète le mandat de transformer Trieste en port militaire fédéral allemand, de plaider l'aggrégation de l'Istrie anciennement vénitienne à la confédération et de s'opposer à toute velléité « républicaine » ! (Osservatore Triestino, 9 et 16 mai 1848).

Très éloigné de ce milieu, Pierre Kandler — autour duquel vont se réunir les hommes du parti libéral naissant — voudrait que « pas une pierre ne fût portée à l'édifice de Francfort. » Gardien de la tradition autrichienne et nationale, il craint que Francfort n'affaiblisse les titres de Trieste au rétablissement de son autonomie provinciale, dans l'esprit du pacte avec l'Autriche. Il craint que l'appartenance à un organisme essentiellement allemand ne fortifie le courant germanique déjà assez oppressif. A la voix de Kandler d'autres voix s'ajoutent. Elles parlent d'une prémisse rigoureusement légalitaire : à savoir que Trieste autrichienne répudie tout lien de droit public qui serait étranger à l'Autriche. Mentionnons les voix de Francesco Combi, istrien, et de Félix Machlig, triestin, deux champions du libéralisme de 1848. Mais le Gouvernement autrichien se trouve encore dans la période francfortienne ; et sans interpeller les citoyens c'est lui qui se charge directement des élections. Le Gouverneur Salm, dans sa proclamation, s'efforce d'apaiser les scrupules : « Il ne s'agit pas de devenir allemand, dit-il, mais d'encourager le commerce ». Mot d'ordre d'un effet prodigieux ! Les élections suivent tranquillement leur cours. C'est le suffrage universel, mais à deux degrés : premiers électeurs, tous les citoyens majeurs jouissant de leurs droits civils ; ils sont 2.000 qui élisent une centaine d'électeurs de première classe, qui élisent à leur tour deux Allemands, un fonctionnaire imp. royal, Burger, et Bruck, un self-mademan, fils de commerçants de la Prusse rhénane qui, se rendant en Grèce pour se joindre aux insurgés grecs, avait cédé aux charmes de Trieste et préféré les affaires à l'émancipation des peuples. Fondateur du Lloyd, il devint un des chefs de la haute finance. Devenu ensuite Ministre de la réaction, il se suicidera, victime de la débâcle morale et financière qui suivra la défaite de 1859.

Les deux députés triestins siègeront à Francfort tant que le vent viennois soufflera de ce côté. Ils demandent que Trieste devienne le port de guerre de la Confédération. Ils se trouvent en contradiction avec leurs protestations contre la « déclaration de principe » de l'Assemblée, aux termes de laquelle les statuts particuliers des pays confédérés devaient se subordonner à la Constitution fédérale. Autonomie provinciale fondée par le pacte avec l'Autriche et port de guere allemand dans l'Adriatique, l'antithèse est complète. Burger et Bruck n'accordent aucune attention à ces vétilles, tandis que Kandler, élu par l'Istrie anciennement autrichienne comme son représentant à Francfort, en conformité avec la pensée nationale et autonome, refuse le mandat.

L'ancienne Istrie vénitienne n'avait jamais été comprise dans la Confédération germanique. On s'agitait toutefois de tous côtés, à Trieste en premier lieu, pour lui faire subir le sort de la province. Mais l'opposition était bien autrement profonde en Istrie. L'esprit public y était foncièrement différent de celui de Trieste. On le constate aux élections pour la Constituante de Vienne. A Trieste le résultat est le même que pour Francfort. Deux députés ultra autrichiens et conservateurs sont élus : Hagenauer, un négociant, représentant de la Bourse, contre Conti, magistrat(qui treize ans plus tard sera le premier président du premier Conseil libéral) et un docteur Golli, médecin. On cite de Hagenauer la déclaration qu'il se considérait comme « le député de l'extrême limite méridionale de l'Italie ». Mais la tempête d'octobre éclate et Hagenauer, retour de Vienne, est conspué par les organes libéraux. Golli se réfugie à Baden. A Kremsier, dernier refuge de la Constituante, les deux députés triestins sont absents. Ils ne font pas partie de ces groupes de députés de Dalmatie et d'Istrie qui votent l'égalité des langues nationales à la Chambre.

L'attitude des députés istriens, Madanizza, De Franceschi, Vidulitch et Fachinetti est entièrement différente. Leur premier acte à Vienne c'est de protester contre l'aggrégation à Francfort de l'ancienne Istrie vénitienne. Ils se mettent par là en ouverte contradiction avec les députés triestins à la Diète allemande. Ils ont la conscience d'être les mandataires et les défenseurs de tous les Italiens qui luttent contre les armes et le centralisme de l'Autriche. Fachinetti ose interpeller le Gouvernement sur l'état de siège en Lombardie ! Lorsque Radetzky s'avise de défendre dans la Lombardie-Vénétie la circulation du *Giornale di Trieste* — le précurseur de la presse irrédentiste — ce sont les députés istriens qui se plaignent et qui demandent des explications au Ministre. A Kremsier, ils quittent les derniers le poste de combat.

Et nous voilà à la troisième expérience électorale :

aux élections municipales. Les journées de mars ont emporté le Conseil ferdinandien. Dès le 24, le Président du Conseil Municipal en annonce la dissolution par suite des démissions de plusieurs de ses membres. Aux libéraux, et surtout à Kandler, cet acte apparaît unjustifié et suspect ; il l'attribua à la secrète intention de priver la ville de sa représentation légale, qui aurait pu, peut-être, élever la voix contre l'intervention à Francfort, et demander, encouragée par l'esprit nouveau, l'accomplissement de l'ancien rêve des intellectuels : le rétablissement de l'autonomie. Un régime provisoire représentait au contraire le meilleur *expédient* pour gagner du temps et mettre à l'épreuve la fidélité de la ville dans ce moment orageux. En effet, la « Commission Municipale » s'appelle « Provisoire ». Elle comprend dix-huit membres, elle représentera la ville jusqu'au retour officiel de l'absolutisme. Les éléments mercantiles dominent dans la Commission, mais deux avocats De Rin et Baseggio, deux chefs du libéralisme y exercent une influence considérable. La Commission inaugure son activité en décrétant l'envoi d'une députation au Souverain qui se trouve réfugié à Innsbruck. Ce n'est pas seulement un acte d'hommage dynastique. Il ne s'agit pas seulement de renouveler les expressions de loyalisme que Trieste avait déjà fait parvenir à Ferdinand au moment de la proclamation de la liberté. Kandler, qui a fait partie de la mission, nous apprend que le but principal était de demander la restitution de l'autonomie perdue (comme prime à la loyauté de la ville.) La réponse de l'Empereur fut des plus satisfaisantes. Sa Majesté daigna agréer les sentiments de fidélité des Triestins, sentiments qui furent rémunérés par la création de l'Entrepôt commercial et qui seront un gage glorieux de l'avenir auquel est conviée *sa* province de Trieste.

Ce mot « sa » parut contenir une promesse de restitution de l'autonomie. C'était le but suprême du groupe intellectuel triestin qui sentait qu'il lui était dû pour sa fidélité à l'Autriche.

A cette époque entre juin et juillet 1848, on voit surgir deux Sociétés destinées à devenir les points de départ des deux partis politiques. La « Giunta Triestina » présidée par Sartorio, est l'expression de l'utilitarisme mercantile. Elle est germanisante parce que les trafics sont orientés vers l'Allemagne francfortienne tant que Vienne penchera du côté de Francfort, fortement hostile au mouvement unitaire italien ayant un vague sentiment de conscience nationale.

La « Società dei Triestini » animée par la pensée critique et historique de P. Kandler, son premier président, compte parmi ses membres plusieurs chefs du futur mouvement séparatiste.

Entre la Giunta et la Société, il y a toutefois une zone neutre qui évite les frottements trop prononcés et qui donne des explications satisfaisantes pour l'existence de candidats communs aux deux partis. Dans la première séance de la Société des Triestins (convoquée par François Hermet, le leader du parti libéral de 1868 à 1878) les points cardinaux du programme social peuvent se formuler ainsi : « Fidélité à l'Empereur ; attachement à la Constitution ; Trieste entrepôt des pays cis-danubiens (Carniole, Croatie, Styrie, Hongrie méridionale). « La mission autrichienne de Trieste est clairement tracée. La « Società dei Triestini » se meut par conséquent, à l'instar de la Giunta, sur un terrain rigidement légalitaire ; mais dans ce cadre elle développe une activité de pensée pratique et doctrinale que la haute intelligence d'un chef peut seule lui inspirer. Les procès verbaux des séances de la Société publiés dans le journal « l'Istria » brillent dans le vide rhétorique de l'époque, par le sérieux des recherches critiques et positives. La Société discute la loi électorale ; elle se prononce pour une augmentation du nombre des conseillers ; une autre séance est toute entière consacrée à la question de Francfort ; on s'occupe de la future organisation de la province ; et la majorité, contrairement à Kandler qui voudrait la réunion de Trieste et de l'Istrie seulement, se prononce en faveur d'une Diète commune pour Trieste, pour l'Istrie, pour Gorice et pour la Dalmatie.

La « Società dei Triestini » est donc le seul centre politique qui apprécie le nouveau régime et en désire la sincère application

Aux élections municipales, la victoire est remportée par les très fidèles, par les anti-constitutionnels, par la classe des négociants rassasiés des expériences libérales, souhaitant ardemment la paix de l'absolutisme. Le résultat des élections est chaudement disputé, mais sur ces entrefaites la contre Révolution à Vienne (janvier 1849) avait déjà gagné la partie.

Pendant les mois critiques de 1848 la Commission provisoire qui représente la ville fait œuvre de libéralisme : elle proclame le droit de la ville d'avoir des Écoles primaires et secondaires italiennes ; elle demande l'introduction obligatoire de la langue italienne dans le journal officiel, la préférence envers les Triestins pour les places de l'Etat ; elle demande enfin (déjà !) une faculté juridique italienne à Trieste et elle proteste contre le Gouvernement qui s'obstine à imposer à la ville un lycée bilingue, tout en reconnaissant la prépondérance de la nationalité italienne.

La ville peut enfin s'abandonner à l'espoir de reprendre le cours normal de son trafic. L'escadre de l'amiral Albini lève le blocus ; elle quitte la côte istrienne après l'armistice de Salasco ; l'état de siège est supprimé. Malgré cela, la répercussion des graves événements extérieurs trouble profondément l'esprit public.

Le mois d'août avait vu la défaite piémontaise. La Lombardie était retombée sous le joug autrichien. L'esprit anti-italien de la classe commerçante avait repris le dessus à Trieste. On avait cessé de craindre le retour de nouveaux épisodes style napoléonien. En octobre l'absolutisme revient à la rescousse. Vainqueur sur une frontière (l'italienne) il croit que le moment est propice pour se démasquer et pour engager une lutte ouverte avec la Constituante. Tactique : le « divide et impera ».

La Hongrie s'est insurgée, elle aussi, en septembre. Un instant on a cru que la Constituante, dans laquelle dominent les éléments bourgeois allemands, voudrait tendre la main aux Magyars, comme planche de salut du constitutionalisme. Mais la Cour paralyse facilement l'Assemblée en exploitant la haine de la députation tchèque pour le magyarisme, oppresseur des Slaves. Et voici que la politique gouvernementale devient provisoirement slavophile. Elle abandonne le flirt avec Francfort. A Vienne, les intrigues succèdent aux intrigues pour pousser le slavisme — et précisément le slavisme méridional — contre les Magyars et contre la Constitution. Trois hommes représentent cette politique : le prince Félix Schwarzenberg, le prince Alfred de Windischgrätz, le Ban de Croatie Jellatchitch ; ce dernier apportera l'aide armée de ses nationaux dans le vain espoir de voir, à titre de récompense, réalisé son rêve patriotique : l'union des Slaves méridionaux et la fin de l'hégémonie allemande sur l'Empire.

A Vienne, le voile qui cache le complot se soulève. Le 6 octobre, des troubles populaires éclatent. Le peuple s'oppose au départ de deux régiments pour la Hongrie, dont la Diète à été dissoute. Le Gouvernement militaire est proclamé. Latour, Ministre de la Guerre, accusé de prêter main-forte au Ban contre Vienne, est assassiné ; et son cadavre sanglant montré à la Constituante, laquelle rongée par la discorde ne sait pas se rendre maîtresse de la situation, ne trouve pas un geste digne du moment historique, louvoie, incertaine, diminuée numériquement et sans une ombre d'autorité. Le 25 octobre, un manifeste impérial annonce la marche de Windischgrätz sur Vienne. La ville s'apprête à la défense. Etudiants, artisans, ouvriers résistent pendant cinq jours au bombardement, dans l'espoir d'une aide hongroise. Mais Jellatchitch bat les troupes magyares, qui étaient arrivées aux portes de la ville. Celle-ci capitule. La Constituante est convoquée non plus à Vienne mais à Kremsier (15 novembre) une petite ville de la Moravie à deux pas d'Olmütz, où la Cour s'est réfugiée. Messenhauer, l'officier qui avait dirigé la défense de la Capitale, Robert Blum député à la Diète de Francfort, qui était accouru pour défendre la ville allemande au nom de la démocratie allemande, sont fusillés. Et l'absolutisme de Schwarzenberg et de Bach inaugure son régime décennal.

Ce tragique mois d'octobre se répercute à Trieste d'une manière variée et complexe. Dès les premiers désordres de Vienne, le Gouvernement local a trouvé nécessaire (13 octobre) de créer une nouvelle autorité provisoire à côté de la Commission provisoire : un « Comité de Sûreté publique » composé de trois délégués de la Commission et du même nombre des délégués de la Bourse, ou plutôt du Conseil de la Garde nationale. Dans la ville, pas de désordres. La nouvelle mesure nous indique seulement que l'atmosphère de soupçons s'épaissit de jour en jour davantage. Le comité reflète ses origines. La Bourse et la Garde nationale envoient naturellement des délégués ultra-réactionnaires ; Baseggio seul, parmi ceux de la Commission, représente l'intellectualité libérale.

La Commission provisoire et le Comité de Sûreté publique ne procèdent pas d'accord. L'activité des deux autorités s'entrechoque. Le conflit entre l'esprit libéral et la réaction mercantile s'accentue. Dès sa constitution, le Comité public lance l'excommunication contre un pamphlet anonyme qui excite Trieste à se détacher de l'Autriche. La presse libérale riposte en assurant que ce pamphlet est mis en circulation par des agents provocateurs.

La Commission provisoire, à quelques jours de distance, vote une adresse de sympathie à la Constituante, sur la proposition de Baseggio. Nous sommes au 28 octobre, deux jours avant la reddition de Vienne. La Constituante agonise. Elle est à la veille de son exil à Kremsier. Les classes commerçantes et réactionnaires relèvent le défi. Une protestation signée de soixante et un citoyens est présentée à la Commission, qui se défend en déclarant que l'adresse a été envoyée à une Assemblée légalitaire et non à la population rebelle de la Capitale. La Commission propose d'envoyer un troisième député à la Constituante et de ne pas remplacer Burger, député démissionnaire de l'Assemblée de Francfort. Celui-ci avait voté en ces mêmes jours les articles 2 et 3 de la future constitution allemande, à savoir qu'entre un pays allemand et un pays non allemand, placés sous un seul souverain, l'union personnelle était la seule admise, aucune partie de l'Empire allemand ne pouvant former un Etat unitaire avec des pays non germaniques. Contre ces articles dont la stricte application aurait détaché Trieste de l'Etat autrichien, trente-cinq députés autrichiens à la Diète de Francfort avaient protesté. La Commission Triestine demandant qu'on envoie plus de députés à Francfort, se réclame de la nationalité italienne de Trieste pour justifier sa proposition. Le gouvernement viennois, détaché désormais de Francfort, n'insiste plus pour une élection supplémentaire ; et à Trieste on ne parle plus de Francfort.

En même temps que ces nouvelles manifestations d'en haut, les désordres du mois d'août se répètent en bas. Ce sont des provocations d'italophobes, auxquelles les libéraux donnent la réplique.

Sommes-nous donc en présence d'un courant sinon précisément unitaire, à tout le moins anti-autrichien? Nous n'oserions pas l'affirmer. Le malaise qui envahit peu à peu le libéralisme en Octobre et se reflète dans ses journaux, a un fonds encore et toujours légalitaire. Les regards et les enthousiasmes des libéraux se tournent encore vers Vienne, vers la démocratie bourgeoise allemande, vers la Constituante. L'enthousiasme de l'heure laisse échapper des confessions retrospectivement caractéristiques : « Le peuple d'octobre n'est plus celui d'avril — s'écrie

« Il Costituzionale » ennemi de la nationalité et du nom italien — uni à l'Empire autrichien et au bon Ferdinand, il sent couler dans ses veines le glorieux sang italien » (21 octobre). Phraséologie usuelle des partis ! Le peuple — nous entendons par là la majorité, les négociants et les travailleurs — est, au mois d'Octobre, le même qu'il était en Avril. Nationalement et politiquement amorphe. Par contre, un changement s'est opéré dans le petit groupe intellectuel ; il se trouve de plus en plus mal à l'aise. Les défaites italiennes et la réaction unitaire qui s'en est suivie dans le royaume Lombardo-Vénitien sont en train d'aiguiser les sensations de solidarité nationale. D'autre part la résistance et la victoire de la démocratie allemande pourraient seules apporter une amélioration dans la destinée de la péninsule. C'est donc de Vienne qu'on attend le salut de Milan, de Turin, de Venise !

En ce moment d'oscillations et d'incertitudes paraît le « Giornale di Trieste », organe du libéralisme triestin, né de la sécession des éléments plus radicaux de la « Gazzetta di Trieste ». Il est rédigé en style de l'An 1848, imbu de néoguelfisme, noyé dans la plus naïve et vague des réthoriques. Oui, réthorique anti-réactionnaire mais peu séparatiste. Dans l'Italie à délivrer, il ne semble pas que le journal comprenne Trieste. Le jour de sa naissance, il avait revendiqué le programme de la « Società dei Triestini » qui se déclarait « dévouée au trône constitutionnel de Ferdinand ». Du reste, la cohérence n'est pas le mérite du journal, tant s'en faut. Le 17 novembre, sous la cuisante impression de la capitulation de Vienne, à l'« Osservatore Triestino », qui le sommait de déclarer s'il était sincèrement autrichien ou non : « Vous nous demandez notre affection pour l'Autriche ? Vous ne l'aurez pas ». Et ceci c'est de la psychologie séparatiste. Mais le 15 décembre, le journal écrit : « Nous qui aimons l'Italie et l'Autriche, nous ne cesserons jamais de répéter à celle-ci que la liberté et l'indépendance de l'Italie sont une nécessité. » En novembre, le journal publie un article qui pourrait être interprêté dans un sens séparatiste et qui est saisi par la police : « Pour apaiser — écrit-il — les mânes sacrés de Curtatone et Goito, il n'y a qu'à déplacer l'arc-en-ciel italien du Tessin au Mincio, au Piave, à l'Isonzo, jusqu'à l'endroit où meurt le sourire du ciel d'Italie ».

Tout de même, il est un peu difficile de s'orienter. D'autant plus difficile que, malgré les désillusions et les colères, les deux journaux « Il Costituzionale » et « la Gazzetta » affirment plus que jamais — sans en être requis — leurs sentiments dynastiques et légalitaires.

Mais comme fil conducteur nous avons l'opinion d'un spectateur non suspect d'autrichianisme, libre d'exprimer ses plus intimes pensées sans préoccupations locales et d'ailleurs très au courant des affaires de Trieste. Cet observateur, c'est Pacifico Valussi, ci-devant rédacteur de « La Favilla », puis, jusqu'au 1er mai 1848, directeur de l'« Osservatore Triestino », émigré dans la Venise républicaine, où il collabore à plusieurs journaux et en fonde d'autres. Valussi qui, dans les colonnes de « l'Osservatore » à partir du 18 Mars, avait toujours soutenu la fonction cosmopolite de Trieste, ne change aucunement sa pensée. De Venise, il juge, avec beaucoup de réalisme et sans envolées de rhétorique, la situation triestine et italienne dans les deux phases du mouvement révolutionnaire. Il glane dans le journal « Il Precursore », dirigé par lui, quelques témoignages qui me semblent concluants pour notre enquête. « Si — dit Valussi — dans les premiers jours d'avril une flotte italienne eût fait son apparition dans les eaux dalmates et istriennes, elle aurait soulevé les populations. Même Trieste, que nous considérons comme la fille bien-aimée de l'Autriche, aurait été entraînée par le mouvement et poussée à se proclamer au moins ville libre prenant soin de ses propres intérêts. Les sympathies des Triestins en tant que peuple(?) sont avec l'Italie et ils se sentent Italiens dans l'âme ; mais leurs intérêts commerciaux sont dirigés vers le Nord ; les négociants ne peuvent se dire autrichiens plus qu'allemands, slaves ou italiens. »

Valussi, avec l'autorité d'un témoin oculaire, se porte garant de la diversité historique de l'évolution nationale en Istrie et à Trieste ; il croit possible un mouvement unitaire istrien, mais quant à Trieste, il se réclame de la pensée autonome et anti-unitaire de Dall'Ongaro. Nous avons constaté, que la flotte italienne apparue à la vérité un peu trop tard, n'avait pas produit les effets qu'en espérait Valussi, qui, même à la fin de 1848, croit à la mission autrichienne de Trieste et à sa destinée tout à fait spéciale. « L'Istrie — dit-il — abandonnée à elle-même et émancipée de la tutelle autrichienne, deviendrait peut-être italienne en quelques annés mais Trieste, bien qu'italienne, serait toujours entraînée vers le Nord. »

Dans le « Giornale di Trieste », Valussi fait une analyse impitoyable des oligarchies mercantiles: « A Trieste, pendant les mois terribles, l'opinion

des commerçants de tous les pays et de toutes les
nations oscilla plusieurs fois au fur et à mesure que
les chances de victoire de la vieille Autriche ou des
nationalités allemandes et slaves, augmentaient ou
diminuaient. Vous auriez pu entendre même les
négociants grecs dire : Nous sommes italiens, nous
sommes allemands, nous sommes autrichiens, nous
sommes slaves, nous sommes triestins. Ce dernier
nom est le seul qui corresponde parfaitement à la
situation de Trieste, qui est un ancien municipe italien avec une superposition d'éléments étrangers
les plus variés, immigrés dans cet entrepôt situé entre le midi et le nord, entre l'orient et l'occident. La
nationalité de Trieste sera clairement définie au
lendemain de la victoire des nationalités qui l'entourent. »

Ce qui nous intéresse au plus haut degré, c'est
le jugement que Valussi porte sur les aspirations
irrédentistes de 1848. Les tendances séparatistes, il
les appelle « des forfanteries de journalistes qui ont
exposé au ridicule notre pauvre nation, en parlant
d'aggréger à l'Italie Trieste, l'Istrie, la Dalmatie, bref
tout pays où il y a quelqu'un qui parle l'italien. »

« Il faut — ajoute-t-il — persuader à nos frères
(de Trieste et de l'Istrie) que, bien qu'ils puissent et
doivent être unis de sympathies avec nous, ils ne
doivent en aucune manière séparer leurs intérêts
des voisins qui sont derrière eux ».

Cette phrase contient une allusion au slavisme
avec lequel Valussi veut une amitié stable. Pour y
arriver il propose la formation d'une « zone neutre »
qui comprendrait Trieste et l'Istrie et où les deux
races doivent élaborer les bases d'un heureux ménage.

L'impression synthétique de Valussi sur l'esprit de 1848, dans la région julienne peut se résumer par ces paroles : Tous les vœux les plus raisonnables formés à Trieste et en Istrie pendant les révolutions de 1848 contiennent la pensée de l'indépendance de ces provinces, aussi bien des Allemands que des Slaves ou des Italiens. »

A Trieste même le « Costituzionale » faisant la revue de l'année fatale dans un des derniers numéros où il peut parler en toute franchise (6 Mars 1849) constate avec tristesse que les Triestins n'ont ni « unité de race, ni unité de langue, ni la sainte unité d'opinion, de religion et d'intérêts. »

Le coup d'Etat du 9 mars 1849 clôt la parenthèse constitutionnelle. Dans la matinée la Constituante de Kremsier fut dissoute « manu militari ». La constitution octroyée ne sera jamais mise en vigueur et, au mois de décembre 1851 elle sera officiellement abrogée. D'ailleurs, la Constitution était en contradiction avec les droits politiques de la ville. Aux termes de l'article Ier, qui énumérait les provinces de l'empire, la Carinthie, la Carniole, l'Istrie, Trieste et Gorice, étaient comprises dans un « Royaume d'Illyrie ». Trieste s'émeut pour son autonomie, mais la députation qui est chargée de remettre à l'Empereur François-Joseph une adresse d'hommage et de loyalisme apprend de la bouche même du nouveau Souverain l'heureuse nouvelle que Trieste est une province de la Couronne. « La Constitution de Trieste, — lui dit l'Empereur — sera rédigée d'accord avec vos hommes de confiance. » C'est la récompense pour la conduite sage et loyale de la ville au milieu du tourbillon des conflagrations politique.

Le moment de la reprise de l'idylle entre la ville et l'Etat est remarquable. On est à la veille de la seconde campagne d'Italie, la courte guerre qui finira à Novare. Une escadre sarde réapparaît dans l'Adriatique et l'état de siège est proclamé de nouveau, mais ce n'est que par pure précaution de guerre. Le « Costituzionale » exprime l'espoir que Gyulaj, qui est redevenu le commandant civil et militaire, ne s'en servira pas pour museler la presse. « D'autant moins — dit-il — qu'il n'y a plus aucune trace d'idées subversives ». Observation bizarre dont la date est celle de la bataille de Novare, qui, favorable, aurait pu ressusciter les craintes séparatistes. Le Gouvernement étend un voile d'oubli sur les écarts de la presse. Tous les procès en cours sont annulés. Le « Giornale » d'ailleurs n'était pas mort par suite des persécutions du gouvernement local. C'est l'interdiction par Radetsky de son entrée en Lombardie-Vénétie qui avait terrorisé le pauvre rédacteur Solitro au point de lui suggérer de supprimer lui-même le journal.

Bref, la réaction qui s'étend sur tout l'Empire cache à Trieste la main de fer dans un gant de velours. Cependant Trieste partage toutes les autres restrictions de la liberté avec les autres provinces de l'Empire. Le journalisme libéral meurt, mais le Gouvernement accorde, en 1850, à la ville, un statut avec quelques dispositions libérales élaborées par un Comité Municipal dès 1849.

Le statut de 1850 représente le retour à l'autonomie après une confiscation centenaire. Trieste est reconnue ville-province d'après l'esprit et la lettre du pacte primordial. Elle est émancipée de tout lien administratif avec les autres pays de la Monarchie.

On lui accorde le titre si longtemps convoité de ville « immédiate » de l'Empire. Le Conseil possède les attributions administratives de la Commune et les attributions législatives de la Province avec une large sphère d'action. (Droit de nomination des fonctionnaires, autonomie financière jusqu'à 100.000 florins etc.) La loi électorale qui est restée en vigueur jusqu'en 1908 reproduit le droit de suffrage basé sur le cens et sur l'instruction adopté par les constitutions du type petit-bourgeois. La nouvelle oligarchie mercantile s'affirme cependant dans le partage des électeurs en « Corps » d'après lequel les gros commerçants (y compris les traficants étrangers) envoient douze conseillers contre trente six des autres corps réunis et six du territoire. Les classes représentées au Conseil sont le Commerce, les emplois publics, les professions libres, les petits propriétaires et les artisans. Par contre, les employés privés et les ouvriers sont complètement exclus.

En 1850 eurent lieu les élections sur la base du nouveau statut. L'Assemblée qui en sortit figure dans l'histoire de Trieste comme le « Conseil des dix ans ». La lutte électorale, ses résultats et les actes du nouveau Conseil nous indiquent avec une évidence suggestive l'état d'âme de la ville. L'année 1848 a été comme un rêve. Trieste est reprise par la fièvre des affaires. La conscience nationale apparaît encore plus incertaine et oscillante qu'elle n'a été à la veille de la Révolution.

A défaut de sociétés politiques, deux comités électoraux se forment, désignés par le nom du lieu où ils se réunissent. Le Comité du « Monteverde » devrait représenter le programme libéral ; le Comité

de la salle « Chiozza » le programme des fedelissimi.
Cependant la différenciation des partis est encore
moins précise qu'elle ne l'a été en 1848. Quatorze
candidats sont communs aux deux listes. Parmi les
libéraux, on rencontre le commerçant Regensdorf,
celui qui avait été l'inventeur de la candidature du
prince de Schwarzenberg. Kandler est battu dans
le « corps » des conservateurs ; il est élu dans un
autre corps électoral aux allures libérales, avec
Tommasini, président du Conseil Municipal, célèbre
naturaliste et ultra-fedelone. La liste de la salle
« Chiozza » envoie au Conseil vingt-huit de ses candidats exclusifs contre vingt-six libéraux (communs).

Les partis, on le voit, se balancent et la physionomie du Conseil décennal est loin d'être clairement profilée. La pensée nationale du parti libérali-
sant n'est pas non plus assez claire. On le voit bien
à ses hésitations sur la question de la langue ensei-
gnante dans le lycée de la ville. (Avril 1851).

Il y a donc un mouvement de recul, même dans
la pure affirmation nationale. L'élite intellectuelle
est revenue — dirait-on — aux temps d'avant 1848.
L'« Osservatore Triestino » redevient la tribune des
citoyens hommes de lettres. Le Lloyd, ce véhicule
de l'expansion autrichienne dans l'Adriatique, publie de bonnes éditions des classiques italiens ; le
journal « La Favilla » reprend ses publications pour
« raviver le sentiment national obtus et abâtardi ».

Pour comprendre cette phase de la vie de Trieste,
il faut considérer la situation très spéciale de la ville,
situation que les événements font de plus en plus
difficile. Avec l'année 1851 disparaissent, nous l'a-
vons vu, les dernières hypocrisies. L'absolutisme est

proclamé officiellement et à partir de ce moment on fait à toute vapeur machine en arrière. L'autonomie est de nouveau en danger. On parle d'une révision du Statut ; mot qui peut signifier « suspension » dans le style de Bach, c'est-à-dire révocation. Et, en effet, une ordonnance souveraine de 1854 suspend les élections du Consiglio ; les membres décédés ou démissionnaires auront des remplaçants choisis et nommés par le ministère ! C'est ce qui arriva. Mais le ministère exerce (et voilà le gant de velours) avec beaucoup de sérénité les fonctions électorales. Il suffit de dire que parmi les membres nommés par le Gouvernement se trouve Maximilien d'Angeli, qui sera le premier maire (podestà) teinté d'irrédentisme et auquel on refusera la sanction souveraine.

Dans les autres parties de la région — surtout en Istrie — les motifs économiques qui inspirent à Trieste tant de bienveillance pour la réaction de Bach font entièrement défaut.

La bureaucratie absolutiste qui gouvernait l'Istrie de Pisino, pour relever la péninsule de la dépression dans laquelle elle tombait progressivement, n'avait rien trouvé de mieux que de l'unir au territoire douanier de l'Empire (1852) en la détachant de Trieste, son marché naturel d'exportation et d'approvisionnement. Cette mesure rejetait le pays dans les conditions économiques de l'ère vénitienne. On était même tenté de la regretter et, par contre coup, le sentiment et l'impulsion unitaires n'en étaient que plus échauffés. Nous en verrons bientôt les répercussions. Dans le Frioul et à Gorice l'esprit public, avant, pendant et après 1848, demeure profondément légalitaire. Gorice, comme nous le verrons mieux dans le chapitre ethnique, ressent, de par

son histoire et de par sa situation spéciale, les influences allemandes et encore foncièrement anti-ita-
liennes et réactionnaires. Le député de Gorice à la
Constituante, Catinelli, un ancien officier anglais,
ultra-fedelone, après les journées d'octobre donne
sa démission en signe de protestation contre la
plèbe viennoise ! Il est aussi, comme les deux députés triestins, l'objet des attaques et des critiques de
la part des organes du libéralisme de 1848.

Mais déjà gronde le canon de Solférino ; la lettre
patente d'octobre 1860 marque la déroute de l'absolutisme de Bach et annonce la Constitution de février 1861. En novembre 1860, les nouvelles élections communales à Trieste ont lieu, après un in-
tervalle de dix ans. En mars 1861, le nouveau Conseil succède au Conseil décennal. Mais au mois
d'août 1861, le gouvernement est forcé de le dis-
soudre pour son attitude considérée à Vienne comme subversive. Le nouveau Conseil, élu en novembre, sera aussi dissous deux ans plus tard, par suite
d'un vote évidemment séparatiste. La loi électorale
est toujours celle de 1850. Cependant, les classes
appelées aux urnes, sont les mêmes. Que s'est-il
donc passé ? Comment est-il arrivé que la ville de
Trieste de 1848, dans laquelle la nouvelle conscience
nationale est décidément anti-unitaire, la ville du
régime décennal absolutiste, qui sous beaucoup d'aspects apparaît « anationale » s'est changée tout à
coup en une ville rebelle ?

Il faut encore distinguer : Les couches qui ont évo-
lué et qui sont familiarisées avec l'idéologie nationale subissent et répandent la répercussion du grand
événement si inattendu et qui vient de s'accomplir
avec une rapidité invraisemblable devant nos yeux ;

l'unité de l'Italie, l'utopie des siècles devenue réalité en deux années./ L'Italie existe. Elle n'est plus seulement une expression géographique. C'est un grand Etat qui s'achemine vers l'accomplissement de sa destinée. Il n'y a plus que Rome et Venise qui manquent à l'appel. Et pourquoi donc la Venezia Giulia ne suivrait-elle pas la destinée imminente de la province limitrophe ? D'un seul bond l'unité crée à la conscience nationale un débouché logique. Elle détermine le réveil définitif de la conscience, mais en même temps et nécessairement, cette unité la place dans une antithèse fatale avec l'Etat. Les mouvements analogues slaves et allemands pourront trouver facilement des voies d'issue et même des plans d'intégration dans le cadre même de l'Etat. Toute l'histoire du mouvement italien en Autriche sera influencée par cette nature spéciale de son origine.

La nouvelle pensée représente à Trieste un subit détachement de tout ce qui avait jusque-là constitué la tradition historique de la ville, l'effort de son passé, les préoccupations de son présent.

C'est pourquoi les résistances à cette pensée sont et doivent être, tenaces : résistances actives de la classe mercantile toujours puissante ; résistance passive des couches populaires amorphes et austrophiles. Mais le moment historique de la naissance du germe unitaire lui est particulièrement favorable. Une raison économique, quoique passagère, lui vient aussitôt en aide. Le trafic — comme nous le verrons plus tard — entre dans une période de transition que beaucoup de gens interprèteront comme une période de décadence et qu'on attribuera aux erreurs et aux faiblesses de l'Etat. Cette crise ébranlera la conviction du libéralisme de 1848, d'après lequel le développement de Trieste était subordonné à son union avec l'Autriche.

De son côté, l'Etat, après la perte de la Lombardie et le préssentiment de la perte de la Vénétie, renforcera la surveillance jalouse sur ce débouché qui a pour lui une importance vitale. Chez les Italiens de la région, chez ceux qui se sont détachés et chez ceux qui sont à la veille de se détacher de leurs co-nationaux, on observera un sentiment d'isolement et de progressive diminution d'influence dans la Monachie. D'où deux répercussions : l'idéologie séparatiste élargira le cercle des adhérents : ceux qui ont développé leur conscience nationale s'appliqueront à la fortifier et à l'accroître par l'italianisation complète de l'école et de la vie en général.

Mais l'augmentation de ces exigences et des manifestations nationales trouvera l'Etat infiniment plus défiant que jadis, parce que — guidé par le sentiment de sa conservation — il sera tenté de voir dans ces efforts un sous-entendu séparatiste. Il les combattra et par là il collaborera à la diffusion de l'idée qu'il voulait combattre. Le réveil de l'autre race de la Venezia Giulia compliquera bientôt la situation et excitera dans une autre direction le sentiment national.

Dès lors on s'explique pourquoi le sentiment national intégral est né à Trieste et s'est fortifié en Istrie, avec l'unité et par l'unité et pourquoi ses premières manifestations collectives sont, avec une identité presque chronologique, contemporaines de la proclamation du Royaume d'Italie.

La fausse nouvelle de la victoire autrichienne à Magenta sera encore applaudie sans opposition par un parterre qui se réjouira de la défaite de ses co-nationaux. Un négociant trop pressé (et qui plus tard sera élu Conseiller Municipal par les libéraux) allouera une somme de 1.000 Florins pour des ré-jouissances publiques. Le journal officiel, pendant la guerre, pourra se vanter de la douceur et de l'amabilité de l'état de siège qui a permis au roi et à la reine de Prusse de séjourner tranquillement à Trieste. Et lorsque, après Villafranca, François-Joseph traversera la gare de Nabresina, sa réponse aux députations de Trieste, qui viendront lui présenter leurs hommages, sera empreinte d'une sincère reconnaissance « pour l'attitude exemplairement loyale et patriotique de la ville de Trieste ».

Mais en 1861 naît le Royaume d'Italie ; et c'est en 1861 que le premier Conseil Municipal influencé par la pensée unitaire inaugure ses séances. C'est en 1861 que l'idéalité naissante adresse à l'Italie et à l'Europe sa première parole publique.

Nous allons voir le premier champion à l'œuvre, son nom nous fera mieux comprendre la subite et imprévue orientation du sentiment national.

CHAPITRE II

L'Irrédentisme et l'Italie

Les premiers propagandistes. — La conversion de P. Valussi. — Les commencements à Trieste et la Diète istrienne « del Nessuno ». — Irrédentisme national et limites géographiques. — L'irrédentisme potentiel de Cavour. — Les contradictions des hommes d'Etat en 1866. Une protestation triestine contre Lamarmora. — La « Sistierung » et l'idée séparatiste. — Victor Emmanuel à Vienne, le 20 septembre 1873. — La lutte entre le centralisme et le fédéralisme en Autriche et ses répercussions dans la Vénétie julienne. — La flambée irrédentiste de 1878. — Une scission caractéristique. — Dépression de l'irrédentisme en Italie : Guillaume Oberdank. — Mancini et le principe de nationalité. — La pensée de Sonnino. — Crispi et le discours de Florence.

L'auteur de ces pages n'a pas l'intention de retracer l'histoire de l'irrédentisme adriatique, même s'il s'agissait d'un récit succinct, car cette histoire, en réalité, on ne saurait pas l'écrire. L'irrédentisme en général, et l'irrédentisme adriatique tout spécialement ont toujours été et sont encore, pour une trop grande partie, un état d'âme et trop peu un mouvement ou une action se prêtant à des recherches chronologiques et systématiques. L'histoire, en l'espèce, se composerait d'épisodes fragmentaires, pour la plupart superflus dans l'enquête que je me suis proposé de faire. Néanmoins, selon moi, l'évocation de quelque phase « différentielle » ne saurait être tout à fait inutile. Après quoi le chemin sera déblayé pour l'observation du présent, dominé par deux facteurs avec lesquels le sentiment et le mouvement irrédentistes doivent et devront de plus en plus s'entremêler et se heurter : le facteur ethnique et le facteur économique.

L'idée séparatiste, dès son entrée en scène agit simultanément sur deux théâtres : en deçà et en delà de la frontière. Il est bien superflu d'expliquer pourquoi les paroles, les actes et les gestes des personnages doivent varier sur les deux scènes : au dedans, dans la région, il y a un Etat qui veille et qui réprime ; au dehors, dans le Royaume, la surveillance et la répression diffèrent de procédés et d'intensité ; parfois elles font complètement défaut et elles cèdent la place à une tactique contraire. C'est le cas au début du mouvement. Nous sommes dans la période quinquennale 1861-66 non de paix, mais d'armistice avec l'Autriche. L'annexion de la Vénétie est l'objectif officiel, diplomatique du nouveau royaume. L'Europe n'y fait guère obstacle, du moins en tant que tendance finale de la politique italienne. Aucune convenance internationale n'oblige, par conséquent, le gouvernement italien d'entraver ou d'atténuer la propagande anti-autrichienne la plus intense. Le premier conspirateur, tout prêt à s'allier avec les révolutionnaires en deçà et au delà de la frontière, c'est le Gouvernement lui-même. Dans cette phase, l'irrédentisme julien marque le pas derrière celui de Venise et de Trente. Il cherche à greffer la force des autres sur sa gracilité.

Alors apparaît ce que nous pouvons appeler le manifeste de l'irrédentisme adriatique, auquel les séparatistes donnent un caractère spécial de solennité : on le publie en italien et en français, à Milan et à Paris. C'est un « Comité central vénitien » qui s'en fait l'éditeur et qui le recommande à « l'influence légitime de la France en Europe et à la généreuse initiative prise pour la cause de l'Italie ! » La brochure est anonyme, mais l'auteur et le traducteur sont bien connus : ce dernier c'est Constantin Ressmann, un triestin, qui vient d'entrer dans la carrière diplomatique italienne et qui finira ambassadeur d'Italie.

Mais plus caractéristique encore est le nom de l'auteur : Pacifico Valussi, le même Valussi qui, douze ans auparavant, de Venise alors républicaine, s'exprimait avec tant de scepticisme brutal à propos des aspirations séparatistes de la région julienne. Le miracle de l'unité italienne l'a transfiguré. En 1849 Valussi est un antiannexionniste explicite et résolu ; en 1861 il revendique toute la région julienne pour l'Italie, au nom du droit national, du facteur géographique et militaire et même économique ! Les Slaves de la région julienne, qui, en 1849, étaient aux yeux de Valussi (et nous le verrons mieux plus tard) la seconde race indigène destinée à fraterniser avec la race italienne dans une zone neutre, pays de transition entre la Slavie et l'Italie, ne sont plus, en 1861, qu'une plèbe agricole éparpillée, et divisée, incapable d'une évolution nationale, et dont le seul désir est son propre anéantissement dans le sein de l'italianité : foi ou plutôt espoir que les jeunes propagandistes séparatistes répandent largement dans le Royaume et font pénétrer — nous le verrons — jusque dans le cerveau de Cavour. Naturellement le bon Valussi doit s'efforcer de concilier sa nouvelle thèse avec la thèse ancienne : il évoque l'avenir du « Hambourg adriatique » entrevu à Trieste par son beau-frère Dall'Ongaro en 1848. D'après lui, quelque négociant retardataire s'accommoderait encore de cette solution ; l'Autriche, par la confiscation de l'autonomie plusieurs fois séculaire de la ville, travaille désormais pour la diffusion irrésistible de l'esprit séparatiste ; l'histoire triestine de 1848 à 1861 n'est qu'une longue série de « dénonciations, de procès, d'arrestations, d'expulsions arbitraires et violentes. » La réalité — nous l'avons vu — précisément dans ces dernières trente années, est bien différente !

Erreurs de perspective et même contrefaçons intentionnelles, naturelles chez ces premiers apôtres séparatistes : ils savaient bien qu'ils anticipaient un mouvement et qu'ils l'exprimaient par l'anxiété de leurs désirs ; mais ils voyaient s'approcher de grands faits par lesquels ils pouvaient espérer que l'idée nouvelle mûrirait rapidement et s'imposerait aux indifférents et aux hostiles.

Toute une littérature naît de la propagande Valussienne, ou, en partie, elle la précède de quelques années. Une littérature élevée et profonde, la seule que le mouvement julien ait possédée ; tout ce qui a été dit plus tard n'est que — sauf quelque rare exception — du rabachage ou de la rhétorique.

Au nombre de ces fervents adeptes de l'évangile nouveau, on ne trouve pas de triestins. Par contre, la première place est occupée par l'istrien Carlo Combi — de Capodistria — qui même avant 1859 dans l'almanach « La Porte orientale » — nomen est omen — avait voulu imiter le célèbre Vesta Verde de Cesare Correnti. Dans ces ouvrages, il revient constamment à la thèse de l'inséparabilité géographique et historique de la région julienne de la péninsule italique.

D'autres Istriens font cortège à Combi. Tommaso Luciani d'Albona, auteur d'un livre sur l'Istrie, monographique excellente, malheureusement entachée de propagandisme. Mais l'ouvrage le plus magistral de tous est celui du professeur Sigismondo Bonfiglio, plaidoyer éloquent contre les prétentions de la Confédération Germanique sur le versant méridional des Alpes (Trentin, Giulia). Bonfiglio, en examinant les conditions géographiques, nationales, économiques, de la région julienne, partage les espérances communes à l'endroit du Slavisme ; il va même plus loin que Valussi et Combi et il proclame les Slaves « un amalgame d'anciens sédiments ethniques qui doivent désormais se considérer comme faisant partie de la nation italienne » ! De la dépression du trafic triestin il déduit l'intérêt de la région julienne à se détacher de l'Autriche. Topique curieux ou plutôt guet-apens tendu par le sentiment à la raison. Nous en reparlerons plus tard.

La question géographique, militaire et territoriale a été traitée dans ces mêmes années aussi par Amati, Malfatti, Antonini, Mezzocapo, etc.

A cette immense propagande, la région répond comme elle peut : les diversités de préparation et d'ambiance se manifestent surtout en ce moment. Le constitutionnalisme autrichien repousse sur les champs de bataille de la Lombardie. Les défaites le font éclore. La Constitution promise par la Patente d'octobre 1860 est octroyée en 1861 comme celle de 1849. Mais elle est cette fois mise en vigueur sans altermoiments. Elle proclame de nouveau, encore que sous de nombreuses restrictions et lacunes, la liberté de la parole, de la presse, de la réunion, etc. Elle crée une Chambre élective composée de représentants envoyés par les Diètes : coup de pinceau fédéraliste dans un tableau à fond centraliste, parce que la constitution de 1861 embrasse l'Empire tout entier, y comprise la Hongrie et attribue au Parlement central la plus haute fonction législative.

Trieste recouvre, en même temps, son autonomie communale et les attributions politiques provinciales, réunies dans le Conseil-Diète. La ville a, en ce moment, beaucoup à demander de l'Etat : le commerce de Trieste passe par une période de crise, dûe en partie à l'atonie de l'absolutisme ; l'exemption du service militaire (le privilège le plus précieux après celui du Port-Franc) va cesser. L'Etat à cette heure critique de transition, disposerait de plusieurs moyens pour renforcer le loyalisme triestin vacillant : une politique économique correspondant aux nouvelles exigences du trafic ; une politique nationale qui ne serait pas hostile au développement de la culture italienne. Malheureusement, le nouveau sentiment séparatiste au dedans (et celui du dehors bien davantage) agissent automatiquement comme un facteur répulsif. D'autres obstacles se dressent ; la faiblesse de l'Etat, héritage de désastres récents ; l'effort suprême du centralisme germanisateur, représenté par le cabinet Schmerling, bercé par l'espoir que l'Etat pourrait faire surgir de la Constitution de février ce qu'il n'a pu obtenir de l'absolutisme d'avant 1848 ; l'empire unitaire de couleur allemande.

Le Conseil-Diète, dès le premier jour de sa constitution, lance un défi au germanisme, en déclarant la langue italienne « langue exclusive de l'enseignement dans toutes les écoles publiques de la ville. » Le principe, inscrit dans un projet de loi provinciale, n'obtient pas la sanction souveraine, et la lutte scolaire est inaugurée.

Les discussions sur la langue de l'enseignement se ressentent de l'influence des nouveaux facteurs : le droit de Trieste à l'enseignement italien, parce que ville italienne, n'est pas contesté pas même par ceux des membres du Conseil qui, dans leur for intérieur, ne lui sont pas favorables et qui, en d'autres temps, l'auraient combattu. Un seul retardataire, le Docteur Descovich, propose timidement de dresser une statistique afin que l'on soit fixé sur la vraie nationalité de Trieste, mais c'est un isolé et il est obligé de quitter le Conseil.

Ceci est un exemple de la nouvelle direction de l'esprit national : ce Conseil décide d'instituer non seulement les cours supérieurs italiens que le gouvernement repousse, mais encore un lycée italien, comme s'il voulait marquer la séparation et l'aversion pour tout ce qui lui vient de la forge de l'Etat.

La presse libérale ou libéralisante n'est pas encore née. Excepté le journal officiel, il n'y a que des organes très fidèles ; « le Fouet » (« La Sferza ») né à Brescia en 1850, transplanté à Venise en 1857 et pendant la guerre de 1859 à Trieste « pour contempler d'une position élevée et tranquille (sic !) tout ce qui se passe autour de nous ». C'est une espèce de pamphlet sanfédiste, dirigé par un journaliste de Brescia, Mazzoni, révolutionnaire jusqu'en 1849, puis devenu plume et lance de la réaction. « Le Fouet » s'éteint en 1861 avec la mort du directeur. Reste le « Diablotin » (« Il Diavoletto») ayant un tirage as-

sez fort, moins personnel mais tout autant italophobe, fondé vers la fin de 1848 et qui traîne son existence jusqu'en 1870, pendant un espace de dix ans,
seul et unique aliment intellectuel de la haute et de
la petite bourgeoisie. Le prolétariat doit encore apprendre à lire. Le gâchis national n'est pas complètement liquidé, une « Gazzetta del Popolo » qui a
vécu de 1861 à 1863, parle de Trieste comme « ville
mixte, mais italienne », puis comme « ville cosmopolite » de par ses nombreuses nationalités et
croyances religieuses. [22]

Ce n'est qu'en 1861 que « Le Temps » (« Il Tem-
po ») inaugure sa publication. Ce journal reflète la
pensée nationale qui règne en ce moment-là à Trieste. C'est une pensée étrangement circonspecte mar-
chant comme sur des charbons ardents. Nous le
voyons clairement dans l'épisode le plus caractéristique de l'aube séparatiste : la manifestation istrienne dite du « Nessuno ».

La Diète d'Istrie, à l'instar de toutes les nouvelles
assemblées provinciales, fut appelée à choisir dans
son sein ses délégués au Parlement. Les auspices
n'auraient pas pu être plus favorables ; pour la première fois depuis les temps romains, renaissait une
province d'Istrie réunissant en un tout autonome
l'ancien marquisat vénitien et le comté autrichien.
On allait en outre restituer à la province le privilège du Port-Franc, supprimé en 1851, qui aurait fait
de l'Istrie un prolongement et un appendice de son
centre naturel, Trieste. Et malgré tout cela, cette
première Diète accomplit par deux fois un geste
de rébellion : sur vingt-sept bulletins déposés dans
l'urne, vingt bulletins portent le mot « Personne »
(Nessuno). C'est la protestation abstentioniste

de presque toutes les communes vénitiennes et tridentines appelées à envoyer des délégués à Vienne. Cette même Diète vote une adresse au souverain, mais sous la condition que ce ne soit pas un acte d'hommage ou de reconnaissance, mais un cahier des charges et des doléances de la province. L'Assemblée rénitente est frappée d'un décret de dissolution, cela va sans dire ; aux élections successives, les abstentionistes sont mis en minorité et renoncent aux mandats. La nouvelle Diète issue des suffrages des fonctionnaires et de la classe rurale, fait amende honorable. Elle envoie à la Chambre le gouverneur (un Allemand) et l'évêque de Parenzo (un Slave) un des quatre prêtres qui, à cette époque-là, représentaient à la Diète le slavisme encore presque absent de la vie publique.

L'idée du « Nessuno » venait des propagandistes istriens et surtout de Combi, qui espérait voir surgir la rafale libératrice. Mais le parti triestin le désapprouvait, ouvertement et publiquement. L'affirmation nationale et même unitaire doit procéder à Trieste avec d'infinis ménagements pour ne pas heurter un milieu qui n'est pas préparé à l'accueillir. « Le Temps » est obligé de commenter le vote abstentioniste dans son premier numéro et il dit que « les Istriens se sont laissés entraîner par une idée vaporeuse, par une théorie éblouissante, qu'ils feraient très bien d'abandonner pour se décider au travail pratique et utile. »

L'organe national pousse son argumentation plus loin. Il désavoue ouvertement la tendance séparatiste qu'un journal viennois lui reprochait : « Nous voulons — écrit-il — la séparation entre honnêtes

gens et filous et nous ne songeons pas à une autre. »
(No 10, décembre 1861).

Entre le mois d'octobre et le mois de décembre de
1862, le premier procès de presse a lieu, ce qui prouve que la justice à Trieste sous le régime constitutionnel est aussi soupçonneuse que celle de 1849
après le coup d'Etat. A cette époque-là, nous avons
vu une ordonnance de non-lieu dans le procès
contre Emilio Solitro qui, dans le Journal de Trieste,
avait proclamé sa foi unitaire. En 1861, par contre, on trouva matière à procès pour défaut de loyalisme dans la simple chronique des événements
italiens, envoyé par les correspondants du « Temps »
à Milan et à Turin et jusque dans la critique musi-
cale du « Ballo in Maschera » de Verdi.

La jeunesse nationaliste, dont le « Temps » est
l'organe jusqu'en 1866, ne s'émeut pas des preuves
de loyalisme que le journal accumule pour sa défense. Et même les deux députés de la Diète de
Trieste au Parlement de Vienne (le « Nessuno » à
Trieste n'aurait pas même pu être essayé) n'ont pas
de couleur politique : un fonctionnaire impérial loyaliste et un négociant amorphe.

Sur ces entrefaites, les invitations au séparatisme
augmentent dans le royaume d'Italie. L'émigration
ajoute aux noms de Venise, de Trente et d'Istrie,
le nom de Trieste, pour augmenter, par une addi-
tion, la modeste valeur du mouvement triestin.

C'est ainsi qu'en 1863, les journaux viennois relatent une audience accordée par Victor Emmanuel
à une députation d'émigrés adriatiques ; la députation de Trieste est confondue avec l'istrienne en
la personne de Tommaso Luciani ; je ne trouve

cependant pas que Trieste ait été représentée au sein d'une autre députation venue pour protester contre la paix de Villafranca.

L'Italie, d'ailleurs, fait un accueil très froid à la nouvelle propagande ; alors que Venise représente le « *porro unum necessarium* » de la diplomatie italienne, que le Trentin figure constamment compris dans le programme de ses aspirations et de ses négociations. L'irrédentisme adriatique est un peu la Cendrillon du gouvernement et du public.

Je m'empresse de le dire, cette attitude a des racines anciennes et profondes. Dès le début du mouvement unitaire, les aspirations de l'Italie vers la frontière orientale adriatique apparaissent incertaines et contradictoires. Le programme de Charles Albert, c'est l'expulsion de l'Autriche de l'Italie. Mais jusqu'où s'étend l'Italie ? C'est ici que commencent les doutes et les hésitations ; c'est ici que se manifeste la contradiction entre le critérium purement national et le critérium géographico-militaire.

Si Charles-Albert eût voulu ou pu en 1848 suivre le critérium de ses généraux, il aurait dû, pour couronner son emprise, planter le drapeau tricolore au nord-est, aux portes mêmes de Laybach et à l'est en pleine Croatie ! [23] Au lieu de cela, le manifeste de l'union fédérative italienne lui prescrit des confins infiniment plus modestes et, nous le verrons, se prêtant à l'équivoque : « L'Italie ne pourra être ni heureuse, ni tranquille, aussi longtemps qu'elle ne sera pas arrivée jusqu'aux bords de l'Isonzo. » Solitro, lui aussi, nous l'avons vu, fait une allusion à l'Isonzo, mais Guglielmo Pepe avait dit à Charles Albert : « Je vous saluerai roi d'Italie, lorsque vous aurez franchi l'Isonzo. » En 1866, un « vademecum pour l'officier italien en campagne » fixe les confins de l'Italie à l'Isonzo, et aussi une carte officielle publiée dans le nouveau royaume en 1864. Giuseppe Mazzini n'est pas, lui non plus, dans cette question, toujours affirmatif et constant : En 1831 (Instruction générale pour les membres de la « Giovane Italia »), il place les confins de l'Italie dans la direction de Trieste, sans préciser davantage. En 1857 (Lettres slaves) la frontière du côté des Alpes Juliennes lui apparaît nettement tracée : « L'Europe future aura... une Italie qui s'étendra de la Sicile à l'amphithéâtre des Alpes et à Trieste. « En 1860, par contre, (« Doveri dell'Uomo ») les confins sont marqués à l'embouchure de l'Isonzo ; finalement en 1871 (« Politica internazionale ») le grand apôtre des nationalités dépasse les limites tracées par le droit national en comprenant dans la Péninsule « Postojna » (Adelsberg), le Carso dépendant administrativement de Laybach, ainsi que le Tyrol jusqu'au delà de Brunek. » [27]

Mais l'Isonzo lui aussi se prête aux interprétations les plus variées. Visconti-Venosta, le ministre des affaires étrangères de la guerre de 1866, dans ses instructions à Nigra pour obtenir, par l'appui de Napoléon, une rectification des confins vénitiens, dit que ces confins « devraient être portés à l'Isonzo » sans préciser davantage. Visconti-Venosta pensait probablement au cours tout entier de l'Isonzo, depuis la source jusqu'à l'embouchure du fleuve, auquel Menabrea, le négociateur de la paix de Vienne, fait allusion.

Mais Lamarmora ne l'entendait pas ainsi, lui qui très obscurément affirme : « La géographie indique

que l'Isonzo est la vraie frontière de l'Italie du côté du Frioul. » Or, d'après le critérium de Menabrea, si on prenait pour frontière le cours entier de l'Isonzo, on arriverait à l'annexion de la vallée de l'Isonzo, de Gorice au Predil, qui n'est pas ethniquement italienne, tandis qu'on exclurait les Italiens de Trieste et de l'Istrie ; par contre en suivant le critérium de Lamarmora, la frontière de l'Isonzo, du côté du Frioul, ne comporterait qu'une insignifiante rectification de la frontière actuelle !

Confusion générale ! Un seul homme montre une pensée personnelle, Camille Cavour. La pensée cavourienne sur l'irrédentisme adriatique n'est pas synthétique, mais fragmentaire et il faut la chercher dans des manifestations successives. Dans son discours sur la politique étrangère à la Chambre subalpine, (20 Octobre 1848), Cavour prouve qu'il a clairement compris le problème austro-hongrois, comme ce problème s'était manifesté dans la secousse révolutionnaire. C'est ainsi que par delà l'extériorité dynastique et antilibérale, il entrevoit le fond national du mouvement croate guidé par Jelacich ; en défiant les interruptions des magyarophiles de la Chambre, il flétrit l'oppression oligarchique magyare des nationalités slaves ; il préconise la victoire du slavisme dans la partie orientale de la Monarchie. « La race slave, dit-il, énergique, nombreuse, opprimée depuis plusieurs siècles, tend à la complète émancipation... sa cause est juste et noble, elle est défendue par des hordes encore grossières, mais hardies et énergiques, et elle doit, par conséquent, triompher dans un avenir non éloigné.. »

Je note ces paroles de Cavour député, parce qu'elles nous aident à comprendre la pensée du ministre dans les derniers mois vertigineux de son gouvernement et de sa vie. Il n'y a rien qui lui échappe de ce qui pourrait se rattacher au grand plan de sa politique ; vers la fin de 1860, Cavour observe et note les premières lueurs de l'italianité triestine. « Il est très utile, écrit-il à Lorenzo Valerio, commissaire royal à Ancône, — qui venait de confirmer au Lloyd autrichien les privilèges dont il jouissait sous le gouvernement pontifical — il est très utile d'entretenir de bonnes et actives correspondances avec Trieste, qui, d'après ce que j'entends, devient de moins en moins « fedelissima » et de plus en plus « italienne ». Il redoute cependant une interprétation erronée de ses paroles et il s'empresse d'ajouter : « Ce n'est pas que je songe à la prochaine annexion de cette ville. Mais il faut semer pour que nos enfants puissent récolter. »

Deux mois plus tard, dans une autre lettre à Valerio, qui avait fait surgir un incident diplomatique avec la Prusse pour avoir mentionné, dans un document officiel, Trieste comme ville italienne, Cavour donne plus d'ampleur à sa pensée : « Je dois prier V. S. — écrit-il — d'éviter toute expression d'où l'on pourrait déduire que le nouveau royaume italien tend à la conquête non seulement de la Vénétie, mais encore de Trieste avec l'Istrie et la Dalmatie. Je sais bien que dans les villes le long de la côte, il y a des centres qui sont italiens de race et d'aspirations. Mais dans les campagnes, les habitants sont tous slaves et on se créerait gratuitement des ennemis chez les Croates, les Serbes, les Magyars et chez les populations allemandes, si on montrait que l'on veut priver une partie si vaste de l'Europe centrale de tout débouché dans la Méditerranée.

Chaque phrase aventureuse dans ce sens est une arme terrible entre les mains de nos ennemis qui en profitent pour nous mettre au plus mal avec l'Angleterre. Or, celle-ci ne saurait voir d'un œil favorable l'Adriatique redevenir lac italien comme au temps de la république de Venise. Pour l'instant limitons-nous à fortifier Ancône ; ce sera un point de départ pour des progrès splendides que nos neveux ne trouveront pas trop tardifs ! » [25]

Cavour apprécie donc à sa juste valeur le facteur qui, aujourd'hui bien plus que jadis, complique et trouble les raisons de l'Italianité sur la frontière orientale, à savoir : la co-existence de deux races (l'italienne et la slave) dont chacune est en mesure d'invoquer contre l'autre le principe de nationalité. Il est, dirait-on, profondément conscient de la force et de l'avenir du slavisme, ainsi que de la nécessité d'en faire un ami de l'Italie. Il ne se dissimule pas non plus l'existence d'autres intérêts, non seulement des intérêts slaves dans l'Adriatique, et il en cite deux : la gravitation économique allemande et l'hégémonie maritime anglaise, et il pense qu'il faut compter avec tous ces facteurs. Mais en même temps d'autres espoirs et d'autres raisons de confiance lui sourient : la confiance dans la force assimilatrice de la race italienne dans certaines parties de l'Adriatique orientale où elle est plus nombreuse et plus robuste. Elle aurait pu peut-être créer avec le temps au profit des aspirations annexionistes italiennes, un titre juridique encore bien vague et indécis, mais qui était le titre au nom duquel l'Italie s'était constituée : le principe de nationalité. Seulement, bien différent en ceci des irrédentistes agissants, Cavour pense que l'absorption souhaitée du slavisme doit, pour être couronné de succès, se développer aussi librement et spontanément que possible ; qu'elle doit être l'œuvre du temps, du développement progressif de l'italianité et de sa force morale. Nos fils ou nos neveux en profiteront et la tâche des hommes du Risorgimento c'est de ne pas brusquer l'avenir. Ne pas irriter les Croates, les Serbes, les Magyars, les Allemands, ne pas les jeter dans le camp de nos ennemis ; ne pas heurter l'opposition des formidables intérêts européens aussi longtemps que les conditions de fait ne sont changées en faveur de l'Italie. Cette conception du grand homme d'Etat se trouve aux antipodes de celle des séparatistes, qui, au contraire, raisonnent ainsi : « Annexons d'abord l'Istrie, Trieste et Gorice ; et les Slaves de ces pays, dépourvus, comme ils le sont, de conscience nationale, s'italianiseront bien vite. »

Notons en passant que cette pensée cavourienne n'est pas du tout soumise aux fluctuations des convenances diplomatiques. Dans cette phase tragique et héroïque de sa vie qui va de 1859 à 1861, Cavour subit de plus en plus l'attraction des procédés révolutionnaires et des solutions extra-diplomatiques. « L'Italie — avait-il déclaré bien avant la guerre — ne peut s'assurer son indépendance que par l'écroulement définitif de l'Autriche ; nous ne pourrons jamais être tranquilles tant que l'Autriche demeurera une grande puissance. » Et plus tard, proposant l'alliance avec les révolutionnaires hongrois, il avait dit au prince Jérôme : « S'ils (les Hongrois) réussissent, c'en est fait de l'Autriche : privée de l'Italie et de ses provinces magyares et slaves, elle se verra réduite à l'impuissance. Ce sera le plus grand service qu'on ait pu rendre à l'humanité. »

Non pas l'Autriche, empire unitaire et concentration dynastique, mais les intérêts économiques et politiques des différents peuples qui gravitent vers le rivage oriental de l'Adriatique. Voilà les facteurs profonds et immanents avec lesquels l'Italie, d'après le grand homme d'Etat, quels que soient les événements militaires et les jeux des combinaisons diplomatiques, devra compter.

Pour conclure, je pense que si la mort ne l'eût pas surpris prématurément, Cavour n'aurait pas eu, en présence du mouvement séparatiste adriatique, une attitude conforme aux espoirs de l'émigration triestine-istrienne : il n'aurait pas cherché l'annexion qu'il considérait pour le moins comme prématurée et combattue par de puissants facteurs qu'il n'était pas dans son pouvoir d'éliminer ou d'abattre immédiatement. Nous rechercherons ensuite si cette espèce d'irrédentisme « potentiel » de Cavour aurait été justifié par l'avenir qui est notre présent. [26]

Après la mort de Cavour, sa pensée devient rigide et définitive dans le cerveau plus étroit d'Alfonso Lamarmora, président du Conseil des Ministres de 1864 à 1866, c'est-à-dire dans la période qui aurait pu paraître aux séparatistes bien propre à la réalisation de leurs idéals. Lamarmora fut, paraît-il, impressionné par un des problèmes et non le plus grave de la question : l'intérêt germanique pour Trieste, l'inévitable « veto » prussien et allemand contre toute aspiration annexioniste italienne sur l'Adriatique orientale. Mais Lamarmora semble ignorer presque tout de la lutte des races dans la région julienne. On se rappelle toujours sa déclaration au Sénat, du 30 novembre 1864, qui eut à Trieste, comme nous le verrons, une répercussion symptomatique : Le général Ricotti réclamait la guerre avec l'Autriche pour la conquête de la Vénétie. Il excluait, en même temps, toute perspective de cession amicale, par suite de l'opposition du germanisme, intéressé à la conservation de Venise autrichienne « rempart de Trieste ». Il considérait, par conséquent, comme dangereux le transfert de la capitale sur les bords de l'Arno, puisqu'une guerre sur les bords du Pô était inévitable.

Lamarmora après avoir combattu les arguments militaires de Ricotti, contesta aussi l'existence d'un lien quelconque entre la cession de la Vénétie à l'Italie et les intérêts germaniques à Trieste. « Certes, — ajouta-t-il — si quelqu'un parmi nous avait l'intention de prendre toute l'Adriatique (?) y compris Trieste, qui a une importance capitale pour son commerce, l'Allemagne pourrait s'émouvoir ; mais aussi longtemps qu'il s'agit de Venise, sans pousser nos prétentions jusqu'à Trieste, ce à quoi personne certainement ne pense, l'Allemagne laissera faire ; Trieste peut être considérée comme nécessaire à l'Allemagne, mais Venise non ».

La politique étrangère de Lamarmora s'inspirait logiquement de cette conception définitivement anti-irrédentiste. Toutes ses aspirations, quelle que pût être l'issue de la guerre, se limitaient à la Vénétie et au Trentin, jusqu'à la frontière linguistique au-dessus de Trente et au-dessous de Bolzano. Ses déclarations au Sénat furent suivies d'un commentaire clair et précis dans son célèbre plaidoyer : « Un po più di luce sugli eventi politici e militari del 1866 ».

Dans son récit des tentatives qu'il avait entreprises avec les bons offices d'un personnage très bien en Cour de Vienne, pour obtenir à l'amiable la cession de la Vénétie et du Trentin (octobre 1865) Lamarmora s'explique ainsi : « Je dois déclarer que, sous la dénomination de possessions italiennes, j'entendais seulement outre la Vénétie la partie vraiment italienne du Tyrol. Je n'ai jamais songé à Trieste, ni à cette époque ni depuis, car, même si on admettait que Trieste est une ville plus italienne qu'allemande (?) tous les intérêts de cette ville, par excellence commerciale, sont liés à l'Allemagne. Mais il y a encore ceci. Cette ville est entourée de populations slaves et allemandes qui n'ont rien à faire avec les populations italiennes et qui ne veulent avoir aucun contact avec elles, si ce n'est pour le commerce, qu'il est dans l'intérêt général de développer au plus haut degré possible, sans toutefois arriver à une confusion d'intérêts qui sont et qui resteront toujours séparés. Si, par hasard, Trieste appartenait à l'Italie, cette possession serait pour notre royaume une source de difficultés et de dangers très graves ».

Les hommes de gouvernement de 1866 ne sont toutefois pas unanimes dans cette conception anti-irrédentiste. Ricasoli qui succède à la présidence du Conseil à Lamarmora, nommé chef de l'état-major général de l'armée, semble plus favoarblement disposé pour les irrédentistes adriatiques. Je dis « semble », car sa pensée ne brille pas par une clarté excessive. Après Custoza et Königgrätz, alors qu'à l'horizon se dessine la menace d'une paix avec l'Autriche vaincue en Bohême, mais triomphante en Lombardie, Ricasoli écrit du quartier général à Visconti-

Venosta Ministre des Affaires Etrangères, en date du 12 juillet 1866 : « Outre le Tyrol italien, il nous faut encore l'Istrie. Sans l'Istrie nous verrons toujours l'Autriche maîtresse de l'Adriatique. C'est un point capital à mes yeux et il faut y insister. » Mais qu'entend Ricasoli par l'Istrie ? Comprend-il Trieste dans la péninsule istrienne ?

On serait tenté de sourire à cette interrogation, l'imagination ne pouvant concevoir l'aspiration irrédentiste triestine disjointe de l'aspiration istrienne. Et cependant Ricasoli, quatre jours après, écrit à Visconti-Venosta : « Je pense qu'il faudrait s'assurer l'occupation de ces territoires, car nous ne pouvons nourrir aucun espoir de les avoir si nous ne les occupons pas ; pour moi, j'insiste sur le Tyrol et sur l'Istrie... Quant à Trieste... qu'on se rappelle que le général Cialdini voulait y envoyer une division, avec des volontaires garibaldiens, qui aurait ensuite cherché à pénétrer en Hongrie. »

Donc le Tyrol (c'est-à-dire le Trentin) et l'Istrie sont les territoires que l'Italie *devrait*, d'après Ricasoli, occuper définitivement. « Quant à Trieste »... on ne comprend pas très bien s'il en envisage ou non l'occupation définitive. [27]

Quoi qu'il en soit, l'irrédentisme adriatique fait son apparition, pour ainsi dire en contrebande, dans la correspondance ministérielle : opinion personnelle (« quant à moi ») d'un seul ministre, notoirement contestée par le chef de l'état major général et ci-devant président du Conseil. Elle y entre, sans aucune préparation après une défaite militaire qui en fait une utopie, en contraste avec toute l'action diplomatique précédente. Nous n'en avons aucune autre trace si ce n'est un passage des instructions à l'amiral Persano (13 juillet 1866) ». Il est fatalement nécessaire que dans la semaine la flotte ennemie soit détruite et l'Istrie occupée ; autrement l'armistice nous surprendra et, avec l'armistice, la honte de nos armes et nous aurons une pauvre paix. »

Mais dans ce passage l'occupation de l'Istrie plutôt qu'une conquête définitive semble être introduite comme un gage diplomatique pour une siuation plus favorable de l'Italie dans les négociations imminentes de la paix ; or, il est notoire que la nécessité d'aborder ces négociations dans le plus bref délai possible fut la cause de l'insistance qui poussa Persano à accepter la bataille de Lissa. [28]

L'émigration adriatique avait, avant et pendant la guerre, essayé de convertir à sa cause le rétif et ondoyant gouvernement italien. Elle avait présenté au roi, à Lamarmora, à Ricasoli, à Visconti-Venosta, à Depretis (ministre de la Marine) plusieurs mémoires ethnographiques, géographiques et même économiques en faveur de la thèse irrédentiste. Après la conclusion de la paix, le Comité triestin — istrien qui s'était formé dans l'espoir de la libération imminente, lance un dernier appel à ses co-nationaux où se trouve synthétisée la tâche future de l'irrédentisme : « Tenir en éveil le souvenir des objets de nos revendications, s'attacher à le traduire en conscience de nos intérêts les plus vitaux, surveiller l'Autriche dans ses opérations offensives sur ce flanc si exposé, contenir par l'influence d'une haute civilisation un gouvernement barbare, bref pousser l'opinion publique à la conquête de nos frontières centrales et orientales et de l'Adriatique, avant que les armes ne soient appelées à trancher le nœud gordien. »

Seulement le public du royaume se montre alors

très indifférent et il laisse passer sans nullement s'é-
mouvoir les manifestations les plus amères pour les
idéalités annexionnistes adriatiques, comme le fa-
meux autographe de Napoléon au roi, dans lequel
l'empereur déclare parachever par la cession de Venise le programme de l'indépendance italienne « des
Alpes à l'Adriatique. »

Dans la discussion à la Chambre (avril 1867) sur
le traité de paix avec l'Autriche, pas une seule voix
— pas même à l'extrême gauche — ne s'élève pour
rappeler la région julienne ni pour protester contre
la renonciation à la frontière orientale.

Cairoli fut le seul qui tentât une timide interpella-
tion au sujet de quelques personnes du Trentin pour-
suivies pour des faits dont elles se seraient rendues
coupables après l'amnistie, faits qui, en réalité se seraient passés avant l'amnistie ; mais Cairoli lui aussi donne la mesure de son ignorance à l'endroit des
choses adriatiques. « C'est une dette de gratitude — dit-
il — de ne pas oublier la protestation éloquente qui,
dans les provinces d'Istrie et de Trieste au cours de
tant d'années, sortit de l'urne électorale à laquelle
on avait demandé d'envoyer des députés à l'Assemblée de Vienne ».

La manifestation unique et isolée du « Nessuno »
istrien était devenue pour Cairoli « une protestation
de plusieurs années (le constitutionalisme autrichien
n'avait encore que quatre ans de vie !) et il l'attribue
à Trieste, dont la Diète avait toujours envoyé et en-
verra à Vienne des députés ultra-loyalistes !

Benedetto Cairoli représentait, en réalité, le programme national républicain et garibaldien, auquel
le flambeau de l'irrédentisme adriatique sera confié

et dont la flamme oscillera entre de profondes langueurs et de brusques résurrections.

Sur ces entrefaites, qu'est-ce qui s'est passé dans la région julienne ?

La renonciation solennelle de l'Italie officielle à Trieste faite par Lamarmora avait provoqué une protestation datée de Trieste sous les auspices du Comité triestin-istrien. Cette protestation signée, d'après ce qu'en disait la « Triester Zeitung », organe du gouvernement, par plusieurs citoyens respectables avait été présentée à Lamarmora par l'avocat Molinari. C'était un italien de Brescia, stagiaire d'un avocat de Trieste, et qui, élu député, était considéré comme le représentant parlementaire du séparatisme italien : un précurseur oublié de M. Barzilai. La nouvelle de cette curieuse protestation irrédentiste contre le gouvernement italien avait circulé dans la presse du royaume et avait été exploitée par les journaux d'opposition.

Le podestà Porenta, qui était en même temps fonctionnaire impérial et royal et qui se trouvait, par ce fait, dans une situation excessivement délicate, essaya de parer le coup en proposant au Conseil une adresse de fidélité au Souverain. Un des conseillers libéraux trouva que, ce faisant, le Conseil aurait dépassé les limites de ses attributions. Au vote, l'adresse fut repoussée par 27 voix contre 15.

On avait eu beau s'abriter derrière l'incompétence du Conseil, le sens séparatiste du vote n'échappa à personne. Le « Temps » s'en tira par quelques lignes, en appliquant au podestà le vieil adage : « Surtout pas trop de zèle ». Dans le royaume, le nom de Trieste fut, pour la première fois, associé à une manifestation unitaire. « La protestation des Triestins contre les paroles de Lamarmora — écrit la « Perseveranza », qui représentait en ce moment le programme du radicalisme national — a eu une confirmation solennelle par le vote du Conseil. » Et la « Nazione » : « Le podestà de Trieste a subi une défaite à sa honte et à l'honneur de quelques conseillers courageux... Le mal ne vient pas toujours pour nuire : les paroles de Lamarmora ont fourni l'occasion d'une solennelle manifestation sur l'italianité de Trieste ».

Les ultra-loyalistes exploitent l'épisode dans un sens opposé. La « Triester Zeitung » écrit : « Les choses sont allées trop loin après les commentaires des journaux italiens ; et le Conseil doit revenir à une vision plus nette de la situation. » Mais le Conseil n'en a pas le temps, parce que le gouvernement, qui a baptisé la manifestation du nom de séparatiste, décrète la dissolution. Là-dessus, le repentir se donne libre carrière sous des formes solennelles : le podestà et la délégation incorporés se rendent auprès du gouverneur pour protester de l'inébranlable loyalisme de la ville. On rédige une adresse au souverain, en italien et en slovène, qui se couvre en quelques jours de 13.925 signatures.

Dans ce document les très humbles et très dévoués Triestins, « avec toute la force que leur donnent leurs convictions, repoussent comme contraire à la vérité et aux sentiments de cette population, la protestation d'un soi-disant Comité secret qui aurait osé l'envoyer à Turin au président des ministres d'Italie au nom de la ville de Trieste, document dans lequel on attribue à la ville des désirs et des tendances qu'elle n'a certainement pas et qui répugnent à ses traditions séculaires. » Une députation remet à l'Empereur l'adresse. François Joseph répond qu'il espère que « le résultat des prochaines élections lui apportera la conviction que Trieste ne porte pas à tort le titre de « Fedelissima ».

Les élections qui ont lieu dans l'automne de 1865, donnent une majorité aux candidats du gouvernement, qui occupent 35 sièges sur 48. Le journal « Il Diavoletto » avait posé brutalement la plateforme électorale. Il avait écrit : « Il est temps d'en finir avec les équivoques. Votons pour François Joseph. »

Il faut donc noter dès le début de 1866 une réaction dans le sens anti-unitaire. Elle est due toutefois à un autre facteur de politique intérieur qui arrive juste à point pour brider l'impulsion séparatiste. Le 20 septembre 1865 (au moment même des élections triestines) une proclamation adressée par le monarque à ses peuples annonce la suspension *(Sistierung)* de la constitution de 1861. Le nouveau Conseil-Diète se trouve être une des assemblées provinciales de l'Autriche qui applaudit presque à l'unanimité (38 voix sur 41 conseillers), avec « la reconnaissance la plus dévouée et la plus confiante », à ce nouveau coup d'Etat et le reconnaît comme « une mesure de haute sagesse gouvernementale ». L'initiative de cette résolution est libérale. La proposition part du chef du parti libéral, M. Hermet.

Qui n'a pas pratiqué un peu ce phénomène compliqué qu'on appelle l'Autriche pourrait se tromper sur la signification du vote du Conseil et l'interpréter comme un geste de lâcheté pour se faire pardonner le vote séparatiste. Mais sa signification est tout autre. Dans toutes les régions non entièrement allemandes de l'Autriche, la *Sistierung* fut considérée comme un triomphe du fédéralisme décentralisateur

sur le centralisme germanisant. La Constitution de
1861 avait trompé l'espoir que la Patente d'octobre
1860 avait fait naître. Elle avait été un malheureux
essai pour reprendre, sous les apparences constitutionnelles, la tentative absolutiste de Bach : l'empire
unitaire et allemand tempéré par de pâles autonomies provinciales. Mais la Hongrie refuse la constitution non approuvée par sa Diète plusieurs fois
séculaire. La Croatie et la Transylvanie la suivent
dans cette voie. La Bohême tchèque envoie quelques
députés protestataires. Schmerling doit s'en aller ;
et son successeur le Comte Belcredi oblige le Souverain à renouveler dans le manifeste la promesse in-
accomplie de la Patente d'octobre 1860, à savoir :
« la nécessité d'établir des institutions légales qui
puissent se concilier avec le droit historique et la nature *variée* des différentes régions. Ces institutions
devraient naître d'un commun accord entre les Diètes provinciales et la Couronne. [29]

On comprend pourquoi les classes dirigeantes de
toutes les races non allemandes, plus ou moins em-
pêchées de développer leurs énergies politiques, trouvent que la *Sistierung* est en quelque sorte le cré-
puscule qui précède l'aurore de l'autonomie. Tous
ces pays qui reconnaissaient dès lors comme base
juridique de leur appartenance à l'Empire un pacte
spécial conclu avec la dynastie, espéraient que les
futures institutions constitutionnelles s'appuieraient
effectivement sur des « droits historiques ». Pour
Trieste cela pouvait signifier la restitution ou le ren-
forcement de tous ses privilèges qui ne contrastaient
pas avec les nécessités de temps nouveaux.

La *Sistierung* agit ainsi, à la veille même de la
guerre, comme force modératrice et comme point

d'appui d'une campagne à tendance légalitaire. Les plus radicaux des séparatistes pensent qu'il est prudent de seconder les efforts employés à tirer parti de la nouvelle situation politique créée dans l'Etat par le manifeste qui suspend les garanties constitutionnelles.

La presse libérale accorde son appui à l'œuvre du cabinet Belcredi ; un petit journal humoristique, vivement traqué par la police « Il Pucinella politico » sous la direction de Giuseppe Caprin, se place au diapason de l'ère légalitaire et dans une caricature représente le profil de Belcredi sortant d'une bombe qui éclate sur la Constitution de 1861. « Au bruit de cette explosion — lit-on au bas du dessin — les ennemis de la liberté constitutionnelle tombent épouvantés, les jambes en l'air. » Un pareil état d'âme se manifeste aussi aux élections d'automne en 1865 après la dissolution du Conseil, due à l'incident Porenta-Lamarmora.

Dès la constitution du nouveau Conseil-Diète, le chef des libéraux, François Hermet, proteste « contre l'abjecte et ridicule accusation d'un prétendu « séparatisme » ou d'agissements subversifs, absolument impossibles et qui, s'ils existaient, prouveraient seulement que les auteurs manquent de bon sens ou de roublardise ». Le procès verbal mentionne à ce passage de son discours les « applaudissements enthousiastes et prolongés » des galeries, que le président rappelle à l'ordre.

Remarquons que cette déclaration anti-irrédentiste si inattendue a été faite par le chef du parti libéral pour donner plus de poids et d'autorité à une série de doléances nationales. Dans son discours, Hermet protestait contre les actes officiels qui portaient encore l'empreinte allemande : le serment des conseillers rédigé pour la première fois en allemand, la fréquence de notes allemandes adressées par les autorités à la Commune ; le projet de l'enseignement obligatoire de l'allemand dès la première classe dans les écoles primaires. Hermet, pour donner de l'efficacité à sa protestation, sentait qu'il fallait absolument séparer la cause de la nation de celle de l'irrédentisme. Quelques mois plus tard, à propos d'une nouvelle vexation du gouvernement, Hermet proteste une seconde fois, mais sa réclamation est d'un ton différent. Il rappelle la menace d'un député allemand de la Styrie « de tourner le dos à l'Autriche. » « Eh bien ! nous aussi, ajouta-t-il, si on continue à nous vexer de la sorte, nous en ferons autant. » Allusion séparatiste, qui aurait, d'après le journal officiel, « soulevé l'indignation générale ».

Oscillations bien bizarres, surtout si l'on pense que le désaveu irrédentiste avait eu lieu plusieurs mois avant la guerre libératrice de l'Italie et que, par contre, la sortie séparatiste s'était faite peu de mois après la paix de Vienne, qui fut accueillie dans la presse libérale de Trieste par un langage bien peu séparatiste. Le « Cittadino » (17 octobre 1866) — successeur du « Temps » — sa salue ainsi : « Cet événement historique est, sans aucun doute, un des plus grands du siècle. Grâce à lui, une forte et généreuse nation surgit après avoir *accompli* le programme de son unité et de son indépendance nationale. » L'article du « Times » affirmant que « à l'exception de quelque lambeau insignifiant de territoire, dans l'imminence de la libération de Rome, la nation était sur le point de recouvrer son entière souveraineté » est accueilli par le « Cittadino » avec la plus grande satisfaction. Le séparatisme — dit-il — est enfin banni des conversations diplomatiques. Le Conseil pousse son enthousiasme jusqu'à conférer le droit de bourgeoisie à l'amiral Tegetthof, le vainqueur de Lissa, et c'est un membre du parti libéral, l'avocat Baseggio qui lui remet le parchemin.

Sur ces entrefaites, des événements de politique étrangère générale se produisent dans le royaume, qui paraissent orienter l'Italie vers son ennemie de la veille, vers l'Autriche. Et ceci est un nouveau coup aux espoirs nourris par le séparatisme. La question vénitienne une fois résolue, la question romaine grandit de plus en plus : « l'épine de Rome — disait un ministre autrichien — qu'il fallait arracher du cœur de l'Italie. » C'est la France qui barre la route de Rome, par les chassepots de Mentana, par les « jamais » des ministres et de l'impératrice. L'Autriche, par contre, est prête à être de tiers dans la triplice souhaitée franco-austro-italienne, qui devait avoir pour condition préalable la « main libre » de l'Italie sur Rome.

Mais pour bien juger cette nouvelle situation, on doit se rappeler que le centralisme allemand, revenu au pouvoir après Sadova, est obligé de renoncer au rêve de domination sur l'empire tout entier, contre les Slaves et contre les Magyars. Il a compris que le maintien de l'unité est impossible : il faut se réconcilier avec l'adversaire le plus belliqueux et le mieux outillé, c'est-à-dire avec le magyarisme, ou plutôt avec l'aristocratie et la plutocratie magyares. C'est ainsi que naît l'arrangement dualiste de la monarchie qui, nationalement, peut se condenser dans la formule suivante : le Centralisme allemand livre à l'oligarchie magyare une partie des Slaves de l'em-

pire. Il concentre toutes ses forces dans le but suprême de maintenir son hégémonie politique en Autriche sur les autres Slaves et sur les nationalités
moindres. Mais, puisque les centralistes étaient les
représentants des idéologies et des sentiments bourgeois, et puisque l'esprit de la bourgeoisie allemande tendait infiniment plus qu'aujourd'hui au libéralisme, le dernier effort allemand pour maintenir
le monopole politique sur l'Autriche se présente en
robe libérale voire même anti-cléricale. Tandis que
la France de Mac-Mahon aime à se donner les allures d'un peuple à Croisades, l'Autriche des Herbst
et des Giskra soustrait l'école populaire à la suprématie du clergé, proclame l'intervention de l'Etat
dans la législation du mariage, pousse son anti-cléricalisme jusqu'à la dénonciation du Concordat comme réponse à la proclamation du dogme de l'infail-
libilité du pape.

Le libéralisme triestin se plaît à seconder acti-
vement cette nouvelle direction de l'Etat et l'encourage à aller jusqu'au fond. La « Società del Progresso » qui vient de se fonder, proteste contre le
Syllabus et le Concile du Vatican, préconise la suppression des ordres monastiques, le mariage civil,
etc. Certes, la pensée anti-cléricale voile la pensée
séparatiste, mais les manifestations de par leur nature et à cause du moment politique, conservent
un caractère fondamental légalitaire, voire même
ministériel. Cela se remarqua surtout au cours des
démonstrations publiques de 1868 qui conduisirent
— et nous le verrons plus tard beaucoup mieux —
à la fin des rapports patriarcaux italo-slaves à Trieste. A la suite d'une mesure cléricale du gouverneur
Bach, le frère du ministre absolutiste, on organisa

dans les rues des manifestations au cri de : « à bas le Pape, à bas Bach » mais en même temps on criait : « Vive Giskra, vive l'Autriche. »

Les classes dirigeantes italiennes — nous l'avons vu — n'avaient pas besoin de faire appel au libéralisme autrichien pour demeurer, presque totalement, opposées au séparatisme adriatique ; mais le changement d'orientation politique en Autriche exerce une influence aussi sur la démocratie irrédentiste. Pendant une période de dix ans, depuis 1866, le mouvement séparatiste ne donne dans le royaume aucun signe de vie. Pour s'en convaincre, il suffit de feuilleter les journaux démocratiques lors du séjour de Victor Emmanuel à Vienne. Ce n'est certainement pas un pur hasard si le roi et l'empereur passent en revue sur la Schmelz précisément le 20 septembre 1873. Le « Diritto » un des organes les plus accrédités de la gauche oppositionnelle de ce temps, commente cet événement de la façon suivante : « Qu'importe si la France se voue au Sacré-Cœur, si les ultramontains d'Autriche et d'Allemagne vomissent de la bile ? Le roi d'Italie à Vienne, passant en revue les troupes de l'empire, le 20 septembre, on peut dire que c'est une aide prêtée par les Italiens aux libéraux de l'Autriche. » Plusieurs conseils municipaux votent des adresses d'adhésion à la Commune de Vienne, administrée par les libéraux, qui répond avec d'autres adresses.

La constitution autrichienne de 1867, n'est — nous l'avons vu — au point de vue de la politique intérieure, qu'un retour au statut « octroyé » de 1861. Dès lors, on comprend pourquoi la Diète de Trieste, reconvoquée à la fin de 1868, et peut-être influencée par le premier conflit italo-slave, proteste plus énergiquement que jamais contre les nouvelles lois constitutionnelles. Le rapport et la discussion ont un ton si catégorique, que le commissaire impérial leur trouve la tendance d'une pure « union personnelle » entre Trieste et l'Autriche. « Le gouvernement, ajoute-t-il, s'y opposera toujours, parce que l'union personnelle est trop voisine de la séparation complète. » A quoi M. Hermet répond encore sur le ton séparatiste, en disant que « les sentiments, lorsqu'ils ne sont pas traduits en faits, ne peuvent être soumis à un contrôle quelconque. » Par contre, le député de Trieste à Vienne, M. Conti, profite de l'occasion pour désavouer une fois de plus l'irrédentisme, ce qui n'empêche pas sa réélection l'année suivante, avec Hermet, grâce au concours des voix libérales.

La lutte entre centralistes et fédéralistes n'est pas éteinte par la Constitution de 1867, qui est la victoire du centralisme allemand ; elle entre même dans une phase plus aigüe : le libéralisme Julien y prend part avec vivacité.

C'est Hermet, député en 1870, qui provoque l'exode du club parlementaire italo-slave [30] de la Chambre, pour empêcher l'acceptation du projet de loi sur les élections directes, proposé par le cabinet centraliste de Hasner, dans le but de briser l'arme la plus redoutable du fédéralisme : le refus des Diètes à majorité slave d'envoyer des députés à la Chambre.

La députation italienne adriatique est fédéraliste, d'ailleurs, jusqu'à un certain point. En effet, lorsque le ministère fédéraliste de Hohenwart présente un nouveau projet de constitution (1871) les députés italiens votent contre le passage à l'ordre du jour proposé par les centralistes ; mais le « Cittadino », leur organe, a soin d'ajouter, sous forme de commentaires, que les « députés n'ont pas eu l'intention de soutenir par leur vote le cabinet, mais seulement de prouver qu'ils ne font pas cause commune avec les centralistes. » Cependant, aux termes de ce projet, la Diète de Trieste aurait conquis une sphère d'attributions bien au delà de tous ses espoirs. Elle aurait légiféré en matière d'association et de réunion, de presse, de justice civile et pénale et de toutes les questions concernant l'instruction même supérieure.

Le fédéralisme de Hohenwart avait cependant un défaut capital : contrairement à ce que Belcredi proposait, Hohenwart posait à la base même du fédéralisme la province comme formation historique immuable et non comme entité nationale : la Bohême, non les Tchèques et les Allemands qui l'habitent, etc. De cette façon, déplacer le centre de gravité du Parlement dans les Diètes signifiait aggraver la tyrannie des majorités sur les minorités nationales. Sans compter que, au moyen d'une loi électorale restreinte et inégale, la tyrannie aurait été exercée seulement par des oligarchies féodales ou par la haute bourgeoisie.

Dans la région julienne, les classes bourgeoises italiennes, encore maîtresses absolues de presque tous les pouvoirs publics, auraient pu pour un moment, accroître leur influence ; mais l'avenir n'était pas dépourvu de dangers ; l'autre race, les Slovènes de Trieste et de Gorice, les Croates de l'Istrie, donnaient des signes non douteux d'un réveil national. Peut-être est-ce par là qu'il faut expliquer l'opposition libérale au fédéralisme de Hohenwart. [31]

En outre, les séparatistes — qui étaient déjà assez nombreux à la Diète — n'envisageaient pas volontiers la perspective de rapports plus intimes entre la région et l'Etat. Il fallut toute l'autorité de Hermet pour faire repousser la proposition de ne pas répondre au message impérial qui convoquait les Diètes en septembre 1870 ; en cette occasion, François Hermet renouvela, contre les sceptiques et les prophètes de malheur, sa déclaration légalitaire : « Nous qui désirons — dit-il — une plus large part de législation dans un Etat qui ne vit que depuis dix ans seulement de la vie constitutionnelle, voudrions-nous céder au découragement parce que nos tentatives n'ont pas été couronnées de résultats favorables ?... J'ai pleine confiance dans le principe du progrès libéral. Soyons convaincus que si nous ne nous arrêtons pas à mi-chemin, nous obtiendrons la conquête de cette autonomie nationale et politique dont nos devanciers ont joui pendant tant de siècles. »

Un nouveau journal libéral « Il Progresso » aboutit à un désaveu encore plus formel de toute idée séparatiste. Dans un article : « Centralisme et fédéralisme » (27 décembre 1871) le nouvel organe s'exprime ainsi : « Nous sommes très éloignés de ceux qui croient à la constitution, dans un avenir plus ou moins éloigné, de nations embrassant le territoire habité par toute une race. » Il exhorte les fédéralistes vaincus dans les dernières élections, à entrer au Parlement, à se compter « pour que l'Autriche devienne ce que la nature lui a ordonné d'être, une vraie confédération qui ne serait différente de la Suisse que par l'extension et par la forme monarchique. »

Un autre événement politique d'une grande portée exerce l'année suivante une influence marquée sur l'attitude des libéraux.

Les centralistes réussissent à imposer le système des élections directes qui prive les Diètes du droit d'envoyer des députés à la Chambre. Ceux-ci seraient désormais élus par les électeurs directement[37]. La réforme électorale de 1873 donne la prépondérance à l'aristocratie foncière et à la grande et moyenne bourgeoisie industrielle et commerciale ; une autre petite réforme de 1884 augmentera la pression de certaines couches de la petite bourgeoisie, en maintenant l'exclusion totale des salariés. A Trieste où il n'y a ni aristocratie, ni grande propriété foncière, la nouvelle loi constituait un groupe électoral dans lequel les négociants, les employés de l'Etat et la population slovène du « territoire » devaient exercer une influence décisive. Ces électeurs formaient un seul « corps électoral » avec la petite bourgeoisie. La situation pour le libéralisme était donc très difficile. Les riches négociants s'en défiaient. D'autre part, il n'avait rien à espérer et il avait tout à craindre pour ses meilleures forces électorales de la majorité des forces territoriales slaves. Cette conscience de la faiblesse de sa position détermine le libéralisme à adopter la tactique de l'abstentionnisme, souhaitée par les séparatistes sincères et enflammés. Et cette tactique créera à son tour et pour son compte une atmosphère plus propice à la diffusion de l'idéalité nationale unitaire. En effet, l'Istrie, le Frioul et Gorice, où la position électorale n'est pas très changée par la nouvelle loi, continueront à envoyer à Vienne des députés italiens libéralisants, même après 1873. Par contre, à Trieste, la représentation politique passera aux éléments ultra-loyalistes et même — comme en 1848 — aux Allemands. Quoique involontaire, cet éloignement du champ clos où se jouaient les destinées de l'Etat, devait influer sur l'idéologie séparatiste en l'élargissant et en l'intensifiant. Parmi les intellectuels libéraux, beaucoup de tempéraments politiques, paralysés par l'abstention doivent souhaiter plus que jamais la séparation. L'idée commence à sourire aux jeunes, même aux fils de la bourgeoisie marchande, poussés à l'action contre l'utilitarisme paternel, par esprit de fronde, pour opposer un peu d'idéalisme aux grisailles des affaires ou aux insipidités des plaisirs, les seules notes qui dominaient jusque là chez les riches. Se reconnaître Italiens, équivaut tous les jours davantage à une attitude hostile envers l'Etat qui, à son tour, confondant l'italianisme et la rébellion, sert inconsciemment au progrès de l'idéalité centrifuge plus apparente que profonde et diffuse, rongée par d'intimes contradictions, mais après tout vivante et vécue.

Le théâtre reproduit les épisodes qui se sont succédé avant et après 1848 à Milan et à Venise. Le public saisit au vol les allusions, auxquelles l'intelligente censure donne plus de relief avec ses coupures et ses protestations. La maladresse de la police va jusqu'aux arrestations et aux conflits, à la gare de Gorice, pendant le passage de Victor Emmanuel allant à Vienne. Lorsque en 1873, Lamarmora renouvelle et amplifie dans sa femeuse brochure : « Un po più di luce » sa pensée irrédentiste, la police veut découvrir à Trieste les auteurs ou les inspirateurs de la protestation du Comité triestin (probablement rédigée en Italie). Elle procède à une descente dans la rédaction et dans la typographie du

« Progresso » ainsi que dans l'habitation du directeur Caprin et dans celle du président de la Société des ouvriers, Edgardo Rascovich, constituée en 1869.

Cette Société représentait le programme social de l'époque, le secours mutuel. Elle patronnait en politique une première tentative de conciliation entre l'idée nationale et le prolétariat. Au début, cependant, la note nationale n'est que très légèrement touchée. Elle disparaît dans l'ensemble des revendications sociales. Les nationalistes actuels trouveront bien étranges et réprouvables les paroles que Giuseppe Caprin prononça en 1869 dans un discours sur « L'association, l'ouvrier et son avenir ». « L'ouvrier — avait-il dit — n'est ni allemand, ni italien, ni slave, ni français : il est l'ouvrier du temple de la paix, dont les fondements furent bâtis par les esclaves, dont les parois furent travaillées par les serfs et dont le toit devra être terminé par l'activité et par le génie des hommes libres. »

L'autorité, à laquelle les lois fondamentales interdisaient d'empêcher la constitution de sociétés, s'avise de faire un large usage de décrets de dissolution, qui, d'ailleurs, conduit presque toujours à la reconstitution du même organisme social sous un autre nom et qui aide puissamment à leur épanouissement. Cela devient une rage. Plusieurs sociétés de gymnastique sont dissoutes. La censure trouve des sous-entendus même là où il n'y en a pas et l'esprit subversif dans l'exercice le plus légalitaire de la critique. On saisit les journaux sans discernement, dans les moments les plus favorables à une réaction sentimentale : le « Progresso » est saisi pour avoir écrit que la mort d'Alexandre Manzoni était « une calamité nationale et un deuil de notre patrie, l'Italie. »

Aux approches de 1877, une flambée irrédentiste dans le Royaume, bien inattendue d'ailleurs, active tout à coup le sentiment séparatiste de la région julienne. La cause, il faut encore la rechercher dans les événements généraux. C'est la crise orientale, qui est arrivée à l'état aigü en 1876, et qui, par ricochet, galvanise l'irrédentisme du royaume et fait hausser le ton aux irrédentistes régionaux. Dans les victoires contestées de la Russie en Turquie, les irrédentistes du Royaume avaient entrevu, d'abord, très arcadiquement, le triomphe sûr et prochain du principe de nationalité, et, par conséquent, l'annexion imminente des « terres italiennes » sujettes de l'Autriche. En prévision de grands événements, on avait réorganisé les rangs irrédentistes et on avait constitué « l'Associazione pro Italia irredenta » sous la présidence du vieux général Avezzana, ancien ministre de la guerre de la République Romaine, un survivant des batailles napoléoniennes.

Dès le mois de janvier 1878, Avezzana avait recommandé aux Triestins « d'avoir confiance dans l'accomplissement à courte échéance de leurs droits sacro-saints. » « Cette courte échéance — ajoutait-il — je pense qu'elle est réellement prochaine, comme résultat de la solution imminente de la question d'Orient, par la délivrance de tant de nationalités meurtries par le Croissant. »

Les séparatistes avaient confié leur cause à l'action de la diplomatie, à l'habileté du gouvernement italien qui était invité à faire valoir les titres de la nation sur les provinces irrédentes, au moment du réglement des comptes en Orient et dans les Balkans. « La solution de la question d'Orient approche, elle est imminente — écrivait Avezzana à Depretis, chef du Cabinet et ministre des affaires étrangères — Si vous saurez profiter de ces moments suprêmes au profit de nos provinces irrédenti, le Trentin, Trieste, l'Istrie, avec les autres lambeaux de territoire italien dont nous a privés le malheureux traité de Cormons, vous aurez mérité l'immortalité. » (Février 1878).

Au mois de février, Imbraiani à Naples fonde le journal irrédentiste « L'Italie des Italiens », qui précise davantage la mission de la diplomatie du Royaume : « Quelle qu'elle soit, la rectification des frontières orientales, doit entrainer une rectification de nos frontières orientales du côté des Alpes Rhétiques et Juliennes. » Et le général Avezzana avertissait Depretis de ne pas se contenter du Trentin tout seul.

La littérature irrédentiste — qui recommence à fleurir avec le retour de l'agitation — embrasse chaleureusement la nouvelle idée d'une « compensation » et elle la fait sienne. Combi — qui signe : « un général hongrois » — s'en fait l'apôtre dans son article : « La solution » publié dans le volume de Paolo Fambri : « La Venezia Giulia ». C'est une collection d'articles publiés par Fambri dans la « Nuova Antologia ». Il y invoque les nécessités militaires d'étendre les frontières du Royaume jusqu'aux Alpes Rhétiques et Juliennes ; irrédentisme géographique et national, comme toujours mélangé et pétri à nouveau. Fambri lui aussi s'attend à une solution pacifique : qu'en échange de nos frontières orientales, l'Autriche étende librement ses conquêtes sur toute la presqu'île balkanique. Une autre brochure anonyme contemporaine : « L'Italie aux frontières slaves » soutient la même thèse.

Aujourd'hui, le plus fanatique des irrédentistes du Royaume n'oserait pas mettre à ce prix la réalisation de son rêve national ! Mais à cette époque, l'industrialisme italien était dans le berceau. Son rapide développement — encore que protégé par des droits fantastiques — devait cependant s'orienter vers de nouveaux débouchés. C'est au fond la cause de l'antagonisme actuel italo-autrichien dans les Balkans. Avant 1880, il n'y a guère de trace de ce phénomène ; et un homme d'Etat comme Marco Minghetti peut affirmer que « la tradition italienne est favorable à l'expansion autrichienne en Orient et le devoir de l'Italie est de collaborer à cette mission à la fois conservatrice et libérale de l'Autriche, à cette tâche civilisatrice. »

Il semble que l'idée de Imbriani et de Avezzana ait été accueillie favorablement par le gouvernement italien du temps. C'est du moins ce que le marquis Cappelli affirme dans un article récent. Il assista, en qualité de secrétaire, au Congrès de Berlin et d'après lui, on offrit des compensations à l'Italie dans la Méditerranée et dans l'Adriatique contre l'expansion des autres puissances ; mais l'Italie aurait, dit-il, refusé et elle aurait insisté pour une rectification « tout au moins de quelques kilomètres » de la frontière orientale.

L'homme qui dirigeait alors la politique étrangère italienne avait cru à la tradition irrédentiste. Au mois de mars 1878, à la fin des hostilités russo-turques et à la veille du Congrès européen, Depretis avait cédé la présidence du Conseil et le portefeuille des affaires étrangères à Benedetto Cairoli.

En 1876, aux fêtes du septième centenaire de Legnano, Cairoli avait signalé au public les drapeaux voilés des provinces irrédentes ; à la commémoration de Mentana en 1877, il avait clairement parlé :

« Nous ne renoncerons jamais à la politique militante, tant que nous ne verrons pas réunies à l'Italie les provinces actuellement sujettes d'une domination étrangère. » Aux funérailles de Victor-Emmanuel II, il avait, avec le vice-président de la Chambre, représenté, les provinces irrédentes. Président du Conseil, Cairoli aurait reçu une députation de Triestins présidée par le général Avezzana et il lui aurait déclaré être prêt à marcher en simple soldat « lorsque l'heure sera arrivée. »

On comprend que l'avènement au pouvoir de Benedetto Cairoli ait allumé plus que jamais les espoirs de l'irrédentisme. « L'Italia degli Italiani » écrivait alors de Cairoli : « Associer son nom à la délivrance, ce serait accomplir dignement les traditions de la famille. »

En juin, le Congrès de Berlin siégeant, deux programmes de deux Comités, — un « triestin » et un « istrien » — affirment comme un fait certain que l'Italie soulèvera devant le Congrès la question des frontières orientales. Ils préconisent comme prochaine la fin de la nomination autrichienne dans le Trentin et dans la région julienne.

Mais les beaux rêves idylliques du général Avezzana ne se réalisent pas à Berlin. La carte balkanique fut remaniée, en effet, mais certainement pas en hommage au principe de nationalité. A cette distance, une analyse froide et objective de cette période de la politique italienne, n'est pas impossible. Son insuccès n'est pas une énigme. Aux aspirations annexionistes de la démocratie italienne arrivée au pouvoir tout faisait défaut : la préparation intérieure, un milieu diplomatique tant soit peu favorable. Tandis qu'en 1866, presque toutes les grandes puissances considéraient l'annexion de Venise à l'Italie comme une question d'intérêt européen, toute modification à l'assiette territoriale des Etats européens rassemblée à Berlin est dogmatiquement et préventivement bannie du Congrès. Si, par conséquent, la diplomatie italienne, comme le voudrait le marquis Cappelli, a sauvé le terrain dans cette direction, on comprend aisément qu'on lui ait opposé une fin de non recevoir. Et peut-être pour avoir voulu poursuivre le mirage irrédentiste, l'Italie a-t-elle perdu l'occasion d'assurer ses vrais intérêts adriatiques et méditerranéens.

On ignore le sort, — et il vaut mieux l'ignorer — du memorandum des comités istrien et triestin, envoyé à l'empereur Guillaume et aux délégués du Congrès de Berlin. Ce serait cependant bien intéressant de connaître le principe dont ce memorandum était inspiré, parce que le droit d'annexion s'appuie comme toujours, indifféremment, sur deux titres contradictoires : le principe de nationalité et la théorie des frontières naturelles ou géographiques. Dans la publication « Pro Patria » par exemple, on revendique pour l'Italie la plus vaste frontière géographique ; quelques pages plus loin, l'auteur revient aux principe de nationalité et il cite les paroles suivantes de Camille de Meis : « Là où finit la nation, s'arrête l'Etat. »

Le « Confine Orientale » du triestin Fabris n'est qu'une docte dissertation tendant à prouver que la frontière politique doit coïncider avec la frontière géographique, c'est-à-dire atteindre aux Alpes Rhétiques et Juliennes. Le général Avezzana répète la même pensée dans une lettre à Depretis. Il dit :

« Sans la frontière jusqu'aux Alpes Juliennes et Rhétiques, il n'y a pas de sûreté pour l'Italie. »

Mais en octobre 1878, l'espoir d'une solution amiable s'évanouit. Le traité de Berlin est un coup mortel porté à la démocratie italienne, surtout au parti républicain. Un mouvement se dessine en Italie
contre l'Autriche. Les démonstrations, les meetings
ne se comptent plus. A la nouvelle de l'entrée des
troupes autrichiennes en Bosnie-Herzégovine, l'écus-
son du Consulat austro-hongrois à Venise est jeté
dans le canal. « L'Italia degli Italiani » attaque furieu-
sement le cabinet Cairoli. Le nouveau statut balkanique est pour le journal « une œuvre infâme » et la
paix « le crime de Berlin. »

C'est alors que Garibaldi et Avezzana lancent aux
Triestins, aux Trentins et aux Istriens la fameuse
apostrophe : « N'allez pas combattre contre nos hé-
roïques frères de l'Herzégovine, la jeunesse latine ne
vous laissera pas tout seuls combattre contre les Autrichiens. » Mais ce cri tombe dans le vide.

Les précédents bien connus des gouvernants italiens augmentent les difficultés viennoises. Le « Frem-
denblatt » s'adresse, en effet, dans un communiqué
officieux, aux cercles modérés italiens et avec l'im-
perturbable hypocrisie des diplomates, il écrit : « Si
l'Autriche s'est décidée à accepter le sacrifice d'introduire l'ordre dans les provinces occidentales balkaniques, il ne s'ensuit pas que d'autres aient un
droit quelconque à des compensations aux dépens
de la Monarchie.. » Ces paroles sont suivies d'une
concentration de troupes à la frontière.

A ce moment paraît la célèbre brochure allemande « Italicae Res » du Colonel Haymerle, qui fut pendant une période de cinq ans attaché militaire aus-

tro-hongrois à l'ambassade près du Quirinal. Les
« Italicae Res » furent, à tort ou à raison considérées
comme directement inspirées par le gouvernement
viennois. Elles soulevèrent un bruit énorme. On les
traduisit en italien. On les accompagna de commentaires et de réfutations venues du camp irrédentiste.
La position officielle de l'auteur est pour beaucoup
dans le bruit qu'on fit autour d'elle. En la relisant,
à la distance de trente ans, elle apparaît comme une
pauvre petite chose. Pour prouver que l'Italie ne
peut se vanter d'avoir des droits sur les terres irrédentes, Haymerle s'enfonce dans une critique, mé-
diocrement scientifique, du principe de nationalité.
Il oublie l'argument qui aurait dû être l'argument
essentiel de la thèse : la cohabitation de deux races
sur les territoires que la démocratie italienne revendique au nom du principe de nationalité ; il glisse
sur le facteur économique et il glorifie l'administra-
ton autrichienne en s'attardant sur le danger stratégique que courait l'Autriche privée du Trentin.
L'intervention d'un officier autrichien dans la polémique ne fait que la ranimer. Le mouvement dans le
pays continue après la conférence irrédentiste de
Rome (21 juillet 1878) jusqu'en 1880). Au Congrès
présidé par Menotti Garibaldi, on réclame la délivrance des terres *irredenti,* nommément du Trentin
et de l'Istrie avec Trieste, de Nice, de Malte et du
Tessin ; ce qui, naturellement coalise toute la presse
européenne contre les revendications séparatistes.

En décembre 1879, le général Avezzana s'éteint à
l'âge de quatre-vingt-dix ans ; et la présence de Cairoli, chef du cabinet, offre matière à de nombreux
commentaires. Mais voilà que la nouvelle déception
de Tunis précipite le cabinet Cairoli et fait dévier

contre la France ses ardeurs anti-autrichiennes. S'il faut prêter foi à certaines révélations de source irrédentiste, ce cabinet Cairoli avait conçu le projet d'une nouvelle expédition « dei mille » contre l'Autriche, attendue avec impatience par un groupe de jeunes volontaires et renvoyée de printemps à printemps jusqu'à celui de 1882, lorsque la mort de Garibaldi lui arracha le symbole et la priva d'un inspirateur idéal.

Pouvait-on attendre du milieu triestin un encouragement à l'expédition garibaldine ?

La mort de Victor Emmanuel provoque à Trieste et dans toute la région des manifestations de deuil dans lequel on distingue clairement le sous-entendu séparatiste. Le soir du 9 janvier, un groupe de jeunes gens de la galerie obtient la suspension de la séance du Conseil Municipal. Cependant, on ne passe pas au vote ; les conseillers s'empressent de quitter la salle, avant que la proposition de l'avocat Vidacovitch de suspendre la séance « à cause d'une certaine agitation des esprits » soit mise aux votes. Deux conseillers libéraux saisissent l'occasion pour prononcer l'éloge du roi : le chef du parti libéral M. Hermet, qui cependant insiste pour que la séance continue, dans sa chaleureuse commémoration, n'oublie pas de rappeler les liens de famille qui unissent la maison de Savoie et la maison des Habsbourg.

Dans l'été de 1878, survient un autre facteur de malaise. Pour la première fois, Trieste sent toute la gravité de l'abolition du privilège plusieurs fois séculaire de l'exemption du service militaire. La mobilisation partielle ordonnée pour l'occupation de la Bosnie-Herzégovine, frappe surtout les provinces les plus rapprochées des nouveaux territoires que l'Autriche-Hongrie doit occuper. Pendant la sanglante campagne on a fait le calcul que plus de 2.000 Italiens ont été mobilisés. Beaucoup de jeunes gens préférèrent franchir la frontière et s'en allèrent grossir les rangs des irrédentistes dans le Royaume. Mais ce ne sont pas les centaines dont parlent les livres irrédentistes. Une chronique non suspecte fixe le nombre des émigrés triestins à vingt et un. Parmi eux il y a un jeune homme qui s'appelle Guillaume Oberdank [33].

On lance des pétards pour la plupart inoffensifs, aux alentours des bureaux ou des habitations des fonctionnaires impériaux et royaux. Des condamnations s'ensuivent jusqu'en 1892 et puis le mouvement s'éteint. Les saisies des journaux du Royaume deviennent de plus en plus fréquentes. Plus fréquents encore les procès de presse, les expulsions de citoyens italiens de passage, comme de Felice Cavalotti, dont l'expulsion provoque l'intervention du gouvernement italien et est rapportée une heure après le départ de Cavalotti pour l'Italie.

Les procès les plus importants sont confiés aux jurys de l'intérieur du pays afin d'éviter un acquittement à Trieste. Mais les jurys autrichiens acquittent et réduisent à néant les actes d'accusation. C'est ainsi qu'en 1879 après neuf mois de détention à Graz, M. Barzilai accusé d'avoir propagé des brochures irrédentistes, est acquitté. De même les jurés de Vienne en 1910, ensevelissent sous la risée générale une affaire de fabrication de bombes. Par contre, des jeunes gens sont condamnés à deux ans de prison pour avoir arboré le drapeau tricolore le jour de la fête du Statut, sur une colline de Gorice.

Le mouvement des jeunes gens ne peut rien donner de plus. En haut, les dirigeants peureux, sceptiques, voire même hostiles, refusent n'importe quelle aide morale ou matérielle. Et cela se conçoit aisément : le milieu dans lequel l'idée est obligée de circuler est trop hétérogène. Je cite un exemple entre cent : l'occupation de la Bosnie est mal vue par les petits bourgeois et par les prolétaires. Mais les industriels et les négociants l'acclament !

On poursuit donc dans les milieux du libéralisme officiel, une politique d'oscillations continues. Quand, à la fin de 1879, les troupes reviennent de Bosnie, le Conseil triestin rejette par 20 voix contre 16 l'urgence de la motion demandant un crédit de 500 florins pour la réception de ceux qui reviennent. A cet effort de protestation le gouvernement, comme d'habitude, donne de l'importance et de la publicité en dissolvant le Conseil. Les élections de 1879 marquent une défaite du libéralisme, bien qu'au dernier moment, une espèce de compromis avec les fidélissimes eût été stipulé, dans la première curie électorale.

Plus symptomatique encore est la rupture qui a éclaté bientôt après entre le parti et son chef, Hermet, à cause du choix du président du Conseil municipal. Ce fait est intéressant parce que, dans cette période orageuse, justement au milieu du plus fort mouvement séparatiste à l'intérieur et à l'extérieur, le chef du parti libéral défend la candidature d'un Allemand au poste de président du Conseil municipal de Trieste ! Pour expliquer sa conduite que l'on critiquait, Hermet publie une lettre à ses électeurs dans laquelle il y a des affirmations caractéristiques. On lit aisément entre les lignes, ce que Hermet craint : que le nouveau mouvement irrédentiste ne débilite la position des Italiens adriatiques ; c'est-à-dire que l'irrédentisme ne nuise à la nation.

Insister sur le principe traditionnel qui veut que le représentant électif de la ville soit Italien, semble à ce moment à Hermet « une exagération du principe national ». « Celui qui exagère le principe national, affirme-t-il, lui nuit et devient sans le vouloir antinational. » Le conseil de Hermet ne fut pas suivi, et lui-même, finalement, voyant que tout effort était vain, prend son parti et se retire peu après de la vie publique, comblé pourtant des plus grands témoignages d'estimes du parti libéral. Le candidat soutenu par Hermet fut d'ailleurs, bien qu'Allemand, élu presqu'à l'unanimité (50 voix) vice-président du Conseil.

Avec la disparition de Hermet (mort en 1883) les oscillations entre l'aiguillon des partisans de la politique catastrophale ou des irresponsables et le frein des hommes représentatifs ne cessent pas ; les manifestations extérieures de ce conflit, toujours latent, augmentent plutôt.

En 1882 la finance et la bureaucratie, poussées et soutenues par le gouvernement s'unissent pour célébrer par une exposition de tous les produits de l'Empire, le cinquième centenaire de la soumission de Trieste à la maison des Habsbourg. Cette initiative cause une grave gêne au libéralisme triestin ce qui ressort de ces actes : Le président du Conseil Municipal auquel on offre la présidence d'honneur du comité organisateur, refuse en déclarant ne pas vouloir préjuger aux délibérations du Conseil. De même la pointe séparatiste réapparaît encore bien que dissimulée dans la discussion concernant la concession d'un terrain et le versement d'une somme de

15.000 florins pour l'exposition. Elle y est portée par un conseiller qui déclare considérer l'exposition. nuisible aux intérêts de la ville, car elle « rapproche les industriels des consommateurs ». Mais la représentation municipale ne manque pas non plus d'exprimer à plusieurs reprises son horreur pour les gestes des propagandistes par le fait, provoquant si souvent des accès et des résolutions de révolte dans les fractions séparatistes les plus ardentes.

Quant aux candidats gouvernementaux, ils ne forment pas non plus une phalange rigide et compacte : de l'extrême droite, formée surtout de fonctionnaires et de commerçants non italiens, on passe graduellement au centre, dont les nuances les plus faibles se fondent avec celles d'un libéralisme moins ardent ou exemptes d'idées séparatistes. Ces nuances ne viennent pas seulement de la variété des états d'âme individuels ; mais de raisons économiques fortes et permanentes, comme nous le verrons plus loin lorsque nous examinerons la conduite du parti libéral relativement aux intérêts de la ville et de la région.

Il en résulte, malgré les luttes électorales fréquentes et souvent acharnées, une certaine tendance réciproque à l'oubli : le président du Conseil qui en 1881 avait refusé la présidence d'honneur de l'exposition patriotique, est réélu en 1882 à l'unanimité par les deux partis ; le libéralisme qui vainc aux élections de 1882 et triomphe à celles de 1886, conclut en 1889 un compromis électoral avec ses adversaires. Mais à partir de 1882 tout le pouvoir de la commune est réuni entre les mains du parti libéral, bien que le gouvernement prenne la peine d'y faire obstacle en disciplinant la troupe des loyalistes et de ses fonctionnaires, en fondant et en subventionnant les journaux et les associations dynastiques. Souvent l'intervention du gouvernement sert plutôt à renforcer le libéralisme ; le loyalisme des fonctionnaires n'est pas contrôlable dans le secret de l'urne et y mûrit parfois de joyeuses vengeances. On arrive ainsi aux élections administratives de 1897 qui évincent définitivement le vieux parti gouvernemental et assurent au libéralisme pour de longues années la domination incontestable dans la commune et dans toutes les institutions communales.

Mais, la même année, un fait nouveau, comme toujours d'ordre général et étatique, pousse le parti aux urnes politiques et le fait triompher là aussi. C'est le premier essai du suffrage universel tronqué en Autriche, l'introduction de la soi-disant 5me curie c'est-à-dire d'un corps électoral au suffrage universel subdivisé en 72 collèges territoriaux (circonscriptions) à côté des corps privilégiés. Ainsi les plus vastes couches populaires entrent dans la vie politique ; mais elles y entrent avec l'impossibilité déterminée d'avance de conquérir la majorité, car ces 72 députés du suffrage universel se joignent aux 345 représentants de la noblesse foncière, de l'industrie, etc. C'est un expédient du gouvernement, caressé déjà dans une plus large mesure, par Taaffe, puis repris par Windischgraetz, enfin exécuté par Badeni, auquel il n'épargne pas quelques mois plus tard l'orageuse obstruction allemande contre les concessions linguistiques faites aux Tchèques.

La pression du conflit des races apparaît parmi ceux qui avaient déterminé la renonciation à la tactique abstentionniste suivie pendant près d'un quart de siècle par le libéralisme triestin. La 5me curie opposait au parti libéral un concurrent plus formidable que des anciens. L'hostilité du parti gouvernemental, surtout pendant les dix dernières années, avait contribué plus que tout autre à la victoire électorale du libéralisme ; la germanisation, que l'on craignait tant jusqu'alors, représentait désormais un instrument de gouvernement usé, sans base ethnique et sans racines parmi les paysans. La loi électorale de 1896 unissant la ville et la banlieue en un collège électoral à suffrage universel et égal, fait entrer en lutte pour la première fois un vrai facteur ethnique, le slavisme, non plus contre un petit noyau, mais contre toute la population italienne de la ville. Le parti libéral comprit que s'abstenir de la lutte électorale signifiait transporter le conflit du terrain des races sur celui des classes, puisque l'autre facteur que le suffrage universel avait appelé sur la scène, le prolétariat julien, se serait emparé des meilleures positions électorales. Le prolétariat est le grand absent de la vie politique. L'année 1848 même, comme ce fut le cas ailleurs, ne lui avait donné une minute de vie. Justement parce qu'il avait tant tardé, son entrée dans la politique exerce une influence remarquable. En 1897, le socialisme a déjà fait des progrès dans le prolétariat, et c'est sous ses auspices et sous son drapeau que le prolétariat apparaît comme un parti entre les partis en lutte, dont il subit l'influence et dont à son tour, il change et altère la constitution et les attitudes. Ainsi, en somme, se forme le milieu actuel que je chercherai à étudier dans le prochain chapître.

Cependant, l'irrédentisme vient de traverser dans le Royaume une autre phase de dépression. La déception causée par le traité du Bardo donne naissance à la Triplice. Le transformisme de Depretis (1882-1887) étranger de par sa nature à toute espèce de politique étrangère, mal en train et sans préparation, va à Massaua, comme s'il avait voulu marquer sa renonciation à toute velléité d'expansion du côté des Alpes Rhétiques et Juliennes. C'est en pure perte que dans la même année de la Triplice et de la célébration en Autriche du cinquième centenaire du pacte austro-triestin, Guillaume Oberdank a consommé son sacrifice. Le mobile psychologique de Oberdank — les sources dont nous disposons sont assez copieuses et lointaines pour nous permettre de l'affirmer — réside précisément dans la conviction précise du jeune mathématicien que la flambée irrédentiste allumée par la crise d'Orient était déjà éteinte et dans l'espoir de la rallumer

La légende de la conspiration organisée dans le Royaume par des groupes irrédentistes professant un programme pratique, cette légende est dissipée. Les précédents de la décision d'Oberdank, le passage de la frontière avec deux bombes, son attitude, avant et pendant la détention et pendant le mystérieux procès devant les juges militaires, tout nous prouve que cet attentat fut le coup de tête essentiellement personnel d'un homme qui espérait en mourant s'envelopper dans le drapeau du martyre politique (jusque-là inconnu à la région julienne) ce qui aurait écarté tous les obstacles, qui barraient la route à son idée.

L'aveuglement des cercles militaires et la soumission du Gouvernement à leurs exigences, fournissent au jeune Triestin l'occasion d'accomplir son projet de casse-cou. La potence élevée dans la région julienne, apparaît aux ultra-loyalistes non seulement comme un acte injustifié de férocité, mais encore comme une erreur politique détestable. En ces jours-là, dans les cercles triestins, circulait l'amer propos d'un avocat allemand non suspect de sympathie pour le mouvement irrédentiste : « Ils ont voulu donner à Trieste, avait-il dit, la seule chose qui lui manquait : un martyr. » Mais l'aveuglement des gouvernants ne peut changer le cours des choses. La mort cherchée par Oberdank ne modifie en rien les lignes essentielles de l'ambiance julienne.

Les répercussions dans le Royaume sont aussi presque nulles. La répression exercée par le Gouvernement contre toute marque de deuil ou de protestation est bien plus rigoureuse que deux ou trois ans auparavant. La condescendance du cabinet Cairoli, semble un écho des temps passés. L'irrédentisme n'est plus qu'un geste antidynastique. Il devient l'apanage d'un groupe qui ignore tout du problème et des nouveaux facteurs qui le compliquent progressivement.

Trois mois après la pendaison d'Oberdank, au mois de mars 1883 à Montecitorio, s'ouvre une discussion sur les rapports austro-italiens et sur l'irrédentisme. Mancini, ministre des affaires étrangères, se donne toutes les peines du monde pour prouver que l'irrédentisme adriatique et triestin jure avec la théorie du principe des nationalités, ce fondement de toute association politique, professée par lui et condensée dans ses leçons. Il faut se hâter d'ajouter que sa démonstration ne brille pas par une logique excessive. Le Ministre ne conteste pas aux Italiens de l'Autriche le droit idéal de s'unir à l'Etat italien, mais il objecte qu'il n'y a pas que le seul irrédentisme autrichien. Il y en a d'autres encore : le français, l'anglais, le suisse. « Pourquoi demandez-vous à l'Autriche Trente et Trieste — s'écrie-t-il, — qui ne représentent même pas un besoin essentiel de l'Etat ? L'irrédentisme, pour être logique, est obligé de déclarer la guerre au monde entier ; il lèse, par conséquent, le respect des traités ; il est contraire au droit international, encore qu'il se dise fondé sur le principe des nationalités. »

Alexandre Fortis, un des leaders de l'extrême gauche, répliqua très logiquement à Mancini que le principe des nationalités ne peut pas s'arrêter et, en effet, il ne s'est pas arrêté devant le respect des traités. La question était décidément mal posée. L'équivoque ne sera pas dissipée. Ellle réapparaîtra même plus tard au cours de toutes les discussions parlementaires. Pour combattre l'irrédentisme au nom du principe des nationalités, il fallait prouver qu'à Trieste et dans la région julienne les prémisses sur lesquels se base ce principe ne subsistent pas ou qu'elles sont excessivement faibles. Il fallait prouver que le facteur ethnique n'existe pas en tout ou en partie. Mancini n'apporte pas cette démonstration. Au contraire, il revient toujours sur le droit idéal et potentiel de la région julienne de s'émanciper du joug étranger. Cependant les discussions de 1883 sont teintées d'une austrophilie, qu'on trouvé dans tous les secteurs de la Chambre. Minghetti, le chef de la droite, s'y associe et aussi Finzi, un échappé des geôles autrichiennes. Celui-ci exprime même l'espoir que les questions entre l'Italie et l'Autriche se régleront à l'amiable. Il proclame que « la vraie politique italienne exige l'accord avec l'Autriche. Ce n'est qu'unis avec l'Autriche que nous pourrons faire face à toutes les surprises politiques de l'Europe. »

J'ai déjà fait remarquer à mes lecteurs qu'à cette époque, on ne s'attendait qu'à des surprises désagréables du côté de Paris et que l'antagonisme économique austro-italien n'était pas encore né. Marselli, reprenant pour son compte une pensée minghettienne avait dit que « la force des choses emportait l'Autriche à Salonique et que le grand péril pour l'Italie c'était la France à Biserte. » Felice Cavallotti lui-même s'était déclaré partisan de la Triple Alliance. Dans la discussion de 1883, le seul député Savini apporte une dissonnance. Il déclare : « Entre nous et l'Autriche, il y a une question ardente. La sagesse, la prudence, l'opportunité et je dirai même le patriotisme nous imposent de l'assoupir, mais l'étouffer est impossible. » S'étant aperçu que le ton ne correspondait pas au moment politique, le député se justifiait ainsi : « Je ne crois pas avoir dit une hérésie, en insistant sur la convenance de garder les clefs de notre maison. « Fortis avait fait la même allusion aux « clefs de la maison. »

Les clefs de la maison — c'est-à-dire la frontière géographique, et le principe des nationalités. L'équivoque continue. Par ci, par là on entrevoit le point saillant de la question, mais les visions ne sont ni claires ni constantes. Le plus radical de tous à cette époque, c'est le jeune chef du parti du centre, M. Sonnino, qui avait écrit dans la « Rassegna Settimanale » du 29 mai 1881 les paroles suivantes : « Il faut d'abord écarter résolûment la question de l'Italie irrédente. Dans les conditions actuelles de l'Empire austro-hongrois la possession de Trieste est de la plus grande importance pour lui. Il lutterait jusqu'à la dernière limite du possible plutôt que d'y renoncer. Et puis Trieste est le port le mieux situé pour le com-

merce allemand ; sa population est mixte comme en
général celle qui se répand sur notre frontière orientale. Revendiquer Trieste comme un droit serait une
exagération du principe des nationalités. »

Un an auparavant, l'intelligence subtile et dialec-
tique de Ruggero Bonghi avait, avec plus de prudence, formulé quelque doute au sujet de la plénitude
des titres nationaux à l'annexion de la région julienne ; plusieurs années plus tard, l'enfant le plus célèbre que la région julienne ait donné à l'Italie, Graziadio Ascoli, examinant le facteur national, conclu-
ra contre la thèse séparatiste. Nous reviendrons sur
ces importantes manifestations de la pensée italienne étroitement liées à l'ethnographie julienne.

Le crispisme qui, avec une courte parenthèse, domine l'Italie, comme gouvernement et comme idéologie, pendant une période d'environ dix ans (1887-
1896) est amené par les circonstances à répudier
toute revendication séparatiste : il le doit à cette gal-
lophobie aiguë qui a suivi le conflit économique
avec la France ; le germanophilisme et les velléités
expansionnistes et belliqueuses en Abyssinie et dans
la Méditerranée. C'est pourquoi lorsque, dans l'été
1890, le Gouvernement autrichien dissout l'association « Pro Patria » [34], le Gouvernement fait face résolûment aux protestations qui se produisent dans
le Royaume. Il combat les candidatures anti-autrichiennes et anticrispines du triestin Barzilai à Rome
et du trentin Bezzi à Ravenne. Barzilai est battu par
Antonelli, candidat ministériel aux élections partiel-
les du mois d'août 1890 ; mais aux élections généra-
les du mois de novembre, il est élu avec Bezzi. Crispi riposte par la dissolution des cercles « Oberdank »
et « Barsanti ». En octobre, il avait prononcé à Flo-

rence un retentissant discours contre l'irrédentisme,
que le journal officiel de Trieste reproduit en entier, parce qu'il « indique nettement un nouveau degré de critique d'agitations dangereuses, et non pas
seulement pour l'Italie ». Mais dans le discours de
Crispi il n'y a au fond rien que Mancini n'ait dit sept
ans auparavant ; l'irrédentisme est, d'après lui, dangereux pour la conservation de la paix ; la démocratie qui s'en fait le héraut se trouve en contradiction
avec sa propre doctrine du désarmement ; la légiti-
mité idéale du courant est cependant reconnue par
une allusion à « la vertu du silence » que la politique « impose à nos cœurs. »

Cette célèbre sortie de Crispi ne peut cependant
placer le mouvement et le sentiment du séparatisme
en face de la réalité, qui se dessine de plus en plus à
l'horizon de la région julienne par le réveil progressif du slavisme julien. L'irrédentisme du Royaume
demeure un état d'âme superficiel, tumultuaire, plutôt oratoire, d'une pauvre intellectualité, même très
souvent pétri d'ignorance. Cette dernière caractéristique le différencie de son origine malingre, passion-
nelle, mais très intellectuelle et le rattache au présent. Néanmoins, l'irrédentisme n'était pas encore
devenu le patrimoine de groupes et d'idéologies con-
servatrices. Il est encore un geste anti-dynastique et
le bagage des partis extrêmes. Il perd seulement l'ancienne enveloppe de conspirateur et d'organisateur
de « coups de main ». — Les progrès de la technique
militaire expliquent suffisamment ce changement.
On chuchote encore en 1897, pendant la guerre tur-
co-grecque des projets d'expéditions garibaldines.
Mais ce sont des sottises que le seul gouvernement

autrichien prend ou affecte de prendre au sérieux. [35]
Imbriani lui-même, dans sa dernière période d'activité irrédentiste, reconnaît que l'irrédentisme vieux style est mort pour toujours.

Après la défaite crispine d'Adua, après la période la plus aigüe de malaise économique et de guerre sociale intérieure, l'état d'âme irrédentiste revient, même dans le Royaume, à une vision plus nette de l'actualité. Il est influencé par des facteurs très divers et qui cependant se tiennent entre eux ; et à son tour il les influence.

L'analyse de ces facteurs est inséparable des sujets que je vais aborder dans les chapitres suivants.

CHAPITRE III

Le facteur national

Le germanisme en tant que phénomène ethnique. — Italiens et Slaves. — Assoupissement et assimilation. — Le port de la future Slavie. — Les deux races de la région julienne en 1848. — La pensée de Valussi et de Tommaseo. — Les premières phases du conflit. — Les origines du mouvement slave de l'Istrie et les maîtres italiens. — Les recensements autrichiens. — La lutte scolaire. — La « Lega Nazionale » et « Cyrille et Méthode ». — L'action de l'Etat. — La participation des différentes classes sociales au conflit. — Le prolétariat et la lutte des races. — Les deux âmes du parti national. — La phase actuelle de l'irrédentisme dans le Royaume.

Nous avons jusqu'ici assisté au conflit de la conscience italienne dans la région julienne avec un seul ennemi : le germanisme, paré d'une étiquette purement officielle, autrichienne. C'est le seul antagonisme visible jusqu'à une époque qui remonte à quarante ans. Ce n'est encore que la seule école allemande qui se dresse contre l'école italienne : nous l'avons vu à Trieste. C'est aussi ce qui arrive dans le comté de Gorice ; en Istrie avant 1850, l'école primaire elle-même est très souvent allemande (Rovigno, Pisino) ; et il est encore allemand le lycée de Capodistria, qui, seulement en 1864, aboutit à une italianisation complète ; le lycée franciscain de Pisino est allemand et le fonctionnarisme italien de la région ne rencontre qu'une seule concurrence, une concurrence allemande.

Et là, cependant le germanisme était, dès l'origine, condamné par lui-même, à la stérilité. On peut le considérer aujourd'hui en tant que sujet du conflit ethnique, comme un phénomène disparu. Une chose lui a toujours fait défaut, une chose nécessaire dans une lutte de races : la race elle-même.

Un peuple allemand ou germanisé, n'a jamais résidé dans la région julienne. Les bandes venues d'Allemagne, lors de la dissolution de l'Empire d'Occident, en laissèrent derrière elles, dans la région julienne, ni une descendance ethnique, ni une collectivité nationale ; rien, hormis quelques familles de conquérants : la féodalité, même chez nous, est en grande partie allemande depuis le XVI siècle ; allemands les grands et souvent aussi les petits seigneurs féodaux. Les citadins, les bourgeois, la glèbe, le bas clergé sont ladins, ou vénètes ou slaves.

Gorice, la dernière venue dans l'histoire de la région, est le centre qui a subi l'influence germanique au plus haut degré. Jusqu'au XVIème siècle, les classes non féodales ressentent encore l'influence de la pénétration allemande, si bien que Kandler a pu dire de Gorice qu'elle était, au XVIe siècle, « une ville allemande avec une campagne toute slave, sauf quelque lambeau de territoire près de Cormons, dans la plaine. » Après l'extinction de la maison féodale des Comtes de Lurn, Gorice passa sous la domination des Habsbourg (1500) et elle conserva jusqu'à la fin de 1700 ses Etats (Stände) dans lesquels prévalut la noblesse laïque et ecclésiastique allemande. Mais sous la couche des dominateurs, les phalanges anonymes des sujets vivent et travaillent ; et elles ne sont pas allemandes. Au barreau, à l'église, dans la culture, l'italien par moment comprimé, revient à la surface. Le ladin et le slovène restent avec ténacité le langage des habitants des villes et des villages. Les jésuites, chassés de Venise en 1606, transférèrent leur école d'humanités à Gorice. Ils la maintiennent italienne pour attirer les anciens élèves de l'autre côté de la frontière. L'immigration ouvrière du Frioul vénitien et du comté de Gradisca — intensifiée au XVIme siècle — achève le processus de nationalisation, au point qu'un évêque-gouverneur des Habsbourg, vers la moitié de 1600, peut exhorter le Souverain à rendre de la vie au germanisme « ganz in Verfall » (en pleine décadence). Les projets germanisateurs de Marie-Thérèse et de Joseph II, au XVIIIme siècle, trouvent un terrain certainement mieux préparé à Gorice qu'à Trieste ou en Istrie. Cependant, en ces années, surgit l'Académie italienne degli Arcadi au milieu même de la noblesse goricienne. [36]

Phénomène identique dans l'Istrie anciennement autrichienne : le féodalisme demeure isolé de la vie paysanne, au sommet de la pyramide sociale. A Trieste, nous l'avons vu, le germanisme et la germanisation ont pu être, de temps à autre, la règle du gouvernement, une répercussion d'intérêts économiques, par conséquent l'affectation du cosmopolitisme dominant ; bref, tout, hormis un mouvement national.

L'Etat, dans la région julienne, favorise, comme partout ailleurs, les écoles allemandes, surtout en fait d'instruction secondaire et supérieure. Les écoles primaires à Trieste, à Pola, à Gorice sont encore allemandes. Le haut fonctionnarisme est encore, pour la plus grande partie, allemand. Mais tout cela ne comporte nullement des conséquences concluantes sur l'ethnographie de la région. L'école allemande, qui ne germanisa pas les Italiens, ne germanisera pas non plus les Slaves. Le seul vrai conflit ethnique dans la région julienne est le conflit italo-slave. [37]

Il faut déblayer le terrain et dissiper une équivoque fondamentale.

Beaucoup de gens croient encore que l'italianité et le slavisme, dans la région julienne, sont deux termes bien définis et rigoureusement antithétiques.. On aime à se représenter d'un côté les Italiens comme ayant une individualité nationale nette et bien définie, voire même tous descendants directs de Rome ou de Venise ; de l'autre côté les Slaves, des étrangers, des émigrés d'hier, organisés et dressés par le gouvernement autrichien pour lutter contre les seuls vrais indigènes de la région julienne.

Ce tableau qui, à première vue, apparaît par trop simpliste, est radicalement faux.

Les Italiens, surtout ceux de Trieste, ne sont que dans de très modestes proportions les descendants de la romanité ou même de l'immigration nationale. Les deux collectivités linguistiques sont bien loin d'être nettes et définies. Les Slaves ne sont pas les arrivés d'hier. Leur mouvement national est un phénomène historique beaucoup trop vaste et complexe pour qu'on puisse le réduire à un expédient politique ou aux efforts de quelques individus ou de quelques groupes. Italiens et Slaves co-habitent dans la région julienne depuis des siècles. On peut même, par une hypothèse scientifique au moins aussi fondée que les hypothèses contraires, chercher les éléments générateurs du slavisme actuel déjà dans l'histoire préromaine de la région. [38] Quoi qu'il en soit, la présence des Slaves dans la région julienne est certifiée depuis au moins onze siècles. Leur prépondérance dans les campagnes au moins depuis cinq siècles, ce qui revient à dire que dans la région julienne, un phénomène démographique s'est lentement développé par le croisement de deux nations. L'une, ayant une base économique partant d'une supériorité de culture ; l'autre, attachée à la motte et dispersée dans les campagnes. La première a maintenu la seconde dans un état d'assoupissement et l'a ensuite assimilée, en partie, jusqu'à ce que celle-ci, sous l'influence de facteurs nombreux et complexes eût réagi contre l'assimilation et secoué son engourdissement. [39]

« Lutte nationale » dans la région julienne veut donc dire lutte pour continuer ou pour enrayer ces deux processus, moyennant lesquels s'est maintenue et en grande partie se maintient encore, la prépondérance des Italiens sur les Slaves.

Assoupissement et assimilation — il faut les distinguer, surtout au point de vue du temps.

Le premier a un caractère statique, séculaire. La seconde est beaucoup plus récente et sa trajectoire est plus tendue ; elle présuppose un certain développement du capital, des contacts fréquents, un urbanisme établi.

L'assimilation, en effet, se poursuit avec violence au siècle dernier. Elle est aujourd'hui presque enrayée. Pour tout dire, le slavisme dort aussi longtemps que l'italianité sommeille et c'est précisément le réveil de celui-ci qui contribue à secouer le premier de sa profonde léthargie ; sommeil de paysans. Nous verrons plus tard que ce sommeil n'a pas été sans ressentir, ni sans provoquer, de temps à autre, de vigoureux sursauts.

Par conséquent, la physionomie de la région, aux siècles passés, surtout à partir du XVme siècle, loin d'être toute italienne, comme la phraséologie des politiciens (et je passe les historiens sous silence) aimerait à le faire croire, est beaucoup plus slave qu'elle ne l'est aujourd'hui. La proportion entre l'italianité et le slavisme, c'est-à-dire entre la ville et la campagne, est infiniment plus favorable à cette dernière, et l'inégalité de niveau entre les deux économies — l'économie urbaine et l'économie rurale — est bien moins accentuée. La force italianisatrice du seul groupement considérable urbain (Trieste) est encore bien faible. Ce qui fait que la vie de la ville exerce aussi sur les Slaves et sur leur individualité nationale une moindre influence. On retrouve des traces anciennes d'une vie nationale slave, très modeste, à côté de la vie modeste néoromanique et on l'a reconnu même tout récemment. [40]

Et si nous feuilletons encore les années de « L'Istria » et de « La Favilla », nous trouverons ces journaux saturés de slavophilie.

Dans une série d'articles publiés par le journal « L'Istria » sur les usages et les coutumes des Slaves de l'Istrie, l'auteur, M. Facchinetti, se révèle amoureux du slavisme régional. Il fait un chaleureux éloge de la langue slave. Il conteste l'existence de grandes différences de dialecte à dialecte. Il blâme « le préjugé de ceux qui, parlant italien, considèrent les Slaves comme une race inférieure. » Il appelle les Slaves « religieux, sincères, hospitaliers. » Il les proclame « majorité de la population istrienne, etc. »

Dall-Ongaro, dans le journal « La Favilla » étudiant la poésie populaire des Slaves (12 avril 1840) les qualifie « race douce et flexible, née pour la vie pastorale, généreuse et héroïque sans être sauvage et brutale, apparue sur la terre rien que pour aimer et pour chanter. »

De son côté, la Vladika du Monténégro publie dans le journal de l'italianité triestine une poésie qui est tout entière un hymne à la mer et au ciel de l'Adriatique.

Ceci — dira-t-on — c'est de l'Arcadie, ce sont des littérateurs et des poètes qui parlent, c'est-à-dire, des psychologies discréditées aux yeux des chercheurs de la réalité.

Cependant, à la sympathie littéraire s'associe en même temps une conception strictement politique. J'ai déjà mentionné la présence de César Cantù lors de la rencontre des Triestins et des Vénitiens, organisée par le gouverneur Stadion pour assoupir les rancunes de deux anciennes rivales. Sur cette rencontre, Cantù nous a laissé dans « La Favilla » une relation que tout le monde peut lire. Mais ce qu'on n'y lit pas c'est un passage caractéristique supprimé par la volonté du gouverneur comte Stadion et dans lequel le grand historien italien exalte la paix rétablie entre la vieille Venise italienne et « le port de la future Slavie. » Cantù entendait par là que la mission de Trieste était celle d'un emporium et d'un entrepôt des pays slaves de son arrière-territoire. Si Trieste demeurait fidèle à cette tâche, qui lui avait été assignée par sa position géographique, elle éliminerait les conflits et les collisions avec sa sœur de l'autre rivage de l'Adriatique. Conception économique qui se détache sur le fond d'une conception politique : la future Slavie, c'est-à-dire, un corps politique yougoslave indépendant, destiné tôt ou tard à se former et à graviter autour de Trieste, son port naturel. C'est exactement la même pensée qui éveille aujourd'hui tant de craintes — et pas toujours sans fondement — pour l'hégémonie italienne dans la région julienne. Mais en 1846, un écrivain lombard pouvait encore formuler ce vœu dans un journal fondé pour renouveler l'italianité de Trieste ; et ce vœu se brisait contre la volonté d'un gouverneur autrichien ! Contraste bizarre ! C'est que même Stadion, quoique italophile, sentait que son devoir principal était la défense des traditions hégémoniques allemandes dans l'Adriatique. Or, les mots « future Slavie » devaient déplaire aux oreilles de Metternich.

L'accueil fait par les Italiens au programme yougoslave de 1848, dans lequel sont inclus aussi les Slaves de la région julienne, est loin d'être malveillant. Les organes les plus radicaux du libéralisme triestin reproduisent avec sympathie les fréquents appels à l'union des familles slaves du Sud. La « Gazzetta di Trieste » (13 décembre) affirme que Jelacich est un véritable enfant du peuple et que, en étouffant la révolution de Vienne, il a voulu surtout briser la suprématie du germanisme, mission des Slaves, auxquels appartient de droit la première place en Autriche. « Allons ! Slaves, — conclut le journal — accomplissez votre belle œuvre ; ne vous arrêtez pas à mi-chemin. »

Langage et pensée diamétralement opposés à ce qu'avait écrit le « Giornale di Trieste », qui — nous l'avons vu au premier chapitre — attendait d'une défaite de Jelacich et du triomphe de la démocratie allemande à Vienne, l'indépendance de l'Italie.

N'oublions pas que précisément alors le slavisme organisait bravement sa première manifestation à Trieste. Une « Société Slave » se fonde et s'installe au cœur même de la ville, dans la maison des commerçants, au Tergesteo. La salle dans laquelle on inaugure les séances est pavoisée aux trois couleurs slaves avec le portrait de Jelacich à cheval. Un poète slovène, M. Vessel, préside l'assemblée. Il prononce en slovène le discours d'ouverture. Prennent ensuite la parole des Serbes, des Croates et des Polonais, pour symboliser la solidarité slave.

La nouvelle Société lance aussi un manifeste national et en même temps austro-patriotique, dans lequel on mentionne les 60.000 Slaves qui, sur les champs de l'Italie, anéantirent « la perfide conspiration soutenue par un roi déloyal » et vainquirent ensuite « les féroces prolétaires de Vienne ». Le journal officiel (nous sommes en Décembre, la Hongrie est en flammes, le Centralisme a encore besoin des Slaves) publie une relation enthousiaste de la séance. Il fixe, à sa façon, la topographie des Slaves de la région julienne, de telle sorte que leur droit à l'existence nationale et politique soit partout affirmé. « Les villes — dit-il — sont italiennes par la langue, par les monuments, par les fastes historiques, mais dans ces mêmes villes, il y a une partie de la population indigène qui est d'autre race. C'est à elle qu'appartient toute la population de la campagne du territoire de Trieste, de l'Istrie et du comté de Gorice presque tout entier . »

S'imagine-t-on l'orage qui éclaterait actuellement si une Société slave s'installait au Tergesteo à l'ombre du drapeau tricolore slave et du portrait de Jelachich ? Or, ces précurseurs du mouvement espèrent trouver un concours empressé dans la ville elle-même. Si bien qu'ils ouvrent les rangs de leur Société non seulement aux Slaves, mais aussi « aux amis des Slaves. » La ville ne leur en veut pas. La « Gazzetta » et le « Giornale », les deux organes extrêmes du libéralisme, se taisent. Le « Costituzionale » n'attaque pas les Slaves. Il attaque le journal officiel, ci-devant avocat du germanisme, à présent défenseur du slavisme. Et il conclut en se limitant à la déclaration que la nationalité italienne à Trieste, saura enrayer les invasions étrangères.

En effet, l'intérêt et la sympathie pour la cause slave continuent même après la séance du Tergesteo. L'article précité de la « Gazzetta » n'est publié que huit jours plus tard. La langue et la culture slovènes — (toutes deux dans les langes) continuent à être admises sans réserve. La conception que tout institut scolaire slovène ou bilingue dans la ville est un danger et une injure pour la nation italienne, cette conception est d'hier. Dans le programme d'une Faculté de Droit italienne, rédigé par l'avocat De Rin, au nom de la Commission provisoire municipale, une place est réservée à une chaire libre de procédure en langue slovène.

Comment concilier cette reconnaissance des destinées de l'autre race avec la conviction, très répandue à cette époque, et certainement moins utopique qu'aujourd'hui, de sa prochaine absorption dans la mer italienne ?

C'est une des nombreuses contradictions de 1848. Il est certain que la tolérance est le produit de la force ; et la conscience italienne réveillée se sentait encore très forte vis-à-vis des Slaves, pauvres et dispersés.

En Istrie, où cette conscience, parmi les intellectuels, est plus ancienne et n'est pas très éloignée de quelque aspiration unitaire, l'affirmation que l'avenir appartient exclusivement aux Italiens apparaît plus accentuée, ou bien elle n'est subordonnée qu'à de simples restrictions verbales. « Nous voulons que chaque race soit respectée », déclarent les quatre représentants italiens de l'Istrie à la Constituante de Kremsier, dans une lettre aux électeurs. Mais cette lettre contient précisément une protestation contre le refus du Gouvernement de reconnaître l'italien comme langue officielle en Istrie. Et voilà que nous rencontrons un nouveau contraste plein d'ironie : Celui qui s'oppose au monopole de la langue italienne, c'est ce même Stadion, devenu Ministre de l'Intérieur, qui en 1846, supprimait l'allusion à la « future Slavie » ! Il justifie son refus en affirmant que les Slaves constituent la majorité de la population istrienne. Les députés, de leur côté, affirment que — à l'exception du district de Castelnuovo, — l'italien est la seule langue écrite et lue en Istrie et que tous les Slaves, même ceux qui ne la parlent pas, la comprennent. On ne peut rien dire de plus dans un document officiel ; mais la pensée enfermée dans de belles constatations nous est révélée par la déclaration d'un député dans le journal « l'Osservatore Triestino ». Les Istriens intelligents ne veulent pas repousser les Slaves qui désirent, chaque jour davantage, devenir italiens. Et puis : « Les Slaves de l'Istrie se trouvent dans les conditions de ces étrangers qui ont fixé leur domicile dans les villes qui leur sont étrangères ; ils doivent absolument fraterniser de langue avec les indigènes. » Un autre Istrien, (« Il Costituzionale » 3 février 1849) rappelle à l'appui de sa thèse, le consentement d'environ quarante villages slaves à la demande d'exclusivité pour la langue italienne en Istrie. Dans le district de Volosca, au delà des limites de l'Istrie historique, on aurait recueilli 3.000 adhésions à la requête des députés italiens.

Tout cela peut être vrai. En réalité, l'année 1848, donne le branle au sentiment national dans les différents centres du slavisme [41], mais elle ne peut réveiller la périphérie, la zone grise. A Trieste, l'affirmation nationale slave et la réaction italienne, dont elle est peut-être le contre-coup, offrent tous les deux un caractère transitoire. Je n'ai pu trouver aucune trace de la Société slave qui s'était constituée au Tergesteo [42]. Aux élections de 1848, le slavisme disparaît sous l'hégémonie intellectuelle et économique de l'italianité. L'Istrie, à l'exception du district tout à fait slave de Castelnuovo, n'envoie à Vienne que des représentants italiens. A Francfort, après le refus de l'italien Kandler, le comté (dans sa grande majorité slave) est représenté par un conseiller allemand de la lieutenance de Trieste. C'est sur les Slovènes de la région triestine que la corruption et les intrigues de l'autrichianisme germanophile peuvent le plus librement s'exercer.

Dès lors, on comprend aisément que, pour un observateur du dehors, les germes du conflit futur ne soient pas visibles. En effet, une Société pour l'alliance italo-slave, constituée à Turin, le 19 Mars 1849, dans son manifeste signé par Lorenzo Valerio, parle « des Slaves et des Italiens qui vivent pleinement d'accord en Istrie et en Dalmatie. » Cette Société représente un mouvement tardif qu'on remarque en Italie entre la seconde moitié de 1848 et le printemps de 1849 ; entre l'armistice de Salasco et la défaite de Novara. C'est le plan d'une lutte contre l'Autriche moyennant une attaque concentrique de toutes les races de l'Empire allemand. Le plan est, malheureusement, hors du cadre de la réalité. Le centralisme absolutiste germanisant s'est déjà assuré le concours des Slaves méridionaux, en les lançant contre les Magyars : à peu de jours de distance de la constitution de la Société, éclate la catastrophe de Novare.

A part cela, la pensée fondamentale, c'est-à-dire, l'accord entre Italiens et Slaves méridionaux dans l'Adriatique contient quelque chose qui, même aujourd'hui, n'est pas mort et qui est peut-être destiné à renaître. Le Statut de la Société italo-slave indique le but « de fomenter l'amour fraternel et actif entre Slaves et Italiens pour l'indépendance et la prospérité de ces deux nations. » Il insiste tout particulièrement dans sa proclamation sur ce que « depuis quatorze siècles il n'y a pas eu de guerre entre nous » sur ce que « Raguse, l'Athènes de l'Illyrisme, fut jadis la noble et gentille expression de la civilisation italo-slave », et sur ce que « la mer Adriatique, que vous appelez « azure » et dont nous autres, Slaves et Italiens, nous sommes les seuls maîtres, parce que nous seuls nous nous en servons, représente le développement de notre industrie et de notre commerce, » etc. (Italia nuova, 19 et 20 mars 1849).

Mais quelle assiette territoriale adriatique propose-t-on pour les régions où se trouvent mêlés Slaves et Italiens ? La proclamation et le Statut de la Société ne donnent pas de réponse à cette question. Nous possédons cependant un autre document contemporain, explicite de la pensée des fauteurs de l'accord italo-slave. C'est une pensée en flagrant contraste avec les espoirs d'absorption des Slaves dans l'Italianité.

Il nous vient d'un observateur contemporain et non suspect, qui nous a déjà servi pour nous orienter dans la recherche du sentiment unitaire à Trieste en 1848 : je veux parler de Pacifico Valussi.

Dans son journal « Il Precursore » publié à Venise entre le mois de novembre 1849, et le mois de mars 1849, Valussi trace les grandes lignes d'une solution caressée par lui pour un accord des Italiens et des Slaves de la région julienne et de la côte orientale adriatique. La solution proposée placerait actuellement le pauvre Valussi sans droit d'appel, dans les rangs des traîtres de la patrie !

Valussi — de même que Cavour à cette époque — entrevoit la faiblesse ethnique du magyarisme et la gracilité de sa politique de compression nationale ; dans les Slaves méridionaux il salue par contre une force qui se lève et qu'il faut gagner à l'Italie contre la toute-puissance de la Russie et de la nation germanique et contre le centralisme des Habsbourg : terre de contact et de transaction — la côte dalmate et julienne.

« Entre la Slavie méridionale qui se lève et l'Italie qui se retrouve, ces pays mixtes sont comme un anneau de conjonction. » Valussi avance même l'hypothèse, très discutable d'ailleurs, que l'italianité pourrait à son tour être absorbée par le slavisme, grâce à ces intermédiaires dalmates, fiumans, istriens et triestins, et il ne s'en inquiète pas outre mesure.

« Le temps décidera de la question : laquelle des deux civilisations, la plus jeune ou la plus vieille, gagnera le plus de terrain. (Il Precursore No 3 p. 3)

« Peut-être dans quelques siècles (sic !) la Dalmatie et les autres pays du littoral deviendront tout à fait slaves, mais le meilleur moyen pour permettre aux Slaves de poursuivre leur lumineuse destinée, c'est de laisser un terrain neutre entre les deux peuples, comme l'ont fait la nature et l'histoire... Il faut persuader nos frères qu'ils doivent rester les bons amis des Croates et des autres Slaves. Que s'ils ne peuvent pas devenir Croates jusqu'à ce que l'œuvre lente du temps ait décidé la question compliquée des nationalités, qu'ils restent comme milieu vague entre Italiens et Slaves » etc.

On dirait donc que Valussi attribue plus d'importance à l'esprit de tolérance qu'à celui de la lutte nationale, pour sauvegarder la race italienne. Le théoricien de cette pensée nous le trouverons en Carlo Cattaneo. Il est, dans tous les cas, bien certain que Valussi songe à une fonction permanente de l'italianité, puisqu'il cite l'exemple de la Belgique qui, « française dans les villes et flamande dans les campagnes (?) est appelée à jouer le rôle d'une puissance neutre entre la France et l'Allemagne. »

Cette vision, prématurée en 1849, peut-être est-elle destinée à se traduire dans la réalité au XXme siècle !

Un illustre Dalmate, qui, nous l'avons vu, avait salué dans Trieste « la ville habitée par deux races différentes, anneau d'intelligence entre deux nations », Tommaseo en personne, s'associe à cette propagande valussienne. En 1849, le « Precursore » cède la place à un journal dirigé par Tommaseo lui-même, « La Fratellanza dei Popoli »; et dans son article-programme, il déclare qu'il veut consacrer ses faibles aptitudes à la cause de l'alliance « italo-slave. »

Tout est donc, en 1848, incertitude et contradiction dans le camp italien au sujet des Slaves du Sud. Mais dans la région julienne, tout en escomptant l'absorption des Slaves, on est bien loin de se poser en ennemi du slavisme ; Turin invoque leur alliance contre le centralisme autrichien. Et les deux intellectuels, qu'on peut appeler régionalistes, Tommaseo et Valussi, n'hésitent pas à proclamer la cohabitation pacifique avec les Slaves sur le rivage oriental de l'Adriatique comme une politique avantageuse pour l'Italie. Ce qui signifie, en d'autres termes, l'abdication des Italiens à la suprématie nationale et politique dans la région julienne.

L'ère de Bach (1849-59) arrive pour ensevelir tout ce tumulte d'idées. Le centralisme, qui avait passé le cap des révolutions en excitant les nationalités plus faibles contre les plus fortes, reparaît en maître. Il réinstalle la politique germanisante, voire même franchement allemande. Le « Réglement organique » qui annonce le rappel définitif de la Constitution morte-née du mois de mars 1849, ne contient aucune formule sur le droit qu'ont les nations de se développer nationalement. Mais on a beau tourner un problème, on ne le supprime pas. Dès que les nations, en 1860, reprennent l'exercice de leurs droits, le problème se pose immédiatement avec plus d'intensité.

Dans la région julienne, la situation n'apparaît pas essentiellement changée, du moins à l'extérieur : le slavisme, comme force et tendance politico-nationale, est à ses débuts. [43]

La Diète istrienne compte dans la première session législative (avril 1861) seulement deux députés slaves contre vingt huit italiens. Le suffrage est partagé par curies, où la grande propriété et l'élément bourgeois dominent sur celui de la campagne. Néanmoins dans la curie des campagnes le sens est très faible. Aussi, parmi les électeurs, les paysans slaves petits propriétaires dominent la situation. Malgré cela, des collèges ruraux slaves, les petites villes croates de la Liburnie, envoient et enverront pendant vingt ans à la Diète des députés italiens, ou à tout le moins des représentants auliques, amorphes ; preuve évidente que l'influence politique et économique d'une race sur l'autre est encore loin d'être épuisée.

A la Diète d'Istrie, avec les trente députés élus, siégeaient — et siègent encore — trois « membres de droit, » c'est-à-dire, les trois évêques de Trieste-Capodistria, de Pola-Parenzo et de Veglia. Ces trois évêques, en 1861, étaient tous Slaves ; il y avait parmi eux, Mgr. Dobrila, qui, s'inspirant de l'exemple de Strossmayer, fut le premier propagandiste de l'idée nationale slave en Istrie. Un autre évêque, Mgr. Vitezich, affirme à la Diète, dès la première séance, la prépondérance numérique des Slaves de l'Istrie ; un des députés élu est chanoine. Le début du mouvement slave est, par conséquent, tout à fait ecclésiastique, de même que toute la vie intellectuelle du slavisme julien a été dans le passé exclusivement religieuse.

Chez les députés italiens de la Diète d'Istrie, la vieille âme bonasse et pacifique, est combattue par la nouvelle âme intolérante. C'est encore un député italien qui propose de traduire en slave les procès verbaux des séances, parce que beaucoup de communes « ignorent » la langue italienne. La Diète cependant proclame, à la quasi-unanimité (3 voix contraires), la langue italienne comme la seule langue officielle de l'Assemblée. Le vote fut renouvelé plusieurs fois, mais l'Etat ne le ratifia jamais. C'est ainsi qu'on a laissé ouverte jusqu'à nos jours, la question de la langue à la Diète istrienne. [44]

Le slavisme se présente très modestement aussi à la Diète de Trieste. Pendant la discussion en 1861, sur le projet de loi concernant la langue scolaire, un conseiller libéral propose que le slovène soit proclamé langue d'enseignement dans le territoire, comme dans la ville de Trieste l'italien. Mais les représentants du territoire se prononcent en faveur de l'instruction mixte slovène-italienne. Pour la nationalité slave du territoire, ils proposent l'adjectif « prépondérante ». Il est bien vrai que les représentants territoriaux étaient alors presque tous citoyens et italiens. Ce n'est que dans quelques années que toute la représentation du territoire deviendra slave.

La vie constitutionnelle, par le fait d'une agitation plus vaste des couches collectives, élargit aussi la surface du frottement. A Trieste, les rapports italo-slaves empirent sous la poussée de l'anti-cléricalisme de l'Etat. Le mouvement national slave, sous l'influence du clergé catholique, utilise le *Kulturkampf* pour entreprendre une propagande religieuse et nationale contre le libéralisme et contre l'italianité qui a dépouillé le Pape. En effet, à l'occasion d'une interprétation restrictive des lois confessionnelles de la part d'un gouvernement pénétré d'esprit clérical, le libéralisme triestin réagit, mais la Garde Municipale, composée de territoriaux slovènes, sous l'instigation de la police, loin d'apaiser la révolte, l'irrite. Un jeune Italien y laisse la vie. Avec cet épisode, l'ère patriarcale des rapports italo-slaves à Trieste est close. [45] (juillet 1868).

Deux mois après les faits de juillet, les dirigeants du mouvement national slave — et non seulement des prêtres mais aussi des avocats et des propriétaires — convoquent à Schönpass, près de Gorice, un « Tabor » (meeting à ciel ouvert) dans lequel on demande la fondation de la « Slovénie » c'est-à-dire, l'unité administrative de tous les Slovènes, divisés entre la Carniole, la Styrie, la Carynthie et le Littoral ; l'institution d'unc académie juridique à Laybach etc. « Nous trouverions absolument justes ces désirs, écrit le « Cittadino », si les Slovènes voulaient se contenter de leurs frontières géographiques naturelles. »

Quelles sont ces frontières ?

L'organe du parti national italien n'aurait certainement pas su les fixer. Et aujourd'hui, bien plus qu'alors, ce serait peine perdue de chercher une ligne de démarcation entre l'indigénat slave dans la Julie. Le nationalisme italien tente cependant, du moins par sa phraséologie, de se réfugier derrière cette ligne utopique, [46] lorsque, tout à coup, dans les dernières années du siècle passé, un obstacle nouveau et inattendu se dresse devant lui : le Slave, qui se sent slave et qui obstinément veut rester slave. Et c'est le paysan bonasse d'hier qui surgit de tous côtés, à Trieste comme à Pola, à Gorice ainsi que dans les campagnes istriennes considérées désormais comme italianisées. Et ce phénomène se multiplie sur un rythme accéléré, qui tient du miracle.

Tout cela, (nous le verrons mieux par la suite) doit produire sur les Italiens de la région julienne, de multiples et profondes réactions.

Les premières à se sentir blessées sont les classes intellectuelles qui venaient de remporter la victoire contre les plans du germanisme et du cosmopolitisme, et surtout les groupes à sentiment national débouchant dans le grand courant unitaire. Le réveil slave les exaspère. Ils voient s'évanouir le rêve qui fut, peut-être, celui de Cavour : la région julienne redevenue latine, réunie à l'Italie au nom du pur principe des nationalités. Et il sera éternellement vrai « qu'il plaira toujours à la colère d'attribuer les maux à la perversité humaine, plutôt que de reconnaître qu'ils dérivent d'une cause contre laquelle il ne reste rien à faire que de la subir ».

La vision nationaliste du réveil slave est une vision colérique, c'est-à-dire, singulièrement unilatérale : elle fait remonter ce réveil à un travail d'hommes, à des machinations gouvernementales, à des agitations de meneurs, et elle dissimule ou déprécie les grandes causes centrales.

Ces causes où résident-elles ?

Ceux mêmes qui ne sont pas disposés à attribuer trop d'importance au facteur économique, ne sauraient, je pense, contester que le phénomène des réveils slaves est, au moins quant à son mécanisme fondamental, un produit de l'évolution capitaliste. L'histoire des réveils slaves, même synthétique, exigerait un chapitre à part. Je dis « réveils » car il y en a plusieurs dans le temps, dans le milieu, dans les précédents historiques.

Le plus important pour Trieste est le réveil slovène.

Les Slovènes, souche slave très ancienne, apparue ou reconnue comme existante vers le VIIme siècle après J. C., dans les régions alpino-adriatiques, n'ont pas d'histoire nationale pendant mille ans : pâtres et paysans, poussés à la guerre et à la conquête pour le compte et sous les ordres d'autrui, chassés en avant par les Avares ; puis émancipés pour un court laps de temps, mais par l'œuvre d'un étranger, d'un Franc, Samo, les Slovènes passent de la sujétion avarisque à la sujétion langobarde, à la sujétion bavaroise, pour tomber définitivement sous le joug de la féodalité de Charlemagne.

Ils n'ont pas d'aristocratie guerrière ; une noblesse conquérante slovène est inconnue dans l'histoire, qui, par contre, mentionne les classes aristocratiques croates et serbes, fondatrices de royaumes nationaux. [47]

Un autre facteur de dépression est l'étendue trop vaste de territoire occupée au premier choc par les Slovènes : ils s'étendent jusqu'au Danube au Nord, jusqu'aux monts Tauriens à l'Ouest. Mais aux deux bouts, ils ne résistent ni aux Allemands, ni aux Magyars, ni aux Italiens. Ils reculent et disparaissent de deux Autriches, de la haute Styrie et du Tyrol, aussi bien que des plaines du Frioul et de la Vénétie. Par contre, ils adhèrent avec ténacité à la terre dans toute la Carniole, dans la basse Styrie, dans la Carynthie et dans la région julienne septentrionale. Un pauvre peuple « une plèbe dispersée » sans autre vie intellectuelle que la vie religieuse.

La philologie a retrouvé dans un cloître bavarois les premières écritures ecclésiastiques slovènes qui, probablement, remontent au Xme siècle après J. C. Puis, ténèbres jusqu'à la Réformation. Truber, le premier, traduit la bible en langage « Vende » peu d'années après que Luther l'a traduite en « Saxon ». La nation slovène aurait pu naître alors, comme de l'unité linguistique naît la nation allemande. La contre-réformation catholique réprime cependant par le fer et par le feu l'hérésie dans les pays héréditaires de la Maison des Habsbourg. Un évêque de Laybach, que Trieste rappelle étrangement encore dans le nom d'une de ses rues, condamne aux flammes des centaines d'écrits hérétiques; et ces écrits sont slovènes. Le féodalisme allemand et le catholicisme romain étouffent tout germe de vie nationale pour bien longtemps. Les Slovènes apprécient peu ou presque pas la politique anti-féodale du XVIIIme siècle, qui rapproche l'Etat de la masse des sujets et le force à les comprendre et à se faire comprendre d'eux. [48]

Il a fallu toute la conquête napoléonienne et sa tendance à susciter les nations opprimées et déprimées contre le centralisme allemand, pour procurer à la ville de Laybach le premier lycée slovène ; mais la Restauration autrichienne l'emporte : écoles, culture, fonctionnarisme, tout devient allemand. « Les Slaves d'Autriche sont dans la boue ; ce qu'il y a de mieux chez eux devient allemand. » Ce sont des paroles que Valussi attribue à Metternich. Elles répondent certainement à toute la politique de l'Autriche, qui est, jusqu'à la fin du XIXme siècle, radicalement anti-slave. Et même, lorsqu'elle n'en a pas l'apparence, elle cache son poison : c'est ainsi que l'Etat commence à sympathiser avec le développement linguistique slovène lorsqu'il peut lui être utile pour retrancher les Slovènes de « l'Illyrisme », mouvement inauguré par Ludovic Gaj, qui s'accentue vers 1840 et qui aspire à réunir autour d'une même langue et d'une seule pensée politique les Slaves du Sud (Yougoslaves) c'est-à-dire, les Slovènes, les Croates et les Serbes : bloc considérable et par conséquent suspect au centralisme autrichien.

En effet, le mouvement qui groupe au moins autour d'une langue écrite (sauf l'alphabet) les Serbes et les Croates, n'attire pas les Slovènes. La seule réforme orthographique de Gaj est adoptée par eux à la suite de l'œuvre patriotique de Bleiweis, le parrain de cette seconde et définitive renaissance de la nation et de la langue. Sa revue « Novice » fondée en 1842, devient le creuset d'où sort purifiée des scories étrangères la langue littéraire, scientifique et journalistique. Si d'un côté, cette réforme paralyse et obstrue la fusion du slavisme méridional, d'autre part elle contribue puissamment à répandre la culture et la conscience nationale et habitue la nation à réagir contre l'absorption allemande ou italienne. [49]

En 1848, Laybach (Ljubljana) est encore représentée à Francfort par un poète et prince allemand (Auersperg-Anastasius Grün) mais moins d'une année plus tard, le Slovène Kaucich lutte avec le grand patriote tchèque Palacky pour la cause du fédéralisme national.

Ce mouvement intellectuel d'une élite centrale ne suffirait pas à ébranler la masse slave agricole julienne. Une révolution plus vaste et plus profonde doit intervenir ; un ouragan mortel, mais qui renferme les germes d'une vie nouvelle. L'ascension vertigineuse de Trieste comme ville commerçante précède le réveil industriel des centres slaves. Elle arrache les paysans slaves à la glèbe. Elle les attire dans « l'Emporium Carsiae et Carniolae », les transforme en ouvriers, en artisans, en futurs commerçants et propriétaires. Le phénomène essentiellement capitaliste de la concentration urbaine, l'urbanisme, commence à agir sur les Slovènes et précisément à Trieste. Au début, c'est un mouvement fatal à la nation. C'est l'époque (1800-1855) de l'assimilation spontanée, partant irrésistible. Trieste engloutit, par milliers, les Slovènes de son Comté, du reste de la région julienne, de la Carniole. Elle assimile par centaines des Croates, des Istriens, des Dalmates, des Balkaniens [50]. Même phénomène, en miniature, dans les centres secondaires de la région.

Voilà donc le facteur initial et central de la soidisant invasion slave. C'est la transformation progressive du slavisme julien et limitrophe d'agraire en agraire-industriel. Cela vaut particulièrement pour les Slovènes, qui entrent plus rapidement que les Croates dans le tourbillon de la civilisation capitaliste et en subissent et en répercutent les influences. En 1900, sur 1.000 habitants, les Slovènes en donnaient encore 754 à l'agriculture. Moins que les Serbo-Croates de l'Autriche (896) mais beaucoup plus que les Italiens (501). Néanmoins, la proportion des paysans en Carniole (période décennale 1890-1900) était augmentée seulement de 0.36 pour cent et à Trieste diminuée de 36,4 pour cent. Et qu'on veuille bien noter que la Carniole campagnarde est toute slovène et que l'indication agricole à Trieste se réfère presque exclusivement aux Slovènes cultivateurs, en excluant la petite propriété triestine. Aussi dans les provinces où l'agriculteur slovène co-habite avec ceux des autres nations (Gorice-Gradisca, Styrie-Carinthie) la classe agricole s'amincit (diminuée de 10,65 pour cent en Carinthie, de 0,66 pour cent à Gorice et de 3,4 pour cent et 6 pour cent dans les zones les plus slovènes de la Styrie). Par contre, les ouvriers industriels augmentent partout dans les lieux précités et particulièrement en Carniole, qui est toute slovène (10 pour cent), à Gorice, où les Slovènes sont en majorité, etc.

Certaines indications économiques sont encore plus suggestives : l'augmentation des capitaux, des Caisses d'Epargne et des Associations de Crédit en Carniole entre 1880 et 1902 : de 238.450 couronnes à 2.318.100 de couronnes, tandis qu'en Bohême une somme qui est partie d'un chiffre énorme (22 millions) est montée seulement à 58 millions et l'Autriche tout entière de 53 millions n'arrivera qu'à 186. Le développement du crédit est encore plus stupéfiant. En 1880, l'organisme en Carniole est encore un nouveau-né, le chiffre est dérisoire : couronnes 32.480 ; en 1902, c'est-à-dire en moins d'un quart de siècle, les instituts de crédit manient une somme de 44 millions. Le mouvement des affaires est représenté par un chiffre de 1364 fois supérieur, alors que pour la Bohême, l'augmentation est de 3 ½ pour cent et pour l'Autriche, en général, de 5 pour cent. Entre 1902 et 1905, les chiffres de dépôts dans les Caisses d'Epargne augmenta en Carniole de 16 pour cent (soit couronnes 14,8 par habitant), en Bohême de 13 pour cent (soit cour. 10,3 par habitant).

A cette évolution économique fait suite naturellement un progrès intellectuel.

L'instruction se propage parmi les Slovènes avec un rythme que beaucoup de nations, y comprise l'italienne, peuvent envier. Déjà, dans les statistiques vieillies de 1900, la Carniole toute slovène et dépourvue de grands centres, figure avec un pourcentage d'illettrés inférieur à celui de la région julienne (34,25 et 40,9 pour cent sur la population totale) et Laybach avait beaucoup moins d'illettrés que Trieste (8,75 et 14,30 des habitants âgés de plus de 6 ans).

Par contre, le pourcentage des illettrés qui ont déclaré parler le slovène, était encore en 1910 supérieur à celui des Italiens déclarés comme tels (35,8 et 28,2 respectivement 31,4 et 19,6 parmi ceux qui sont âgés de plus de 6 ans). Mais c'est une pauvre consolation. La moyenne générale italienne est abaissée par le chiffre exigu des illettrés trentins (19,7 pour cent) un des plus élevés en Autriche, avec celui des Tchèques (19,0) et des Allemands (19,5) tandis que les illettrés slovènes à Trieste (35,7) et dans l'Istrie (66,2) c'est-à-dire, dans les pays où l'école primaire publique est administrée exclusivement par les Italiens, augmentent la moyenne des illettrés slovènes.

Or, l'Istrie (1909) nous donne, après la Galicie, le chiffre le plus élevé d'enfants capables de fréquenter l'école, mais qui ne la fréquentent pas (5.057). Ce chiffre, combiné avec celui des illettrés croates istriens (74,1 pour cent) nous prouve que les doléances des Slaves, qui se plaignent d'être presque totalement exclus de l'enseignement primaire, ne sont pas sans fondement.

La part prise par les Slovènes, en tant que race rurale, à l'école des humanités (école étrangère) pourtant) est très considérable : 2.40 pour mille sur une moyenne générale de 3.54 ; 292 élèves slovènes contre 276 Allemands au lycée allemand de la soidisant ville allemande de Marburg (Styrie) ; 199 Slovènes contre 344 Italiens et Allemands au lycée de l'Etat à Trieste et 342 Slovènes contre 349 dans celui de Gorice. Ensuite : la triple augmentation des journaux dans l'espace de cinq ans (89 journaux et revues à la fin de 1910 contre 32 Serbo-Croates et 130 Italiens), l'intense propagande de culture, etc.

Tous ces faits sont des signes précurseurs d'une entrée rapide de la race dans le tourbillon de la société capitaliste. Seulement, le nombre des Slovènes est encore bien limité. Il y a eu comme un moment d'arrêt dans l'ascension de la race. Ce n'est pas que les villes de Trieste, de Gorice, de Klagenfurt, en partie aussi celle de Graz n'exercent un singulier attrait urbain sur les paysans slovènes ; ce qui est toujours et partout le plus grand facteur de l'augmentation démographique. — L'émigration transocéanique permanente des Slovènes est limitée ; l'augmentation végétative n'est rien moins que défavorable. Et malgré tout cela, les Slovènes dans leur patrie proprement dite (la Carniole et au-delà de ses frontières) avaient jusqu'ici l'air de moribonds. [52]. Même à Trieste les indications, absolue et relative, d'augmentation, de 1890 à 1900, ne sont pas favorables.

Dans ce contraste, il y a de l'artifice et du spontané.

Le processus assimilatoire s'intensifie au bord de la périphérie méridionale, comme nous l'avons vu. Trieste absorbe et assimile plus que jamais les forces rurales slovènes pour les nouvelles exigences du trafic ; l'attraction de la ville sur la campagne augmente aussi dans les centres mineurs de la région. La campagne a encore de faibles réactions nationales. Mais le phénomène porte en lui les raisons de son effet contraire. Le milieu même se raidit, partant il excite à la résistance. C'est ainsi qu'à Trieste on ne reconnaît plus un indigénat slave, à l'instant même où cet indigénat s'affirme et de potentiel devient effectif. La conscience nationale — a dit quelque part un grand penseur italien — est comme le *moi* des idéologues. Il ne s'aperçoit de sa propre existence que dans le choc contre le *non moi*.

Le choc, dans la région julienne, fut d'autant plus

violent que des facteurs inattendus surgirent, pour l'exaspérer, au moment critique. Ces facteurs, on les découvre plus aisément dans l'Istrie agricole que dans Trieste commerçante. A Trieste, une bourgeoisie slovène s'est lentement formée. Elle prend la tête du mouvement slovène. L'assimilation décroît. Par contre, dans les campagnes, l'œuvre des premiers propagandistes de l'idée nationale slave aurait été bien plus pénible, si la nature des rapports économiques des deux races ne l'avait singulièrement favorisée. Le réveil slave en Istrie a été une conséquence de la crise de la petite propriété rurale. Le paysan slave, devenu lentement et péniblement petit propriétaire, succomba, faute d'instruments agricoles et par suite d'une souveraine indifférence de l'Etat à son égard ; il était obéré d'hypothèques. Son créancier, trop souvent un usurier, c'est le seigneur italien de la ville ou de la bourgade ; une grande partie de la richesse istrienne a été créée ainsi.

Ces capitalistes détenaient en même temps le pouvoir politique, la direction du parti national italien, et ils le détiennent toujours. Ce qui devait arriver, arriva : le propagandiste slave, (prêtre, maître d'école, avocat) se présenta en rédempteur économique, souvent en démagogue, mais aussi, assez libre des liens de la plutocratie foncière, pour être à même d'exercer une action directe, en vue de libérer le paysan du joug économique italien.

Ce n'est pas par hasard que l'organisation slave du crédit agricole dans les campagnes de l'Istrie précède l'italienne d'une vingtaine d'années environ, celle-ci ayant souvent été obligée de vaincre la résistance des intérêts lésés.

Grâce à l'aide qu'il a reçu du crédit, le paysan slave de l'Istrie s'émancipe de la tutelle économique et politique du maître italien et, par-dessus le marché, il s'élève à la dignité de propriétaire. La grande propriété foncière elle-même, jusqu'à hier monopole italien, commence à passer aux mains d'associations et de banques slaves, qui la morcellent et la distribuent aux paysans. Le vendeur est très souvent un bon nationaliste italien qui a eu la main forcée par la loi de fer de l'intérêt personnel ; et l'acheteur n'est même pas toujours un propagandiste national.

L'organisme du crédit agricole slave est surtout alimenté par la merveilleuse aptitude à l'économie, que possèdent particulièrement les Slovènes (comparables aux paysans italiens). Certains disent même qu'une telle vertu d'abstinence n'est pas toujours exploitée au profit de la nation et que l'hypothèque, inscrite auparavant en faveur de l'usurier, reparaît trop largement en faveur de la Banque ou de la Caisse, bien qu'à un taux moins élevé, car de cette façon on déprime les énergies productives au lieu de les stimuler, et on favorise l'exode excessif vers les villes ainsi que l'émigration transocéanique, qui, de son côté, étant le plus souvent temporaire, compense ce que l'abus du crédit peut avoir fait perdre.

Quoi qu'il en soit, la nouvelle situation créée par cette campagne est infiniment plus avantageuse que ne l'était la situation au temps des vieux abus. La vérité, c'est que le paysan slave s'est réveillé, surtout en Istrie, sous l'aiguillon de l'oppression économique. Aussi sa révolte a souvent été violente. Elle a même porté plus d'une fois les caractères d'une Jacquerie nationale. [5]

Dans toute la région julienne et même ailleurs l'assimilation spontanée des masses se révèle dans la seconde moitié du siècle passé comme une aimable illusion. Et c'est à la même époque que lors du premier recensement décennal en Autriche (1880) on ouvre une rubrique, laquelle, dans la pensée du Gouvernement, devait fixer la force numérique des nationalités de l'Autriche. Je dis « devait » parce que la demnde est formulée et interprétée insidieusement. L'Autriche ne demande pas comme la Hongrie, la Prusse et la Suisse, la « langue maternelle » considérée comme indice ou présomption de la nationalité ; ou (comme en Belgique) elle ne veut pas sonder le degré des connaissances des deux langues parmi ses concitoyens, en leur demandant s'ils parlent une langue nationale ou toutes les deux (français ou flamand). Et elle n'a pas adopté non plus le critérium des derniers recensements de l'Italie, de la France, de l'Angleterre, de l'Espagne, de Bade, etc., qui évitent toute recherche linguistique et désignent directement la sujétion ou la nationalité.

Exception toujours et en tout, l'Autriche est une exception aussi en ce qu'elle interroge tous les dix ans ses sujets sur leur langue de communication ou langue d'usage (Umgangssprache). « Langue d'usage » — c'est ainsi que la définit la science statistique — ne signifie ni nationalité, ni langue maternelle, mais elle fixe seulement la langue dont chacun se sert *d'habitude*.

Mais où, « d'habitude » ? La langue d'usage, si elle était interprétée d'après le sens commun, pourrait nous fournir un tableau au moins approximatif des actions et réactions réciproques entre les différentes nationalités. Et le sens commun nous apprend que celui qui parle une langue déterminée peut faire partie, ou à tout le moins se rapprocher, progressivement, de la nation représentée par cette langue, alors qu'il en fait usage en dehors de toute contrainte sous l'influence impondérable du milieu. La famille, les amitiés, les rapports sociaux volontaires : voilà le domaine où il faudrait chercher le critérium statistique de la langue d'usage. Les théoriciens, en effet, nous disent que « langue d'usage » est synonyme de « langue usuelle de la famille ». Les interprétations officielles et officieuses sont, malheureusement, contraires à cette définition.

La plus récente ordonnance ministérielle sur le recensement nous dit « La langue d'usage, c'est celle dont chacun se sert habituellement» ; et une glose ajoute : « la langue qui correspond au besoin linguistique actuel » Un italien à Vienne, par exemple, sera obligé de causer en allemand, à l'atelier, au bureau, etc., sa langue habituelle sera donc l'allemand. Et cet Italien figurera dans les statistiques nationales parmi les Allemands ! En d'autres termes, sur une indication anagraphique qui ne recherche ni la consscience, ni l'individualité nationales, on échafaude des statistiques au profit de ses propres droits et pour contester les droits des autres.

La « Umgangsprache » ou plutôt son interprétation malhonnête est une arme forgée par les Allemands d'Autriche aux beaux jours de leur monopole politique. C'est grâce à ce moyen qu'ils ont pu croire ou faire croire qu'ils ont absorbé beaucoup plus de Slaves qu'il n'en était disparu dans le creuset de l'assimilation germanique. L'équivoque se prolongea en théorie et en pratique au dernier recensement, nonobstant qu'un vote de la Chambre eût invité le

Gouvernement à rechercher, outre la langue d'usage, aussi la nationalité. Dans la région julienne, la langue d'usage a servi, naturellement, et elle sert encore en partie aux Italiens pour leur donner l'illusion d'une force que d'autres indications, autrement concluantes, se chargent de réduire à néant. L'ouvrier slave qui parle l'italien dans la fabrique ou au magasin demeure slave d'individualité et de conscience. De même la servante qui parle l'italien dans une famille italienne. Mais les groupes nationaux belligérants continuent à cataloguer ces Slaves-là dans des totaux qui servirent ensuite à documenter la force de l'Italianité. En fin de compte, le recensement devient une arme de lutte politique offerte par l'Etat aux compétitions nationales, arme que chacun emploie sans trop faire attention à la correction des coups. La « langue d'usage » est le canevas sur lequel on brode les faux et les trucs statistiques les plus variés : à partir de la pression sur le personnel dépendant, sur les femmes, etc. ; pour qu'ils déclarent « la langue d'usage » voulue par le propriétaire ou les fonctionnaires du recensement, jusqu'au jeu de prestidigitation exécuté par les formulaires. Il n'y a pas de nationalité qui puisse jeter à l'autre la première pierre. *Iliacos intra muros peccatur et extra* disait un auteur italien en 1880.

Naturellement, les races qui ont l'habitude de l'assimilation (allemands, polonais, italiens) pèchent plus fréquemment que les autres, (tchèques, slovènes, ruthènes, etc.).

Ce sont les autorités municipales, chargées du recensement qui manipulent les statistiques [55] : les gens qui parlent la langue italienne en Dalmatie descendent en 40 ans de 60.000 à 15.000, au fur et à mesure que les communes de la Dalmatie passent au pouvoir des Croates. Mais la réalité se venge et noie dans le ridicule le truc ou la falsification du recensement : A Trieste, 3 districts qui en 1900 avaient d'après le recensement 2.700 Slovènes, donnent en 1908, 1820 électeurs, c'est-à-dire, des hommes au-dessus de 24 ans pour les candidats du nationalisme slovène ! Aux élections politiques dc 1910, le seul nationalisme slovène rassemble dans la ville-province environ 11.000 votes, tandis que le nombre de ceux qui parlent le slovène (c'est-à-dire les Slovènes !) aurait été en 1900 de 24.000 !

Cela explique assez le côté artificiel de la thèse statistique d'après laquelle, jusqu'à l'avant-dernier recensement, les Slovènes reculeraient même en Styrie et en Carinthie. Même tactique avec les Croato-Serbes de l'Istrie.

Par contre, les premiers résultats du dernier recensement (1910) nous avertissent que l'assimilation effective et le truc statistique en faveur des Italiens sont en train de s'immobiliser. Il résulte du tableau, rien moins que loyal, de l'enquête communale italienne, que les Slaves de la région julienne se trouvent en voie d'augmentation et que les Italiens reculent. A Trieste surtout, où les Slovènes de 24.000 ont atteint le chiffre de 37.000 !

Il ne s'agit donc pas, (nous l'avons assez vu) d'un phénomène de multiplication instantanée : c'est plutôt la résistance accrue contre l'assimilation et le réveil de l'engourdissement qui viennent de se répercuter même sur les statistiques nationales. C'est le salarié slave qui réagit contre son patron italien qui aspire à s'insérer dans le nombre de ceux qui « se servent de la langue italienne » (de là à le déclarer italien, il n'y a qu'un pas). Pourquoi ? Parce que dans ses rapports de service ce salarié parle ou baragouine l'italien. C'est la pression ou le faux qui commence à être neutralisé par une contre-attaque du côté opposé.

Ainsi, on a vu, durant les opérations du dernier recensement à Trieste (décembre 1910), d'une part, les agents communaux forcer largement la main, par les moyens habituels, à l'assimilation... spontanée, et, d'autre part, les Slaves réagir bruyamment, et, ça et là, tenter de leur rendre la monnaie de leur pièce en collant la « langue d'usage » à quelque Italien authentique qui l'ignorait. Si les deux trucs parallèles avaient pu se développer avec la même intensité, ils nous auraient donné, en se neutralisant réciproquement, une image nationale à peu près exacte de la Trieste d'aujourd'hui ; mais, il va de soi, le faux italien, soutenu par tous les moyens officiels, surpasse hautement le faux sporadique slave ; les statistiques nationales triestines seraient donc restées assez problématiques, malgré l'augmentation des Slaves, si elles n'avaient eu un épilogue suffisamment concluant pour notre recherche : les inexactitudes, souvent trop... ingénues, des fonctionnaires communaux ont favorisé l'intervention directe des autorités de l'Etat, qui, à Trieste et à Gorice, ont opéré, par leurs propres agents, une révision du recensement. Et ici, semble-t-il, la « langue d'usage » a eu une interprétation plus proche de la logique bien que différante de celle qui était employée ou tolérée ailleurs ; on aurait donc attaché plus d'importance à l'élément individuel et volontaire dans le choix de la langue d'usage, et moins à celui des pressions extérieures : les ouvriers et les domestiques slovènes, passés en grande partie parmi les Italiens, dans le premier recensement, parce qu'usant la langue des patrons, sont redevenus slaves.

Les corrections nécessaires apportées par le Gouvernement aux statistiques municipales nous permettent d'ajouter foi à quelques chiffres de statistique nationale, du moins pour Trieste et pour Gorice. Il y aurait donc en chiffres ronds 60.000 Slovènes à Trieste contre 140.000 Italiens définitifs, indigènes ; 9.800 (et non 6.600) à Gorice contre 14.000 Italiens et 2.500 Allemands. Pour Trieste, le chiffre est confirmé par une indication à coup sûr plus concluante que celle qui, par la langue d'usage sonde la conscience nationale d'une collectivité : les chiffres des votes slovènes aux dernières élections sur la base du suffrage universel.

La population électorale représente à Trieste à peu près le cinquième du chiffre total des indigènes (plus de 40.000 électeurs inscrits sur un nombre supérieur à 200.000 indigènes). Plus de 12.000 Slaves prennent certainement part au vote. Si on multiplie le chiffre de 12.000 par 5, on atteint précisément le chiffre de 60.000. Mais il ne faut pas croire que ce chiffre représente une donnée définitive, subordonnée exclusivement aux fluctuations démographiques normales. Si c'était ainsi la lutte nationale s'épuiserait d'elle-mêmes. Les Slovènes actuels de Trieste, les Slaves de la région julienne en général, sont toujours exposés à l'assimilation. De telle sorte, leur augmentation progressive serait très problématique, si l'attraction urbaine, centuplée dans ces dernières années, n'intervenait pour combler les pertes du processus d'assimilation et surtout pour augmenter les résistances contre lui. Et voilà que les nationalistes italiens se

sentent entraînés par la force des choses à faire subir
aux Slaves l'assimilation violente, c'est-à-dire l'école. La lutte scolaire constitue dans le conflit l'épisode central. Elle porte un caractère bien plus stable
que l'épisode du recensement.

L'école italienne tend à se substituer à l'assimilation spontanée, l'école slave à réagir contre cette
substitution. La lutte se livre surtout dans le domaine de l'instruction primaire, qui est confiée aux
communes, mais qui est en grande partie entretenue
par la Province. Or, les Italiens maîtres de l'administration municipale-provinciale de Trieste, en majorité en Istrie, réussissent toujours à limiter l'école slave d'après un criterium qui leur est propre, ou bien
à ériger en face de l'école slave, la leur.

Le premier cas se vérifie surtout à Trieste où, loin
d'offrir aux Slaves, comme jadis, des chaines de
droit, on aime à proclamer dogmatiquement que
même une petite école primaire slovène dans la ville
serait une insulte à la nation maîtresse. [56]

On a beau, dans la polémique officielle, soutenir
que les écoles slovènes ou bilingues du territoire ou
des environs immédiats de Trieste subviennent suffisamment aux besoins didactiques des Slaves. En
réalité, *inter augures,* les chefs du parti national eux
mêmes reconnaissent que leur refus de concéder des
écoles slaves dans la ville a pour but d'imposer l'é-
cole italienne aux enfants des familles slaves, surtout
aux familles des prolétaires, qui, pour chercher du
travail, s'accumulent dans les quartiers excentriques
et dans les faubourgs de la ville.

Les Slovènes de Trieste réagissent contre cette compagne, par l'école privée. La société slave des SS.

Cyrille et Méthode ouvrit en 1887, dans le faubourg St-Jacques, une classe primaire avec 74 élèves. Au début de l'année scolaire 1911, les écoles de cette société slave à Trieste (deux pour jeunes filles et une pour garçons) comptaient au total 1537 élèves, outre plusieurs centaines d'enfants distribués entre cinq asiles d'enfance. Après de tels chiffres (abstraction faite de toute considération éthique) on a le droit de se demander si la tactique scolaire italienne n'est pas vouée à un échec complet, tout simplement faute d'élèves slovènes à assimiler ! Tout compte fait, en additionnant les élèves slovènes des écoles privées avec ceux des écoles municipales slovènes et des écoles d'Etat allemandes, on atteint un chiffre si élevé qu'il faut absolument exclure toute possibilité de l'entrée d'élèves slaves dans la sphère d'attraction de l'école italienne. [57]

Quoiqu'il en soit, il faut opposer à ce noyau, certainement exigu, l'autre — nous avons vu qu'il est de beaucoup plus important — celui des enfants slaves poussés par le manque d'écoles publiques communales (c'est-à-dire d'écoles qui seraient sous l'influence économique et intellectuelle italienne) vers un milieu imbu, par réaction, d'esprit chauviniste, au point que l'enseignement de l'italien était banni il y a peu de temps, de toutes les écoles triestines de la Société St-Cyrille et Méthode et qu'à présent même on le donne seulement dans les dernières classes de quelques-unes de ces écoles. On peut aisément se figurer quelle peut-être l'idéologie nationale des jeunes générations issues de ces écoles.

Et voilà une nouvelle preuve de la vérité de cette formule énoncée par Carlo Cattaneo, à savoir : que le *moi* national s'affirme plus fort que jamais par le choc du *non moi*.

D'ailleurs, même sans déranger la philosophie, il suffit de suivre les phases des processus assimilatoires ailleurs que dans la région julienne pour en conclure qu'ils dépendent essentiellement des rapports topographiques et des structures économiques sociales.

Aussi longtemps que les Tchèques émigraient dans les zones allemandes de la Bohême ou les Slovènes descendaient dans la ville de Trieste par petits groupes de pauvres paysans, égarés et déprimés, l'assimilation se développait, çà et là, rapide, ample et parfaite. Dès que l'industrialisme en Bohême et le trafic à Trieste eurent centuplé le flux immigratoire et au fur et à mesure que les immigrés provenaient de milieux plus développés et en rencontraient de plus homogènes, l'assimilation commença à s'ensabler. Et c'est alors que commencent les expédients employés à remettre en mouvement le machinisme rouillé. Le déni de justice en matière scolaire entre dans cette catégorie d'expédients. Mais l'école, qui, autrefois, ne joua presque aucun rôle dans l'assimilation de la masse, en a désormais aujourd'hui un assez relatif sur la continuation du processus assimilatoire. Dans certains milieux, comme le milieu triestin, l'imposer artificiellement pourrait conduire à des effets absolument inverses ; c'est-à-dire à diminuer plutôt qu'à augmenter la force assimilatrice spontanée du milieu.

Au demeurant, la répugnance contre l'école publique slave ne réside pas entièrement dans des raisons d'ordre pratique, mais elle se rattache à des raisons sentimentales ou symboliques. C'est ainsi qu'à Trieste l'idéologie nationale, surtout si elle s'appuie sur l'espoir séparatiste, sent aujourd'hui le besoin d'entretenir au moins l'illusion d'une ville purement italienne, partant sans droits à un autre indigénat. C'est — nous l'avons vu — une illusion qui s'écroule au jour le jour sous les assauts de la réalité ; mais précisément à cause de cela, elle prend dans certaines couches sociales l'attraction et la force incitatrice d'un mythe. En effet, plutôt que de municipaliser les écoles slovènes de la ville, on renonce (on l'a dit bien souvent) à l'Université italienne à Trieste.

En Istrie, pendant le sommeil slave, l'instruction primaire (restreinte et phtysique partout et pour tous) fut très souvent italienne, même dans les localités tout à fait slaves éloignées de tout centre assimilateur et par conséquent demeurées slaves malgré l'école italienne. [58] Mais les exemples ne font pas défaut non plus de lieux slaves, rapprochés de l'influence italienne, dans lesquels l'école italienne n'a pas pu accomplir le processus d'assimilation et dans lesquels le fond ethnique de la population est resté tenace, ou bien a eu des réveils très récents et très inattendus. Par contre, d'autres facteurs topographiques et sociaux ont déterminé ailleurs un mouvement d'assimilation de l'élément slave. Cependant, depuis le réveil national, cette assimilation n'est que très sporadique ou donne des résultats de plus en plus incertains et douteux. [59]

Il sera donc permis de conclure que les groupes nationalistes combattants ont une tendance à s'exagérer l'efficacité taumaturge de l'école comme puissance assimilatrice, surtout dans les lieux où elle est détachée de toute autre forme de vie nationale. C'est le cas de l'Istrie. Et cependant, c'est en Istrie qu'a lieu la lutte la plus âpre pour et contre l'assimilation, entre les écoles primaires de la Lega Nazionale et celles de la Société des SS. Cyrille et Méthode.

La « Lega Nazionale » elle aussi est entourée d'un nuage de dogmatisme. En discuter l'activité est un sacrilège. Certes, l'action de la Lega (comme d'ailleurs aussi celle de sa rivale) a un côté qui défie toute discussion. Introduire l'alphabet dans un pays où il n'existe guère, quelle que soit la langue ou quel que soit le but de cette introduction, elle sera toujours considérée comme une œuvre civile. Mais la Lega et la Cyrille déploient aussi une activité spécifique, de caractère politique, sur le conflit national ; et cette activité ne saurait se soustraire à la discussion.

La Lega, surtout en Istrie, lutte pour conduire les enfants slaves par le chemin de l'école, à une conscience italienne, plus ou moins crépusculaire [60]. La Lega, dans ce genre d'activité, est-elle donc dénationalisatrice ? Certainement. Et elle ne peut pas ne pas l'être, tant que le conflit se poursuit dans ces conditions. La Cyrille, en revanche, tend à développer la culture de ses élèves d'après *une base ethnique originaire*. Elle travaille sur des élèves que les deux associations s'arrachent mutuellement et qui sont des *Slaves* plus ou moins susceptibles d'italianisation, et non le contraire. [61] Somme toute, la Lega essaie de favoriser le tenace espoir des Italiens de l'Istrie. Elle ne le dissimule même pas. En 1904, en pleine Diète d'Istrie, le député italien Bennati affirmait que les Slaves appréciaient les écoles de la Lega et en tiraient des avantages. Trois ans après, le même Bennati, est forcé de déplorer que précisément les localités « n'avaient pas correspondu aux bénéfices reçus. »

Déclaration bien caractéristique ! Pour la comprendre et se faire un jugement sur l'action et sur l'efficacité pratique de la Lega dans le conflit istrien, il faut se rappeler les traits caractéristiques du slavisme istrien. En Istrie pas de centre d'absorption. Le Slave du pays, c'est-à-dire, le cultivateur, [69] n'a jamais ressenti les influences urbaines au même degré que celui du territoire triestin. Le processus d'italianisation n'a agi sur les habitants que dans les villes ou dans les bourgaades. Les autres, restés hors de l'enceinte des villes, ont pris un vernis italien plus ou moins intense. C'est ainsi qu'a surgi l'hybridisme rustique, phénomène bien plus tenace que l'hybridisme urbain aboutissant à l'italianisation définitive. Le paysan hybride est ordinairement slave par son origine et par la dialectologie fondamentale. Il comprend et il parle le dialecte italien du centre le plus rapproché. Il s'en sert habituellement dans ses rapports de service et d'affaires. L'hybridisme envahit souvent aussi le foyer domestique, avec des gradations bizarres. On parle le slave entre époux et pas toujours avec les enfants, etc. C'est, en fin de compte, une forme d'engourdissement à laquelle devrait succéder — mais bien souvent elle n'y succède pas — l'italianisation définitive. [63]

Pour entreprendre quelque part la lutte au moyen des écoles, il faudrait logiquement que la population hybride ou amphibie se trouvât dans un état susceptible de donner à chacune des deux forces qui voudraient l'attirer, quelque confiance dans le succès. Mais, surtout du côté italien, il arrive souvent que les buts particuliers de la lutte, ou des circonstances locales troublent le critérium. Ainsi le centre urbain italien est tenté de faire pression, au moyen de l'école, sur les paysans, dépendant de la commune de la ville, et par conséquent électeurs dans celle-ci, dans le cas même où l'hybridité est à peine rudimentaire et seulement extérieure. Il y a des positions stratégiques où les écoles, italienne et slave, « la Lega » et la « Cyrille » se trouvent face à face, armées presque matériellement l'une contre l'autre, chacune tentant d'accaparer la population des villages ou des hameaux voisins. Et la structure actuelle des communes istriennes, embrassant de larges zones de la campagne autour de minces noyaux urbains, paraît être faite expressément pour aiguiser le duel. Elle aussi, dérive toujours du même espoir d'assimiler la périphérie par le centre. En 1868 encore, quand le réveil slave donnait déjà des signes avant-coureurs non douteux, ce furent justement les gouvernants italiens de la province qui formèrent de nouveaux agrégats communaux très vastes. Aujourd'hui, on tente, jusqu'ici sans résultat, de procéder à une séparation administrative des villes et de la campagne, qui devient toujours plus difficile et défavorable pour les Italiens, par suite du réveil national agricole.

La création d'une école est fertile en incidents perturbateurs. Généralement, elle est demandée par des parents qui représentent au moins une quarantaine d'élèves; et il est facile de comprendre à combien de pressions contradictoires sont exposés les cultivateurs.

Il suffit du changement d'un prêtre ou d'un avocat pour exercer une pression sur la conscience des familles et pour la changer. Le pur facteur économique prévaut parfois sur les conditions linguistiques.

On peut voir un hybride ou un tiède pencher subitement vers le slavisme, parce qu'on vient de fonder dans son village une caisse rurale slave, ou, *vice versa*, des individus ou des groupes bien plus profondément slaves graviter, pour des raisons analogues, d'intérêt, vers l'italianité [64].

Ce milieu nous explique la grande surprise du suffrage universel (1907). Le parti national istrien avait joué un peu à l'obstructionnisme à Vienne pour qu'on attribuât aux Italiens 3 mandats contre 3 donnés aux Slaves (auto-illusion de l'esprit pseudo-classique, appliquée à l'Istrie italienne ou séparatisme subconscient? On ne saurait le dire!) Pour maintenir dans les deux zones l'unité territoriale, il fallut nécessairement comprendre dans les collèges italiens la campagne située entre les villes et les bourgades italiennes. On espérait que la campagne serait italianisante ou à tout le moins amorphe. Et voici ce qui arriva : les Slaves eurent des suffrages plébiscitaires dans leurs collèges (sauf quelques oasis linguistiques) vraiment slaves. Dans les soi-disant collèges italiens, ils recueillirent au delà de 10.000 votes contre 18.000 aux Italiens (libéraux et cléricaux) provoquant deux ballotages! [65]

La seconde expérience du suffrage universel (1911) si elle vit disparaître quelques centaines d'électeurs slaves, vit aussi renaître ailleurs des électeurs précédemment disparus. Ce serait trop se risquer que de vouloir établir une conclusion définitive, au sujet de l'efficacité, même simplement électorale, de la Lega dans ces zones (Montona, Portole, etc.) qui furent le théâtre de son activité et qui attribuèrent quelques votes aux Italiens. Car — (on le comprend facilement d'ailleurs) l'école dans les zones de bataille s'adresse à travers les fils aux parents aux yeux desquels on fait miroiter des avantages matériels. Bien inutilement. Il arrive souvent, en effet, que le donataire, tout en acceptant le cadeau, répète inconsciemment le Timeo Danaos et dona ferentes. Et voilà expliquée, l'amère sortie de M. Bennati après les élections de 1907.

Il faut relever encore un phénomène : l'arrêt dans la dégringolade slave en Istrie et la diminution du pourcentage italien, si on le compare avec le recensement précédent (1900) qui les représentait en une marche ascendante (38,16 pour cent en 1910 — 40,54 pour cent en 1900 — 38,08 pour cent en 1890) ; alors que les Croates, descendus de 45,39 pour cent en 1890 à 42,58 pour cent en 1900, remontèrent à 43,15 et les Slovènes augmentèrent de 14,30 et de 14,20 à 14,89 pour cent.

Dans ces indications, on lit clairement la falsification statistique favorisée par la « langue d'usage ». Il se peut que parfois un Slave, introduit par hasard dans une commission de recensement, se soit rendu coupable d'une supercherie à la charge des Italiens. Mais, pour faire passer comme Slaves des Italiens authentiques et définitifs, l'opération est infiniments plus difficile et elle ne peut donner que quelque résultat sporadique.

Le tableau officiel du recensement peut donc encore être beaucoup trop couleur de rose. Il n'est certainement pas trop noir pour les Italiens. Et la conclusion importante pour notre enquête est celle-ci : Au point de vue du nombre, les Italiens, même dans l'Istrie historique (dans l'Istrie administrative cela va de soi) sont en minorité vis-à-vis des Croates et des Slovènes. [00]

Aux 350.000 Italiens de la région julienne, il faut ajouter, mais pas au point de vue politique, environ 40.000 Italiens sujets du Royaume d'Italie, dont 30.000 à Trieste. Cette ville est non seulement un marché slave, elle est aussi un centre de travail pour les Italiens du Royaume. En 40 ans, le nombre des Italiens du Royaume a triplé.

Dans la lutte pour l'école secondaire et supérieure un troisième facteur entre en scène. Il est souvent le *tertium gaudens* du conflit : c'est le gouvernement autrichien, qui est, en l'espèce, le centralisme dynastique-militaire-bureaucratique bien connu. Nous avons vu quelle a été la règle politique du Gouvernement jusqu'à hier : une règle à fond allemand. Là où la base germanique faisait complètement défaut, tolérance sinon protection ouverte de l'hégémonie italienne. Ce phénomène, on le remarque tout spécialement en Istrie : dans ce pays jusqu'à il y a quelques années, le Gouvernement protégeait souvent les candidats italiens aux élections parlementaires et diétales ; ou bien, contre les premiers champions du nationalisme slave il favorisait les candidatures d'employés nationalement incolores. Encore aux élections de 1885 (alors que le mouvement slave était déjà bien dessiné) un sous-préfet à Parenzo pouvait publiquement boire à la victoire du député italien sur le député slave [67].

Mais le réveil marche rapidement. Le Gouvernement, l'Etat en général, se trouve obligé de procéder à l'égalisation des droits, même dans les pays allemands, en Styrie, en Carinthie, etc. et de braver les colères du nationalisme ci-devant détenteur unique du pouvoir. D'autre part, là où les Slaves sont

plus compacts, par exemple en Carniole — et où ils
dévoilent des tendances dominatrices, — le germanisme s'empresse d'y faire contre-poids ; là où l'hégémonie est aux Italiens et où le germanisme a fait
faillite, le contre-poids est slave. (Région julienne).
L'ensemble de ces actions et réactions produit le peu
d'équilibre qu'il faut au centralisme pour traverser
les courants différents et les vaincre. Jeu qui, naturellement devient de plus en plus difficile et dangereux. Certes, les soupçons à l'endroit du loyalisme
italien sont loin d'être atténués. Plus encore, la sensation du péril intérieur séparatiste s'est accrue ; et,
avec elle, s'est fortifié l'instinct qui conseille de ne
pas repousser une arme que la « fatalité historique »
a placée à portée du centralisme autrichien. La formule de l'égalisation correspond donc, dans la région julienne, à un intérêt de l'Etat.

Cependant ce serait sortir de la réalité et construire une Autriche de convention que lui attribuer —
comme la rhétorique nationaliste italienne le fait
trop souvent — un programme systématique d'ex-
tirpation des Italiens de la région julienne. Abstraction faite de l'impossibilité matérielle d'exécuter un
pareil plan, il suffirait de se dire que la conséquence d'une telle politique serait la formation d'une région adriatique slave depuis Monfalcone jusqu'à la
pointe méridionale de la Dalmatie ; ce qui heurterait profondément les idéologies et les intérêts allemands, très puissants toujours dans l'Etat aussi en
tant que répercussions de politique étrangère.

Le centralisme autrichien caresse, en revanche,
l'image d'une région julienne où les Italiens et les
Slaves ne se trouveraient plus dans un rapport d'assimilateurs et de candidats à l'assimilation. La poli-

tique de l'Etat peut donc se condenser en une formule négative : elle n'encourage plus les efforts italiens orientés vers un double but, celui de maintenir les Slaves au niveau d'une plèbe rurale et d'italianiser ceux qui seraient tentés d'en sortir. Mais il faut ajouter que les hommes du Gouvernement eux-mêmes seraient très embarrassés pour distinguer combien de libre arbitre, combien de pression slave sur l'Etat et enfin combien d'évolution progressive économique et sociale entre les deux contendants, combien de tous ces éléments jouent un rôle dans l'application de cette formule.

En tant que fournisseur de culture — supérieure et secondaire — le Gouvernement provoque dans la région julienne les doléances des Slaves et des Italiens. Le curieux, c'est que les deux races ont de réelles raisons de protester. Ainsi, les Slovènes ont raison de se plaindre que l'Etat ne leur accorde aucun institut secondaire ; et les Italiens ont raison lorsqu'ils se plaignent de la suppression de leur Faculté de Droit. Et les deux races ensemble ont raison, lorsqu'elles déclarent que l'instruction secondaire accordée par l'Etat dans leurs langues respectives est insuffisante quand on la compare à l'instruction allemande, dans un pays qui n'a pas d'indigénat allemand [68].

Mais dans la région julienne et dans toute l'Autriche on ne lutte pas seulement pour avoir, de l'Etat, une école déterminée : on lutte aussi, très souvent avec beaucoup plus d'acharnement, pour que les antagonistes nationaux n'aient la leur que là où ils devraient l'avoir. Dans la région julienne, la configuration topographique des deux races et le caractère actuel du conflit expliquent suffisamment que

les Slaves veuillent avoir pour leurs instituts de culture les centres où l'urbanisme les attire et où ils
sont encore exposés à l'assimilation ; les Italiens d'autre part tendent à reléguer ces instituts à la campagne pour en empêcher l'irradiation et le développement. Ils espèrent par là que l'assimilation continuera et que la race rurale n'arrivera jamais à former sa
propre culture et qu'elle sera obligée de devenir italienne pour sortir de ses bas-fonds.

Et cependant, on exagère le facteur scolaire dans
le conflit politique. C'est ainsi que les Slovènes ont,
au point de vue didactique, d'excellentes raisons de
demander un institut préparatoire pour les maîtres
d'école, à Gorice, chef-lieu et seul centre vraiment
urbain de la province julienne où ils sont une majorité incontestée et compacte. Mais ils exagèrent
l'influence nationale de quelques maîtres d'école dans
une ville comme Gorice où le slovénisme possède
désormais en lui-même des forces exubérantes économiques et intellectuelles pour résister à l'assimilation. De nos jours, dans la ville de Gorice, le slovénisme peut compter sur une force numérique peu
inférieure à celle des Italiens et des Allemands réunis (10.000 Slovènes environ contre 15.000 ladino-
vénétes et 2.000 Allemands). Il possède d'abondants
et puissants organismes économiques et scolaires. Il
a sur les Italiens la supériorité du nombre, quant à la
classe des ouvriers et des négociants. Il a autant d'a-
vocats que les Italiens, etc. La protestation italienne,
de son côté, part d'un raisonnement en grande partie symbolique ; si bien que les protestataires se con-
tenteraient de voir l'institut slovène transféré à Sal-
cano, c'est-à-dire dans un faubourg à quelques minu-

tes du centre, d'où, cependant la résistance à l'assimilation serait aussi forte qu'à Gorice même.

On cite un autre exemple de partialité de l'Etat par le fait qu'on a installé un lycée croate à Pisino, plutôt que dans la Liburnie (hors des frontières de l'Istrie historique).

La ville de Pisino est nationalement dans les conditions de Gorice, aggravées. Centre de l'Istrie intérieure et de l'ancien Comté, Pisino a, comme Gorice, des origines féodales allemandes. La vie italienne commence de s'y développer seulement en 1500, lorsque la féodalité commençait partout à s'italianiser. Mais nous avons vu que la féodalité n'a aucune force d'irradiation nationale. Le Comté est resté tel qu'il était il y a onze siècles, sauf un petit nombre de bourgeois et d'artisans slaves. Après la disparition du féodalisme (1848) l'immigration, les rapports économiques, peut-être aussi l'école, d'allemande devenue italienne, ont créé peu à peu la « Pisino italienne », qui compte environ 1.500 Italiens ou italianisants, quantité négligeable dans le district politique (42.000 croates), dans le district judiciaire (28.000), dans la commune (1900 : 14.000) et majorité seulement dans l'enceinte de la vieille ville, pressée autour de l'ancien château féodal. Mais cette poignée d'Italiens détient encore la propriété foncière et les professions libérales. La masse slave est agricole, mais compacte, réfractaire à toute assimilation. Elle donne naissance à une moyenne classe de propriétaires et d'intellectuels qui sont aussi fanatiques que les Italiens. D'où conflits quotidiens, quoique les deux lycées croate et italien fassent ensemblent un assez bon ménage. Exemple de la seule solution nor-

male et civile dans des milieux aussi anormaux, n'é-
taient les courants intéressés à perpétuer et à enve-
nimer le conflit. [69]

Le plus grand grief du nationalisme italien contre
le gouvernement autrichien n'est pourtant pas un
grief scolaire. C'est plutôt l'appui donné au mouvement urbain slave. Le Gouvernement, dit-on, préfère aux Italiens les Slaves, pour les emplois publics.
Or, il n'en est rien. Pour le choix des fonctionnaires,
surtout des petits employés, l'Etat se trouve dans
les mêmes conditions que beaucoup de patrons : l'offre de la main d'œuvre slave est infiniment plus nombreuse que l'offre italienne. Le prolétaire des villes
— surtout le prolétaire triestin — n'aime guère l'activité fatigante, disciplinée et mal rémunérée des petits emplois de l'Etat. Lorsqu'il n'a pas le brevet d'un
vrai ouvrier, il préfère être un libre travailleur. L'emploi impérial et royal excite, par contre, l'appétit du
paysan, qui aspire à devenir citadin. Or, dans cette
ocurrence, l'élément urbain indigène fait entièrement
défaut. L'Istrie, nous l'avons vu, ne peut fournir un
contingent notable. Le paysan italien subit presque
toujours l'attraction de la mer. Le Frioul, pays de
grande propriété, moyenâgeux, d'une agriculture arrière, fournit un grand contingent à l'émigration d'A-
mérique. [70] D'ailleurs, le cultivateur du Frioul, lorsqu'il descend tout seul dans la ville préfère lui aussi
le travail manuel. Dans les parties slaves de la région
julienne (surtout dans le comté de Gorice qui est
le grand fournisseur de travail pour Trieste) le sol
est moins fertile, la culture est, par conséquent, plus
économique, la propriété très morcelée. Il y a donc
pléthore de bras dans la famille. Partout, tendance

des cadets de la famille à l'émigration dans les grands centres et à l'abandon de la terre au père ou au frère aîné. D'où un courant inépuisable de servantes slaves, dont la bourgeoisie nationaliste italienne ne saurait se passer, et d'hommes qui se précipitent dans les charges publiques : chemins de fer, postes, douanes, ports, etc. [71]

Bref, l'Etat est bien rarement acculé au choix entre Italiens et Slaves. Mais quand ce choix est imposé, un autre facteur — qui est aussi un résultat de la structure économique des deux races — intervient pour obliger l'Etat à favoriser le Slavisme. Le prolétariat slave de la région julienne apprend très facilement l'italien, la langue des couches supérieures. Par conséquent, à tout le moins pour les besoins rudimentaires de son service, il connaît les deux langues du pays. Par contre, le prolétariat italien, en général, ignore le slave. Les polyglottes sont naturellement préférés.

Je ne veux pas dire par là que l'Etat, toutes conditions égales d'ailleurs, pencherait ordinairement vers les Italiens. Je veux seulement constater que l'Etat se trouve en présence de facteurs indépendants de sa volonté. Ces facteurs sont spontanés. Ils exercent une pression même sur les organismes les plus hostiles aux slaves. Ils obligent ceux-ci à contribuer involontairement à leur progrès. L'administration du gaz de Trieste — municipalisée — avait jusqu'à il y a vingt ans, des adjoints slaves en grande majorité. A l'heure qu'il est, il y en a encore un tiers. Ce sont d'excellents ouvriers. La Société du Tramway — dirigée par des nationalistes — compte ,sur 250 adjoints, une centaine de Slaves. Les cas sont très fréquents d'entreprises italiennes qui préfèrent les Slaves aux Italiens, pour des motifs d'intérêt financier et autres.

Dans les concours pour les emplois publics supérieurs, les Italiens se trouvent encore en état d'infériorité. Ils sont réfractaires aux langues slovène ou croate (la langue des serfs). D'autre part, l'idéologie séparatiste les tient parfois éloignés du service de l'Etat, quitte pour eux à se plaindre plus tard d'être oubliés. [72]

Il faut donc concéder au centralisme autrichien le bénéfice des circonstances atténuantes. Il faut reconnaître que la soi-disant « importation » slave n'est, en réalité, qu'un phénomène purement démographique : la campagne qui s'urbanise. Or, ce phénomène provoque naturellement un conflit ethnique, dans la région julienne. La moyenne classe slovène s'est élevée, s'est relevée économiquement et elle se révolte contre l'assimilation.

Est-ce à dire que tous les facteurs du conflit sont exclusivement économiques ? Si on voulait l'admettre, on tomberait, par une voie détournée, dans la phraséologie simpliste des nationalistes. Aux éléments strictement matériels s'ajoutent naturellement d'autres idéologies. La psychologie des collectivités trouverait ici un champ fertile de recherches sur le contraste et sur la réaction réciproque entre les jugements des valeurs (idéals) et ceux de la réalité. Le facteur idéologique joue un rôle prépondérant chez les Slaves dont la majorité est composée de cultivateurs et d'ouvriers. Il y a d'autre part tant d'éléments qui aiguisent le conflit dans les centre urbains : dissonance atavique entre la ville et la campagne ; mépris du bourgeois pour le paysan qui parle un âpre idiome inconnu, le langage de la fatigue et de la misère.

C'est le seul facteur qui réunisse des classes différentes et qui les rapproche. En dehors de lui, chaque couche porte dans le conflit le bagage de sa mentalité. Elle le subit et l'exploite ; elle prend position ; elle s'exaspère.

A la tête de la lutte se trouvent dans un camp et dans l'autre les classes moyennes, surtout les intellectuels : des juristes, des professeurs, des étudiants, des prêtres (ceux-ci surtout parmi les Slaves) des fonctionnaires, etc. La classe moyenne italienne — je l'ai déjà mentionné dans ces pages — subit partout le choc du réveil slave. Les Italiens de la région julienne, à la différence de ceux du Trentin, des Allemands de la Styrie et de la Carinthie, des Slovènes de la Carniole ne possèdent pas et n'ont jamais possédé — à l'exception d'une bande du bas Frioul — un territoire compact au point de vue national, où ils puissent développer, sans opposition, leurs énergies nationales. Ces énergies, cependant, finissent toujours par avoir le dessus, car elle ne se trouvaient en présence que de l'impuissance germanisatrice de l'Etat. Aujourd'hui ce n'est plus cela. Le réveil slave a fait surgir dans toute la région julienne un concourant redoutable qui reste slave par conviction et parfois aussi par intérêt.

On comprend aisément tout ce que cette malheureuse topographie ajoute d'âcreté à ce conflit. Et on comprend que les réminiscences classiques s'en ressentent, ainsi que les nostalgies unitaires de l'intellectuel, retranché du corps de la nation, paralysé dans son rêve de renommée ou de gloire, de même que les malaises de l'employé tremblant de se voir distancé dans la carrière par un rival slave. Dans le premier cas, c'est le fond séparatiste qui entraîne à la lutte ; dans le second il peut y avoir divorce entre l'idéologie nationale et l'idéologie séparatiste, mais les résultats, dans les rapports avec l'autre race, sont identiques.

Les classes moyennes slaves sont entraînées dans le conflit par des impulsions sentimentales encore plus vivaces que ne le sont les impulsions des classes italiennes. Pour les comprendre, il suffit de s'imaginer la structure de deux nations, renversée dans la région julienne : les Italiens absorbés depuis des siècles et les Slaves absorbant. Tous les éléments purs dont se composent l'enthousiasme national et l'âme patriotique, concourraient à pousser l'intellectualité italienne, sauvée de l'absorption par sa culture, à répandre cette culture parmi les couches inférieures et à les conserver à la vie et aux énergies de la nation.

Il va de soi qu'il y a un fond essentiel de démocratie dans cette ferveur slave, alors que le mouvement italien doit, fatalement, devenir anti-démocratique même parmi les couches de la petite bourgeoisie. La lutte nationale italienne, comme elle se présente actuellement, doit fatalement se heurter à une loi fondamentale de la démocratie qu'on peut formuler en ces termes : Faciliter aux masses populaires le développement intellectuel dans le cadre de la structure nationale. Loin d'obéir à cette prémisse nécessaire, le nationalisme italien est poussé à refuser les écoles aux Slaves, à refouler leur influence politique par des systèmes électoraux fondés sur le privilège. C'est ainsi qu'à Trieste, le parti qui pourtant s'appelle « libéral », a été soutenu par le sentimentalisme italien

dans la lutte contre l'ampliation du suffrage administratif et il n'a cédé qu'*in extremis* ; c'est ainsi que
l'adhésion nationaliste italienne au suffrage universel
politique a manqué de sincérité. En Istrie, la majorité italienne dans la Diète et dans presque toutes les
communes, se maintient seulement grâce au système autirchien du cens et des curies. Celui qui est
nationalistee dans la région julienne — surtout s'il
est séparatiste — ne peut être partisan des maximes
élémentaires de la démocratie. Et voilà pourquoi
doivent fatalement avorter les tentatives de démocratisation des partisans nationalistes. Ces tentatives
sont condamnées à la stérilité aussi longtemps que
durera la forme actuelle de la lutte. Il n'y a qu'un
seul groupe démocratique républicain et en même
temps ultra-irrédentiste qui représente en ce moment
un peu plus de sincérité en politique.

Naturellement les facteurs sentimentaux des couches moyennes slaves, jaillissent et fleurissent d'un
sous-sol économique plus propice encore que celui
des Italiens : c'est la conquête du bien être ; presque
la conquête de la vie. La petite bourgeoisie slave nou-
velle-née porte dans cette lutte l'ardeur et la ténacité paysannes de ceux qui pendant des siècles furent
privés des gros morceaux du banquet, impatients de
regagner le temps perdu, non paralysés par les impulsions centrifuges qui affaiblissent la position dans
la lutte des classes similaires italiennes.

Le conflit tend à s'étendre aux couches supérieures et inférieures, aux classes des propriétaires et
aux classes des prolétaires, mais ici la ligne de bataille se décompose et se brise : le capitalisme proprement dit se trouve vis à vis de l'Etat dans une
position autre que celle des classes moyennes. L'Etat

bien rarement lui apparaît sous l'aspect du tyran ou du gendarme, [73] comme il apparaît presque toujours aux deux groupes moyens. Les classes propriétaires ont en outre trop à attendre de l'Etat. Elles doivent craindre son hostilité si elles s'avisaient de dépasser les limites de la lutte. Elles ressentent plus vivement la pression de leurs intérêts particuliers, communs aux nationalités dont elles se relèvent ; cela contribue à éteindre leurs enthousiasmes nationaux. Au fur et à mesure qu'on parcourt l'échelle des classes propriétaires, les antagonismes ethniques perdent en vivacité et en sincérité. Dans une association de charcutiers le conflit de langages sera bien plus fréquent que dans un conseil d'administration d'une société par actions. Dans ce dernier, on peut affirmer que le conflit n'existe presque pas. Toutefois les charcutiers eux-mêmes se voient forcés de négliger la lutte pour le langage au fur et à mesure de leur résistance aux prétentions de leur personnel. Je veux dire par là que la classe des propriétaires doit subir les incitations et les répercussions de ses intérêts de classe souvent avec puls d'intensité qu'elle ne subit l'antagonisme des races. Mais il faut constater un phénomène bizarre : les sensations de classe contribuent parfois à atténuer et parfois à alimenter la lutte nationale. N'oublions pas que « Slave » est encore, en règle générale, dans la région julienne synonyme de « prolétaire », d'humble travailleur manuel. [74] l'antipathie de certaines classes bourgeoises envers la classe ouvrière fait éclore en elles des sensations subconscientes de classe qui s'ajoutent à l'antagonisme des races. Et ce qui prouve l'origine bâtarde de ces classes, c'est que les étrangers prennent part à la lutte dans le camp des nationalistes italiens. Des Allemands, des Grecs, etc. jusqu'à hier indifférents ou hostiles à tout forme d'italianité, votent avec les ultra-radicaux italiens. La défense nationale prête un prétexte à la défense d'un intérêt commun de classe.

De son côté, la petite bourgeoisie commerçante est entraînée à prendre part au conflit national par le fait de la concurrence entre individus de deux nationalités. Le tailleur ou le charcutier italien dont un confrère slave a commencé de détourner les clients, devient un bien féroce nationaliste ! « N'achetez pas chez les Tchèques ! »... C'est le cri habituel des Allemands en Bohême. On pourra aisément le faire retentir à Trieste. L'appel national cache sa véritable origine boutiquière. Seul, le cas d'un danger pressent pourrait temporairement réunir les deux petites bourgeoisies concurrentes.

Et nous arrivons au prolétariat. Il ne se présente pas non plus comme un bloc compact dans le conflit national. Il présente même des contrastes et des différenciations bien caractéristiques.

Le prolétariat des deux races à Trieste ne se trouve pas en état de concurrence économique. Entre ouvriers italiens indigènes et ouvriers slaves l'antagonisme d'intérêts n'existe pas. Il pourrait s'accentuer entre Slaves et Italiens du Royaume (au nombre d'au moins 20.000 prolétaires à Trieste) si aux premiers, comme à des citoyens, l'Etat ne garantissait pas une sphère étendue d'activité d'où les seconds sont exclus. L'Italien indigène est ouvrier ou artisan qualifié. Comme tel, il ne se trouve pas sur le chemin du Slave, du moins pour le moment. [75] S'il est petit ouvrier manuel, il lui arrive d'avoir des intérêts com-

muns avec l'ouvrier slave contre tous les intrus
étrangers.

Après cela, il faut distinguer deux groupes de prolétariat : le groupe des amorphes (le petit peuple, le
cinquième Etat, les masses agricoles) qui n'a aucune
conscience de classe et très souvent de race non plus.
L'autre groupe se range sous le drapeau de l'inter-
nationalisme ouvrier.

J'ai déjà mentionné les classes agricoles chez lesquelles domine seulement le particularisme régional
(Istriens, Frioulans). Trieste a aussi son « triestinis-
me » à double face : d'un côté il est antislave, nourri
de cet orgueil citadinesque et de ce mépris du bou-
vier qui est le facteur idéologique commun à tous les
prolétaires; d'autre part il est anti-italien c'est-à-dire
anti-unitaire, dynastique et autrichianisant. Il reflète
probablement d'instinct, la tradition de la ville, en
antithèse historique avec le sentiment unitaire. [76]

Les masses slaves sortent elles aussi timidement
d'un état de subconscience particulariste. Parmi les
Slovènes, les Savrini, les Verchini, les Cragnolini
avaient perdu jusqu'au nom, dans le sens de nationalité commune ; exactement comme les Fuski, les
Beziachi, les Morlaques etc. parmi les Croates. Même
aujourd'hui parmi ces derniers le sentiment d'unité
avec les connationaux au-delà de la frontière de l'Istrie n'est que le patrimoine des minorités urbanisées.
Le cléricalisme et l'autrichianisme, qui barrent le
chemin au débordement de la conscience nationale
parmi les Italiens, s'acquittent parmi les Slaves d'une
autre fonction. Et voilà que dans le conflit se répercute la position spéciale du prêtre italien en face de
l'Italie : la propagande papiste, surtout dans les campagnes réussit inévitablement à affaiblir la conscience

nationale et à réchauffer l'autrichianisme qui est de par la nature, particulariste. Le prêtre slave, par contre, avec les mêmes moyens, arrive à des résultats opposés, parce que la conscience nationale slave ne se trouve guère en opposition avec la conscience catholique et elle se développe mieux que l'italienne elle-même dans l'orbite dynastique et étatique. [77]

C'est ensuite l'équivoque entre l'exploitation des classes et celle des races qui fait pression sur le prolétariat slave, l'entraîne dans la lutte et l'y maintient : équivoque dont se servent en Autriche, les nationalismes de toutes les nations assoupies ou assimilées jusqu'à hier. Comme l'Allemand, comme le Polonais, dans les autres régions, dans la région julienne c'est l'Italien qui a trop longtemps été la langue de la pression économique ; nous avons vu les résultats de ce fait chez les paysans de l'Istrie ; mais aussi dans d'autres milieux ; dans les milieux urbains, les chefs du mouvement tâchent de colorer d'une teinte nationale ce qui, au fond, est l'esprit du réveil des classes ; truc qui peut encore réussir dans la région julienne, où le capitalisme slave est jeune et souvent caché sous l'extérieur national d'autrui ; ce truc ce sera peu à peu au fur et à mesure de la différenciation progressive des classes et du progrès du capitalisme slave.

Dès que les deux prolétariats, l'italien et le slave, se condensent en organisations économiques et politiques très réelles et conscientes des rivalités des classes, leur état d'âme et leur attitude changent aussitôt. La conscience de classe les rappelle au sentiment national. Le « triestin » cesse d'être anti-italien et autrichianisant et, de même que le Frioulan ou l'Istrien, il commence à se reconnaître italien.

Il voit toutefois chez le prolétaire slave organisé un compagnon d'intérêt et d'idéologie et il lui tend la main. Mais comme le prolétariat slave s'organise aussi à son tour, et, en s'élevant, résiste automatiquement à l'assimilation, voilà que le prolétariat italien s'insurge contre toute attitude tendant à exercer une pression quelconque sur la race. D'où l'accusation d'anti-italianité lancée par les partis bourgeois contre le socialisme.

Ici encore il faut savoir distinguer pour juger avec sérénité. Pour ceux qui identifient l'italianité avec le séparatisme, c'est-à-dire, avec l'annexion à l'Italie, l'attitude du prolétariat organisé internationalement inspire des répugnances et des terreurs légitimes. Cette attitude est en somme anti-centrifuge partout en Autriche ; voire même chez ces groupes de prolétaires (comme en Bohême et en Moravie) qui sont plus que les autres entraînés dans les luttes nationales. Le réformisme ouvrier, travaillant à élever le niveau de la vie pour la majorité des citoyens de l'Eat lui-même, dans son sens historique et évolutif plus large. Ce réformisme choque tout particulièrement les moyennes classes sentimentales, qui sont entraînées naturellement vers l'idéologie centrifuge avec plus d'intensité que ne le sont les classes similaires des autres races de l'Autriche. Mais ces classes ne se contentent pas de reprocher au socialisme d'être séparatiste ou de travailler implicitement contre l'idéologie séparatiste — en quoi elles ont raison — mais elles le flétrissent aussi comme un auxiliaire puissant du mouvement slave. En quoi — alors même qu'elles le disent en toute sincérité — elles tombent dans une curieuse erreur de perspective. Nous avons assez vu ce que c'est que la soldisant pénétration ou invasion slave dans la région julienne et comment elle se rattache au développement du capitalisme : l'observateur superficiel devrait, par conséquent, attribuer au capitalisme comme tel le rôle de slavificateur.

Loin de là, on accuse le prolétariat organisé de se charger de cette besogne « antinationale ». Et on le croit, car les attitudes du prolétariat sont visibles à tous, tandis que les attitudes d'autres classes, attitudes bien plus significatives, échappent à la vue et à la critique. C'est ainsi que, si des entreprises italiennes embauchent des travailleurs slaves, ou si des clients italiens s'opposant à l'instruction des ouvriers connationaux favorisent l'expansion des Slaves, l'acte ou ces actes, fragmentaires, dissimulés, peu esthétiques, passent inobservés. Mais les signes visibles de parité entre les deux prolétariats organisés : l'enseigne bilingue sur la devanture d'une coopérative, l'orateur slave dans un meeting, le candidat slave dans une assemblée publique, cela se voit, cela choque sincèrement — là où il est sincère — le sentiment national. Ce sentiment, précisément parce qu'il est tel, refuse de raisonner avec calme ; il est plus secoué par les manifestations extérieures que par les causes profondes du conflit ; il maudit une enseigne et il n'aperçoit pas des facteurs cachés et complexes, dont l'enseigne n'est qu'une indication extérieure.

Le temps seul jugera avec plus de sérénité l'action de toutes les classes et sous-classes sociales dans le conflit. La lutte, dans son développement, éclaircira beaucoup de points qui sont actuellement obscurs ou voilés dans l'ombre.

C'est ainsi qu'on verra chaque groupe portant dans le conflit un ensemble de forces qui le dominent et déterminent son action. Accuser de trahison les groupes de propriétaires italiens qui enrolent des travailleurs slaves, c'est superficiel et injuste, autant que d'accuser les travailleurs italiens de se solidariser avec un groupe similaire slave. Les deux classes, en agissant ainsi, obéissent à leur structure, à la fonction qu'elles doivent remplir. N'importe quel effort de leur part pour sortir de la réalité et pour prendre des attitudes différentes se heurterait aux raisons suprêmes de leur existence. Le capitalisme triestin se blesserait à mort, s'il repoussait la force-travail slave, de même que l'organisme prolétaire, en s'associant à ceux qui oppriment le slavisme pour le forcer à s'italianiser. On ne peut donc parler de responsabilité de classes dans le conflit. Une enquête seule est possible et concluante : celle des effets que la tactique nationale imposée au prolétariat national peut produire sur l'italianité de la région julienne.

L'enquête est inséparable du jugement sur l'avenir de cette italianité et sur les buts qu'elle poursuit. Celui qui espère encore écraser le Slavisme julien doit avoir en horreur les attitudes qui reconnaissent aux travailleurs slaves le droit de ne pas s'italianiser à contre-cœur. Mais cet espoir — qu'un homme d'esprit du parti nationaliste italien a défini « une illusion de myopes » — cet espoir, dis-je, peut-il désormais être même mis en doute ? Que le Slavisme julien — soutenu comme il est, par des forces immanentes — puisse disparaître, je pense que c'est une utopie, même si on admettait comme vraie la thèse de l'annexion. Celle-ci ne servirait qu'à placer toutes les forces coërcitives du nouvel Etat au service d'une race contre une autre, et à inaugurer une nouvelle

forme de lutte, un régime national italien du type
centraliste autrichien, certainement sans une issue
plus heureuse.

Hormis cette issue violente du conflit, il n'y a que
la co-habitation pacifique des deux races. L'ouvrier
slave, ayant acquis la conviction que personne ne
songe plus à l'italianiser par la force, ne regardera
plus la culture italienne, comme une culture ennemie, ne se raidira plus contre les influences pour ainsi
dire automatiques de cette culture. Dès lors,
pourrait surgir une psychologie étrangère à toute
violence ; et c'est elle qui se chargerait de la défense
des Italiens contre la seule éventualité qui puisse lé-
gitimement les alarmer [78].

Mais quel est le ciment qui relie en un seul parti
politique, la haute, la moyenne, la petite bourgeoisie,
les fractions prolétaires intellectuelles et même ou-
vrières ? Ont-ils un lien commun qui reflète en un
seul toutes les différentes attitudes nationales ? Le
ciment est bien composite. C'est un mélange bizarre
dans lequel l'inconscient, le conscient et le subconscient se croisent et s'entremêlent.

La haute bourgeoisie est logiquement étatiste, conservatrice, ennemie des catastrophes politiques ; la
lutte nationale ne l'intéresse que jusqu'à un certain
point. Par contre, elle est hautement intéressée à ce
que les conflits nationaux des classes s'aigrissent, ce
qui les empêche de se retourner contre leurs propres intérêts. La phase actuelle du conflit alimente
précisément les sources où la haute bourgeoisie pui-
se son pouvoir sur les masses. La revanche slave, au
fur et à mesure qu'elle s'attaque à des groupes ennemis plus vastes et plus importants, entraîne ceux-ci

à un suprême effort d'assimilation et de compression. Cet effort désespéré, et parce qu'il est désespéré, cache son inanité sous le mot d'ordre : « Unité ! ». Et voilà les petites et les moyennes classes bourgeoises, dont le sentiment national touche aux hauteurs du fanatisme religieux, les voilà entraînées aux plus épigrammatiques tolérances [79] prises dans le filet de leur sentimentalité, hypnotisées par la formule « Tous unis contre l'envahisseur ». Les facteurs de cette invasion réduisent toutefois leur formule à néant dans la pratique : les classes capitalistes italiennes doivent continuer à enrôler les ouvriers slaves, à se servir des banques slaves, à recourir à l'Etat, à ce même Etat que les sentimentaux méditent de détruire, etc. Comme fiche de consolation ces derniers n'ont qu'une phraséologie presque toujours purement symbolique ou le geste catastrophique, tolérés l'un et l'autre tant qu'ils ne deviennent pas encombrants ou dangereux. Un exemple caractéristique : l'ex-député Bartoli, élu député par le parti national-libéral istrien, pour avoir le droit de prononcer aux Délégations (février 1911) un discours de couleur séparatiste, dut se déclarer « sauvage » et décliner toute solidarité avec des partis politiques quelconques.

Ces deux âmes, réunies contre nature en un seul corps politique, nous expliquent suffisamment des oscillations bizarres. La haute bourgeoisie serait poussée à la tolérance et à l'accord national, mais elle se trouve, par ce fait, prisonnière des classes moyennes et inférieures, dont l'appui (surtout par ce temps de suffrage universel) lui est plus que jamais nécessaire. Et voilà pourquoi (soit dit en passant) le suffrage universel n'est pas l'apaisement qu'on attendait. Il a été au contraire jusqu'à présent partout en Autriche un stimulant de conflits de race. Demain, cela va sans dire, il pourra exercer et il exercera probablement, une fonction opposée.

La dissension cachée dans le sein du nationalisme italien neutralise son action. La tactique parlementaire et politique à Vienne, logiquement inspirée de la légalité, se stérilise régulièrement par des attitudes positives ou négatives d'opposition politique.

Lorsque, avec le retour du libéralisme triestin à la Chambre, se fonde un *club* parlementaire italien (1897) ses membres sont appelés officiellement « des hommes d'affaires ». Ce n'est pas ici le lieu de se demander s'ils en ont fait de bonnes ou de mauvaises. Nous n'examinerons pas non plus si le fait constant d'avoir toujours voté avec le gouvernement fut utile ou nuisible à la nation. Quoi qu'il en soit, il est avéré que la toile qu'on a tissée ou voulu tisser à Vienne a été constamment défaite par un travail caché ou public. Ce travail a passé par toutes les phases, depuis la conception catastrophique de ceux qui ne veulent pas l'Université italienne à Trieste, jusqu'au refus du Conseil municipal triestin de demander de nouveaux lycées italiens à l'Etat [80] ; jusqu'à la terreur qui s'est emparée tout récemment du parti nationaliste à la seule idée que le président du Conseil municipal de Trieste aurait pu être appelé à la Chambre Haute ! Celui qui vit dans la région julienne s'aperçoit tous les jours de mille gradations, réticences, actions et omissions qui tirent leur origine de cette mentalité en opposition avec l'autre officiellement proclamée. L'Autriche, naturellement, s'en aperçoit elle aussi et en déduit des conséquences.

Les groupes intéressés à aigrir le conflit ont recours à une équivoque qui est tout entière contenue dans le mot « slavicisation » sous-entendue dans son sens grammatical : c'est-à-dire comme le contraire du phénomène qui a dominé jusqu'à présent : les Slaves absorbant les Italiens et non ceux-ci les Slaves.

Or, voici une hypothèse qui échappe à notre horizon historique.[81] Nous avons vu le caractère exceptionnel et sporadique de la slavicisation de quelques ouvriers épars dans la campagne slave de l'Istrie. Que des groupes similaires puissent subir le même ce n'est pas probable. Nous n'en avons, d'ailleurs aucun symptôme. Dans la ville de Trieste, le premier Italien slavisé est encore à naître : les fils de père slave et de mère italienne sont devenus eux-mêmes italiens. Très souvent la femme italienne a italianisé, ou, à tout le moins, elle a rendu hybride le mari *slave*. Parfois ce sont précisément les fils de parents slaves qui introduisent dans la maison la langue italienne, sinon le sentiment italien. Qu'on veuille bien y faire attention : ces étranges phénomènes à rebours se passent aussi dans un milieu comme celui d'aujourd'hui, milieu de lutte, dans lequel la conscience nationale slave frémit, sous la pression italienne. Cette conscience se raidit contre les influences automatiques de l'Italianité et contre les partis qui se sont formées dans le sein du slavisme julien et qui n'attendent qu'un peu de détente pour éclater.

L'adoucissement de la lutte, causé par l'existence nationale slave de la région julienne, ne pourrait certainement pas renverser les directives du processus d'assimilation. D'après toutes les prévisions, cette détente produirait une diminution de la fièvre réactive du slavisme, nourrie de négation et de prohibition. Il n'est pas plus dit que l'immigration slave provenant de la campagne julienne et carnolienne continuera avec le rythme des dix dernières années. On constate déjà un affaiblissement de ce processus démographique qui a peuplé Trieste de Slaves et qui les a mis en mesure de résister à l'assimilation. [82] Il suffit pour cela que l'industrialisation de la Carniole continue, que les conditions de Gorice s'améliorent et on verra le courant migratoire slovène sur Trieste diminuer considérablement. La « slavicisation » c'est-à-dire la disparition des Italiens, se perdra de plus en plus dans les ténèbres des siècles où la reléguait même Valussi dans sa période de pessimisme national. Et voilà un facteur tout à fait indépendant, qui aurait des résultats nationaux plus concluants que n'importe quelle attitude des partis.

Et que fait l'Etat en présence de ces deux âmes du nationalisme italien ? Il est obligé lui aussi de distinguer et de différencier. Il sauvegarde certains intérêts qui s'identifient avec les siens. Les rudesses et les coups d'épingles il les réserve aux sentiments et aux sentimentaux. Il obéit ainsi à la pression de groupes anationaux et policiers. Il encourage le séparatisme.

Et ici, ce n'est plus l'impulsion slave, mais l'Etat lui-même qui fait venir l'eau au moulin du séparatisme. Je veux dire que dans ce champ, on ne remarque pas les pressions de l'autre race, ou qu'elles y sont négligeables. Dans les questions scolaires ou de parité des langues, dans le choix des fonctionnaires, etc. l'action du gouvernement n'est pas libre, mais subordonnée aux facteurs économiques et politiques du conflit national ; la question universitaire même, qui, à celui qui l'observe de loin et du dehors, paraît

symboliser seulement la malveillance du gouvernement, se ressent, en réalité, elle aussi, de l'influence
du conflit des races. Il est au moins probable que la
faculté de droit serait accordée aussi à Trieste, malgré les vetos dynastiques et militaires, si un compromis scolaire italo-slovène lui aplanissait la voie. Mais
les persécutions policières, les procès pour crime de
lèse-majesté et d'espionnage, etc., jusqu'à la dernière tragi-comédie de Graz, tout cela, le centralisme
autrichien serait parfaitement libre de ne pas le faire ; en le faisant il obéit à la pression des groupes
non nationaux qui l'ont toujours mal conseillé.

La fonction actuelle du séparatisme julien, fonction toute négative, mais embrassant une vaste sphère d'influence, découle de cet état de choses excep-
tionnellement compliqué. Elle empêche toute solution d'un problème que Nicolas Tommaséo et Pacifico Valussi, vers la moitié du siècle passé, se flat-
taient de résoudre sur la base d'une co-habitation
pacifique des deux races.
Intransigeance contre intransigeance : intransigeance italienne, basée sur l'idéalité annexioniste, entretenue par des courants moins idéals — intransigeance slave nourrie elle aussi, nous l'avons vu, de sè-
ves pures et impures. Ces deux phénomènes exercent l'un sur l'autre des répercussions et des influences. En somme, on se trouve, en présence de deux
idéologies réciproquement tyranniques et intoléran-
tes. Elles sont, à vrai dire, le patrimoine mental des
minorités aussi bien d'un côté que de l'autre, mais
elles exercent une influence supérieure à leur force
intrinsèque. Aussi bien, il est permis de conclure que
le grand obstacle à la paix nationale dans la région

julienne consiste en ceci : que les deux avant-gardes combattantes n'en veulent pas.

Je n'entends aucunement déprécier par là les difficultés intrinsèques de l'accord : il y en a de celles dont le temps seul pourra faire mûrir la solution. Ainsi, il est évident qu'il y a entre le problème julien et le problème austro-hongrois en général une connexion intime : Or ce dernier problème ne sera résolu que le jour où prévaudront des forces et des idéologies intéressées ou entraînées au compromis national, et non pas — comme il est arrivé aujourd'hui — poussées à vouloir le conflit ou à trouver dans le conflit une base à son pouvoir économique ou politique. Pour émousser les angles, il faut que, là où une nationalité historique lutte contre le développement d'une nationalité « sans histoire », l'équilibre se rétablisse entre les deux forces et les deux civilisations. C'est seulement l'inégalité trop criante qui crée les répugnances et les haines. Dans la région julienne, la lutte centrale pour ou contre l'assimilation s'émoussera forcément dès que les expédients assimilateurs s'épuiseront. L'opposition des uns et la conviction des autres que l'on rend à la nation un bien mauvais service par une politique de négation des droits des autres races feront le reste. L'aube de ce jour n'est peut-être pas si loin à Trieste et dans l'Istrie qu'on le croirait. Il suffit pour cela que les deux nations de la région julienne se reconnaissent le droit d'exister l'une à côté de l'autre. La raison psychologique du conflit tombera d'elle-même.

La division administrative territoriale de la région julienne, qui souriait à Ascoli et à Lazzarini, devient de plus en plus problématique, surtout dans l'impossibilité où l'on se trouve de partager les grandes

villes (Trieste, Pola, Gorice), où une population slave affirme quotidiennement et de plus en plus sa
volonté de ne pas disparaître et son influence économique et civile. [83] D'ailleurs, les détails pratiques de
la co-habitation ne sont rien. Il suffirait de supprimer la raison psychologique du conflit. Lorsque les
Slaves se convaincront que les Italiens ont renoncé
à les italianiser ; lorsque les Italiens cesseront de
considérer l'école et l'administration nationale slaves comme une honte et une injure, les formules
pratiques et quotidiennes de l'accord se trouveront
facilement. La lutte perdra son caractère sauvage.
Elle restera une noble émulation d'énergies économiques et politiques. Les plus souples prévaudront.
Une ascension de classes et non de races ; s'il est vrai
que, sous les extériorités changeantes, l'histoire n'est
qu'une perpétuelle descente et ascension d'ordres sociaux.

Nous arriverons finalement au facteur destiné à
exercer une influence décisive sur l'avenir du conflit : à l'irrédentisme actuel dans le Royaume, c'est-
à-dire là d'où seulement peut venir le résolutif entre les deux forces opposées entre lesquelles a oscil-
lé la tactique nationale des classes dirigeantes italiennes dans la région julienne. Car, il est évident que
la tactique fondamentale du nationalisme italien dans
la région julienne, depuis l'illusion assimilatrice jusqu'à l'étatophobie, ne trouve sa justification que
dans la croyance que, bientôt relativement, l'Italie
descendra dans la Giulia pour déplacer ou essayer de
déplacer les termes du conflit. Sans quoi, cette tactique est absurde et un non-sens.

Que pense-t-on dans le Royaume ? Y a-t-il, aujourd'hui du moins, une pensée irrédentiste harmonique et consciente ? Dans les classes qu'on appelle dirigeantes, s'est-il formée une vision du problème fondée sur la réalité, sur la préoccupation de l'examen impartial de tous ses aspects ? Une tendance existe-t-elle vers la cristallisation d'un état d'âme et vers une orientation politique définitive ? Il paraît que non. La répugnance pour la réalité, l'amour de ce qui est confus, vague, indéfinissable, demeure toujours, à en juger par certaines manifestations récentes, le trait caractéristique de la mentalité séparatiste aussi bien dans le Royaume que dans la région julienne. Cette mentalité évite de propos délibéré l'examen objectif du facteur ethnique. Elle subit en ceci l'influence fourvoyante de la phraséologie des politiciens juliens. Ceux-ci, après avoir pendant quarante ans, représenté au public la région julienne comme une seconde Venise, aujourd'hui — impuissants à dissimuler le slavisme — sont poussés au simplisme opposé. Ils dénoncent le slavisme comme un second Attila sur le point d'engloutir toute trace d'italianité.

Les quelques rappels à la sagesse et à la réalité historiques n'eurent aucun effet, même quand ils parlaient d'hommes dont l'autorité et le patriotisme étaient hors de toute contestation.

Déjà en 1880, Ruggero Bonghi, « qui aimait heurter la foule au risque d'être jeté par terre », Bonghi avait proclamé le droit national des Slaves de la région julienne, dans la préface du célèbre livre « La Venezia Giulia » par Fambri, annexionniste convaincu. Mais le spirituel traducteur de Platon exagère lui aussi la valeur des statistiques *ad usum Delphini*. Il revient aux espérances cavouriennes. Il place toute sa confiance dans la force d'assimilation, dans l'absorption finale.

Quinze ans plus tard, le grand philosophe goricien, Graziadio Ascoli, considère le facteur ethnique avec un réalisme plus profond. Il attribue lui aussi beaucoup trop d'importance aux statistiques officielles. Mais il réduit à néant les espoirs de Bonghi. Il s'élève contre l'absurdité de l'assimilation en masse. Il rappelle que la région julienne est slave pour plus de la moitié. Il définit « un vrai tourment » l'idée de l'annexion contre laquelle combattent des facteurs trop puissants. Il conseille la renonciation explicite et définitive à toute idéalité annexionniste, dans l'intérêt des Italiens juliens eux-mêmes. Il pense à un territoire séparé, à une espèce « d'Intendance de l'Istrie » de napoléonienne mémoire, qui comprendrait Trieste (capitale), Gorice, l'Istrie occidentale et le Frioul.

Cette grande autorité tombe toutefois dans l'oubli. Ascoli devient impopulaire parmi les séparatistes de la région julienne et du Royaume. Un peu plus tard, c'est le jeune socialisme qui apparaît à l'horizon. Il est le produit d'une idéologie bien différente. Il s'attaque immédiatement à l'irrédentisme, l'élément «impondérable » de la politique, qui malgré son caractère indéterminé, est assez fort pour auréoler les organismes les plus antipathiques au socialisme : les castes militaires, les groupes à idéologie belliqueuse, etc., etc. Et nous voyons à peu près le même phénomène que celui que nous avons observé dans la région julienne : les classes capitalistes, par instinct plutôt que par raisonnement, faisant la cour à l'irrédentisme, qu'elles avaient abandonné, depuis quarante ans, aux vieux clichés républicains-garibaldiens.

L'irrédentisme monarchique et même clérical fait son apparition. L'accroissement, bien qu'inégal, de la richesse et de la civilisation, crée à son tour, un terrain plus favorable à des sensations vagues comme l'est la sensation annexioniste. L'esprit classique, la tradition de Rome, cette compagne inséparable et bien souvent encombrante de la pensée italienne, reviennent à la surface avec Auguste et la Xme région italique et les larmes d'Aquilée « là-bas dans la solitude » ! C'est ainsi que, dans ces dernières années, les oscillations les plus bizarres se suivent : les renouvellements périodiques de la Triplice et le voyage du Roi à Udine, l'austrophilie de Tittoni et l'austrophobie de Fortis consacrée par la poignée de main de Giolitti et par les acclamations des neuf-dixièmes de la Chambre. On comprend aisément que dans un pareil milieu, l'irrédentisme, état d'âme gris par excellence, continue à être gris plus que jamais. Et qu'il entraîne à sa suite les ignorances, les confusions, les équivoques, souffertes ou voulues, bref toute cette escorte intellectuelle et morale qui peut conduire aux grandes surprises et aussi aux grandes catastrophes.

Les ignorances et les confusions du public (et non du moins cultivé) qui croit Trente et Trieste unis par un pont ou séparés par un fleuve, ont fourni matière aux quolibets. Les « Pages nationalistes » de Sighele s'ouvrent avec l'anecdote, peut-être inventée, de ce député, qui ayant manqué la correspondance à la gare d'Ala, se proposait de prendre, en attendant, une tasse de café à Trieste.

Hélas, en feuilletant les actes du premier congrès nationaliste italien à Florence, c'est-à-dire d'une assemblée d'hommes qui, par définition, auraient dù représenter, la compétence et la préparation dans les problèmes nationaux, ce pauvre député d'Ala apparaît comme un pauvre calomnié ! Le Trentin et la région julienne, deux questions (faut-il le répéter toujours ?) radicalement différentes sous tous les rapports ethniques, historiques et économiques, sont traitées comme si elles ne formaient qu'un seul bloc ; et on y ajoute même la Dalmatie ! !

Le rapporteur sur la question « Nationalisme et irrédentisme » (et c'est un Trentin : Scipio Sighele !) évite avec soin toute allusion aux deux irrédentismes, aux contrastes ethnographiques, et historiques de la région julienne, aux dissonnances entre l'idéalité irrédentiste et le facteur économique, à la mission dont l'Italie se chargerait en s'annexant la région julienne, à sa capacité ou incapacité de la réaliser. Rien, rien ! La seule note dominante, c'est ce pauvre « machiavélisme » qui fait repousser un ordre du jour contraire au renouvellement de la Triplice et qui, d'autre part, proclame les provinces irrédentes (lesquelles ?) « notre propriété soumise à un usufruit étranger » et « inévitables » les événements qui amèneront le retour de ces provinces dans le sein de la patrie ! On découvre que ces événements sont représentés par l'espoir du démembrement de l'Autriche, ce qui signifierait, pour la région julienne, la rupture de tout lien politique entre le rivage oriental de l'Adriatique et son hinterland, en opposition avec tout le passé et peut-être et même davantage avec l'avenir.

Le Congrès, en passant, s'occupe de l'alliance italo-slave, d'une entente entre ces deux mondes, qui se regardent des deux rivages de l'Adriatique. C'était le moment d'aborder de face le conflit ethnique julien, de noter le choc entre les deux âmes nationales, de chercher une solution... mais rien ; un membre du Congrès combat l'idée des accords. Il mentionne la « trahison » (! ?) des Slaves contre les Italiens de Trieste ! Ce seul mot suffit pour donner une claire idée de la profonde compétence du pauvre homme !

Même oscillation au Parlement. C'est partout l'incomplète connaissance du problème ethnique julien. Toutes les manifestations tendant à une entente entre l'Autriche et l'Italie se ressentent de cette ignorance initiale. « Il faut — c'est une phrase toute faite — qu'on rende justice aux Italiens de l'Autriche. » Crispi le disait il y a trente ans, le « Corriere della Sera » le répète. Mais cette justice comment la conçoit-on ? On voudrait que l'Etat favorisât la domination italienne, qu'il renonçât à la politique de parité ce qu'il ne peut faire même s'il le voulait.

On objectera que l'élément ethnique — quand même il serait en grande partie contraire à la conquête italienne — n'est pas décisif. Nous pouvons arriver à l'annexion aussi par un autre chemin. Que l'Italie compense le défaut de ses titres nationaux par la démonstration de sa capacité à conduire également la région julienne dans la voie du progrès civil.

Le pourra-t-elle ?

Nous abordons ici le facteur économique qui est peut-être le pivot de la question.

CHAPITRE IV

Le facteur économique

La crise du Port-Franc. — Commerce et transit. — Aveuglement de l'Etat et illusions irrédentistes. — Le démenti des faits. — L'unité de l'Italie contre l'italianité du trafic triestin. — La contradiction de la politique des chemins de fer. — La menace des canaux. — Raisons de l'impuissance économique de l'Italie dans la région julienne. — Les répercussions nationales. — Les intérêts balkaniques de l'Italie. — Nouveaux présages de futures antithèses : L'unité Yougoslave. — Le « trialisme », l'Italie et la région julienne. — Conclusion.

L'antithèse entre le facteur économique et le facteur national est, comme nous l'avons vu, le fil conducteur de toute l'histoire de Trieste. Cette antithèse se présente désormais sur toute la région julienne, surtout sur la côte occidentale de l'Istrie et sur le Frioul. Il est, en effet, impossible de s'imaginer que la destinée politique et administrative de ces deux pays soit différente dc celle de leur chef-lieu naturel, Trieste.

L'étude de l'histoire économique antérieure au Port Franc ne saurait avoir une grande importance. Trieste, malgré l'oppression vénitienne et la faiblesse habsbourgeoise, réussit, somme toute, à se conserver et à se développer entre 1400 et 1600. Son commerce était un commerce de transit, comme actuellement, et ses principales échelles étaient les ports du rivage opposé. Le rivage oriental (l'Istrie et la Dalmatie) est interdit par Venise qui ne permet à ses sujets de faire le commerce qu'avec elle et à son service. Trieste par contre, précisément parce qu'elle n'était pas vénitienne, importe à Venise, le bois et le fer de son hinterland. Elle en reçoit le sucre, des drogues et plus tard le café. Mais elle est en mesure, en même temps, de conclure d'avantageux traités de commerce avec Ferrare, Ravenne, Pesaro, Brindisi, Otranto. Elle peut avoir des consuls à Ancône, à Bari et à Manfredonia. Elle peut fournir à Laybach, à Graz, voire même à Prague et à Vienne, du chanvre des Romagnes, des huiles et des fruits du midi, et puis du vin de ses vignobles, du sel de ses salines, défendues à outrance contre la rage de destruction de Venise. Elle pouvait, en somme, tout orageuse et oscillante qu'elle fût, développer une vie économique au fur et à mesure que l'Etat autrichien se raffermissait et que Venise s'acheminait vers sa décadence. La liberté de l'Adriatique et l'affaiblissement de la concurrence istrienne firent le reste. Le Port-Franc, *last not least*, acheva le triomphe de Trieste.

La chancellerie viennoise, avant de se décider à concentrer dans Trieste son plus grand effort politique au profit du trafic autrichien, avait jeté le regard sur d'autres ports de la côte occidentale julienne. Si le privilège du Port-Franc eût été accordé à un de ceux-ci, c'est ce port-là, bien que sans passé commercial, qui serait devenu la... Trieste du XIXme siècle. Quelques historiens affirment que c'est un prince de la maison de Savoie, le célèbre Prince Eugène, qui fit pencher la balance en faveur de Trieste.

Le Port-Franc, dans la seconde moitié du XVIIIme siècle, change les bases économiques de Trieste : d'une petite échelle de transit entre la côte orientale italienne et les pays de son hinterland immédiat, il fait un grand marché international, le magasin, la foire permanente, l'*emporium* dans lequel les régions de l'Adriatique, de l'Egée, de l'Europe et de l'Afrique méditerranéennes, se rencontrent pour échanger leurs produits contre ceux de l'Europe centrale. C'est un commerce principalement européen ou du proche Orient (les régions transocéaniques sont encore trop lointaines et chaotiques ; quant aux Indes, la route de Suez n'existe pas encore). L'Italie cependant joue encore dans ce commerce un rôle très important. Arrêté dans son développement par la tourmente napoléonienne, l'*emporium* reprend son mouvement d'ascension, jusqu'à la veille de l'Unité italienne.

Et puis survient la crise qui réduira l'*emporium* à un simple port de transit. C'est l'effet d'un phénomène universel dû au développement vertigineux des communications. La fonction classique du commerce — intermédiaire entre le producteur des matières premières et le transformateur ou le consommateur de celles-ci — subit un changement radical. Sous l'aiguillon de la vapeur et de l'électricité, les marchandises ne restent plus normalement dans les ports pour être soumises aux contractations commerciales. Des cales de bateaux on les jette dans les wagons. Chemins de fer et bateaux doivent se suivre rapides, nombreux, économiques. Sans cela, le transit prend d'autres chemins. Et voilà la nécessité d'autres formes de règlements de l'Etat (règlements des ports, règlements des douanes etc.) destinés à l'accroissement du transit ou à tout le moins à empêcher l'extinction totale du commerce.

Or la crise est plus profonde là où on est le moins préparé à la combattre. L'Autriche de la période 1810-1860 n'est plus l'Autriche souple et intelligente de Marie-Thérèse. La politique économique autrichienne, surtout pendant le régime metternichien, se ressent de toutes les influences du misonéisme absolutiste ; elle est paresseuse, désorientée, incohérente, hypnotisée par le cauchemar de l'hégémonie perdue en Italie et par l'espoir de resserrer davantage les liens qui la rattachaient à la Lombardie-Vénétie, il semble d'abord qu'elle veuille, à l'encontre de l'histoire et de la géographie, faire de Venise et non de Trieste, le débouché de l'hinterland autrichien. Ce qui est certain, c'est qu'on commence la construction de la ligne Venise-Vérone-Milan bien avant celle de Laybach-Trieste.

Jusqu'en 1866, les dilettantes en économie politique affirment que Venise est la clef ou la porte de l'Autriche et de l'Allemagne sur l'Adriatique. Dans la période décennale 1849-1859, l'influence du baron Bruck, qui s'est formé dans le milieu commercial triestin, ouvre quelque soupirail économique plus moderne. Le nouveau tarif douanier s'inspire d'un libéralisme plus éclairé. On élargit le territoire douanier par l'accession des duchés de Modène et de Parme ; et le trafic italien à Trieste en profite largement. Mais l'atonie caractéristique de la bureaucratie absolutiste, le malaise croissant des finances, paralysent toute saine initiative. Les attitudes de l'Etat dans l'Adriatique sont particulièrement malheureuses et même contraires aux intérêts dynastiques et militaires. Le chemin de fer Trieste-Vienne est construit trop tard, en même temps que la ligne Venise-Milan (1857). Or, dès 1845 Prague était unie à Vienne et en 1851 avec les mers du Nord.

Il semble donc que l'absolutisme autrichien veuille encourager les espoirs de ses pires ennemis. Par une politique économique absurde, il relâche les liens entre Trieste et l'hinterland, à l'heure même où l'évolution du trafic tend à les resserrer. Et c'est aussi le moment — nous l'avons vu — entre 1859 et 1866, où naît la propagande séparatiste julienne. Les Valussi, les Combi, les Bonfiglio, subissent l'influence des faits économiques, des chiffres des statistiques commerciales. De leur interprétation, ils en font une nouvelle arme pour leurs aspirations. L'observateur passionné pourrait — peut-être — se créer une illusion et croire que les liens économiques entre Trieste et l'Autriche sont en train de se relâcher et que les rapports avec l'Italie sont destinés à s'intensifier davantage.

Valussi s'efforce de démontrer que même les intérêts économiques plaident pour une séparation. Bonfiglio proclame Trieste port essentiellement italien, en opposant aux échanges de l'Italie les rapports, en ce temps-là bien pauvres et bien rares, avec les pays de la confédération germanique.

Ceux qui relisent aujourd'hui ces pages sont frappés par un contraste bizarre. Précisément au moment même où ils s'efforcent de prouver le relâchement des liens entre Trieste et son hinterland, éclate la nouvelle crise qui conduira à la situation économique actuelle, en antithèse flagrante avec ces prévisions. Et, cependant, les origines du phénomène ne sont pas assez mystérieuses pour échapper à l'analyse d'observateurs moins passionnés.

L'indication plus concluante pour la thèse de Valussi et de Bonfiglio c'était le manque d'équilibre entre l'importation de terre-ferme et l'exportation maritime. Il représentait donc une faiblesse et une anémie des échanges entre l'hinterland et les pays d'outre-mer. « C'est un fait qui frappe l'observateur — dit Valussi — à savoir que les importations de l'intérieur de la monarchie ne représentent, en moyenne, qu'à peine un tiers de l'exportation maritime. » L'indication est exacte jusqu'à un certain point. En 1857, non seulement les importations de l'Empire mais aussi l'importation du continent tout entière était en réalité peu supérieure au tiers de l'exportation maritime (78 millions de couronnes contre 182) ; mais cette seule date de 1857 aurait pû être une révélation. Car l'année 1857, est celle du premier et tardif rattachement de Trieste à l'intérieur de la Monarchie. Et cette ligne, par dessus le marché, est soumise à l'exploitation et au monopole d'une compagnie de capitalistes français.

Mais déjà en 1861, à la date de la publication de la brochure, l'indication a perdu de sa valeur. L'importation terrestre avait déjà commencé à se relever et à rejoindre le niveau de l'exportation maritime : elle est de 124 millions contre 172 presque les trois quarts et non un tiers. En un demi-siècle, le trafic est devenu huit fois plus important : pendant la même période de 53 ans (1857-1910) les importations et les exportations par la voie de mer sont triplées. Actuellement, les 2 milliards et demi de couronnes (chiffre rond de la valeur totale des échanges triestins) peuvent se partager très aisément entre les deux courants qui constituent le nerf du trafic actuel : les produits industriels ou industrialisés que l'hinterland jette sur les quais pour l'expédition dans les pays méditerranéens ou transocéaniens et les matières premières que ces pays envoient vers l'hinterland pour la consommation et pour son industrie. En 1910, les importations continentales et les exportations maritimes, représentaient (chiffre rond) une valeur de 1.356 millions, les exportations continentales et les importations maritimes 1.222 million. L'Autriche-Hongrie et la Bosnie (c'est-à-dire l'hinterland de l'Etat) contribuaient au trafic continental d'importation et d'exportation pour quatre cinquièmes du total. L'importation de l'intérieur de l'Etat et d'Allemagne se chiffrait par 614 millions sur une somme totale de 640 mill. Valussi ne pourrait donc plus dire « que la quantité des produits importés d'Allemagne et d'Autriche étant minime, Trieste n'a aucun avantage à s'unir à l'un ou à l'autre de ces deux Etats. »

Que signifie tout cela ?

Cela signifie que nonobstant l'ineptie des hommes et des gouvernements, la crise a été surmontée. La vapeur et les autres découvertes techniques ont exercé aussi sur le trafic triestin leur action révolutionnaire, en créant, à la place de l'ancien *emporium*, un nouveau et non moins important trafic de transit. Cette transformation a fortifié plus que jamais les liens entre Trieste et son hinterland, liens qui s'étaient, en effet, relâchés au cours de la longue période de transition, alors que les communications par chemin de fer faisaient défaut ou qu'elles étaient anti-économiques et alors que le privilège du Port-Franc perdait peu à peu toute son efficacité. Le Port Franc avait fait de Trieste une espèce de grand magasin où l'orient et le nord échangeaient leurs produits, à travers une double chaîne d'intermédiaires : la marchandise du midi ou de l'orient, acquise par le marchand triestin, était, en règle générale, cédée à un autre commerçant, qui, à son tour la revendait au consommateur ou à l'industriel de l'intérieur et vice-versa. D'où de longs arrêts et de nombreuses manipulations et tractations locales. La mer était beaucoup plus qu'actuellement le véhicule exclusif de beaucoup d'échanges ; d'où l'indication beaucoup plus haute du trafic maritime en comparaison du trafic continental. Ce trafic maritime se développait indépendamment de l'hinterland ou peu s'en faut. Les pays méditerranéens y étaient plus intéressés que les transocéaniens.

En 1848, un observateur du commerce triestin pouvait le considérer comme entièrement européen. L'Adriatique avait la moitié du trafic maritime qui se développait entre les ports des deux rivages adriatiques, actuellement italiens ou autrichiens. En 1846 sur 157 millions de trafic maritime, un peu plus d'une trentaine de millions atteignaient des pas non européens. Actuellement, sur un trafic maritime qui se développait entre les ports des deux rivages adriatiques, actuellement italiens ou autrichiens. En 1846 sur 157 millions de trafic maritime, un peu plus d'une trentaine de millions atteignaient des pays non européens. Actuellement, sur un trafic maritime d'un total d'environ 1 milliard et un quart de couronnes, 700 millions au moins appartiennent au monde non européen..

Le commerce commence à décliner, sous la pression de l'instrument technique entièrement changé. Trieste se trouve désarmée devant la nouvelle crise.

Et c'est le moment où l'industrialisation progressive de l'hinterland triestin aurait pu raviver son trafic, tout en en modifiant en grande partie la nature. Nous sommes dans la période décennale 1855-1865.

Voilà pourquoi Valussi, Combi et Bonfiglio, en se référant aux chiffres relativement minimes des produits industriels importés à Trieste de l'intérieur, ou des matières premières exportées là-bas, peuvent conclure que Trieste n'a aucun intérêt à rester unie aux régions slavo-allemandes. Bien au contraire, son intérêt, d'après eux, lui dicterait de se délivrer et d'invoquer la dissolution de ce « monstrueux amalgame de peuples qui ne peuvent rester unis qu'en se faisant réciproquement du mal ! » Ce sont les propres paroles de Valussi et c'est une évidente erreur économique que la seule passion politique peut excuser. Combi se laisse aller à une affirmation encore plus paradoxale :

« Trieste enchaînée à l'Autriche devra assister à la ruine de son propre trafic, qui se dirigera vers les autres ports italiens ! »

Mais il n'en était rien. Le trafic triestin est devenu en grande partie et même « exclusivement » autrichien en seconde ligne germanique, alors qu'à l'époque de Valussi il était en réalité bien moins autrichien, presque pas allemand et beaucoup plus italien.

Alors intervient un nouveau facteur très bizarre : l'unité italienne, qui, les progrès techniques aidant, diminue considérablement « l'italianité » de Trieste au point de vue commercial.

Avant l'unité, Trieste est le grand centre d'approvisionnement d'une Italie presque privée de production industrielle et de commerce autonome. En 1857, un tiers des importations des Etats-Pontificaux vient de Trieste. Entre 1849 et 1859, les Duchés de Modène et de Parme font partie du territoire douanier autrichien. Trieste est leur plus grand port de ravitaillement et le marché italien le plus important pour le sucre, pour le café, pour les tissus, pour l'alcool etc. Tout cela est du vrai commerce et non du transit. Et tout cela disparaît avec le progrès économique du nouvel Etat. Naturellement, l'évolution ne s'opère pas en un tour de main. Bien au contraire, le premier effet de l'unité italienne se manifeste par une augmentation des besoins. L'organisation nationale, qui devrait les satisfaire passe, au début, par des péripéties bien longues et bien orageuses. En 1874, Errera peut encore constater une augmentation des importations maritimes de Trieste en Italie.

Mais, au fur et à mesure qu'augmente l'autonomie économique de l'Italie, la fonction de marché d'approvisionnement que Trieste exerçait largement avant l'unité et qu'il continua d'exercer même après, baisse progressivement.

La situation commerciale de l'Italie à Trieste offre actuellement un caractère bien différent. Trieste n'est plus un marché italien qui pourrait gagner en intensité par l'annexion politique et par la suppression des barrières douanières. L'Istrie importe en partie par la voie de Trieste certaines marchandises dont elle n'a pas les succédanés (avant tout le bois des forêts de la Carniole et de la Carinthie). Elle exporte vers Trieste quelques produits de son sol (fruits méridionaux, fruits, chanvres, riz, etc.) Trieste est ainsi un point où se rencontrent quelques échanges austro-italiens qui se rencontreraient ailleurs, si Trieste devenait un port national italien et si l'Autriche en créait un autre sur l'Adriatique.

Sous cet aspect, Trieste ne peut pas se dire un port italien, pas plus qu'il n'est anglais, ou égyptien ou turc. Et même ses rapports commerciaux avec la Turquie, avec l'Egypte et les Indes anglaises sont plus fréquents et plus importants que les rapports avec l'Italie. En les comparant au passé on voit que ceux-ci sont diminués ou tout au moins qu'ils sont restés stationnaires. Les échanges continentaux ne représentent qu'une partie minime du trafic (en 1910 : 13 millions sur 640 d'importation et 8 sur 574 d'exportation) quoique l'Italie soit un pays frontière et bien que la province d'Udine subisse déjà l'attraction de Venise.

Qu'est-ce que cela prouve ? Qu'un hinterland italien d'exploitation n'existe pas ; et il n'existerait même pas quand bien même Trieste devrait être incorporée au territoire douanier de l'Italie et qu'elle rivaliserait avec la sphère d'attraction de Venise ou de Gênes.

Et, même, ce qui reste d'italien dans la vie du port de Trieste est fatalement voué à l'anémie progressive. La tendance à des voies plus directes et à l'élimination des intermédiaires exténue le commerce des fruits méridionaux, le seul marché vraiment italien qui a survécu. Les producteurs de Sicile entrent en contact direct avec les commerçants du Nord. Ils leur expédient les oranges et les citrons par chemin de fer jusqu'en Allemagne. Le bois autrichien entre de plus en plus en quantités énormes en Italie par la voie de terre, en évitant Trieste, grâce à des facilitalions de chemin de fer et aux communications améliorées entre la Carniole, la Carinthie et le Royaume.

Par contre, cette même tendance produit l'écoulement des articles industriels de l'hinterland triestin, des wagons dans les cales des bateaux à vapeur. Les matières premières d'Orient et d'outre-mer sont chargées à leur tour dans les wagons pour les besoins industriels et pour la consommation de l'hinterland. « L'autrichianisme » du port augmente, par conséquent, au fur et à mesure que baisse sa fonction de marché.

Le Port-Franc étroitement lié à la fonction « d'emporium » a pu ainsi être supprimé en 1891, malgré les hauts cris de Trieste, sans provoquer les désastres économiques qui furent le cauchemar de la ville pendant la longue période où la disparition du privilège séculaire se profilait à l'horizon comme la menace d'une sentence de mort.

D'autre part, la nouvelle ère exigeait de nouvelles mesures de la part de l'Etat : abondantes et rapides communications de chemins de fer et maritimes à bon marché, grand établissement de quais, droits de douane et tarifs propres à retenir les marchés qui se dérobaient etc.

Et Trieste se voit obligée de demander à l'Etat ce que celui-ci lui accorde, bien que partiellement et tardivement. C'est ainsi qu'on a créé le nouveau port de Sant'Andrea, débouché de la seconde ligne Trieste-Laybach — Graz-Vienne, lente et mal exploitée par une compagnie privée. Trieste a attendu presque un demi-siècle pour demander une seconde ligne indépendante, soustraite à la spéculation privée et capable de la relier à son véritable hinterland : donc, une ligne autrichienne !

Ici se présente un autre contraste, presque épigrammatique.

Le libéralisme triestin, même celui que hantent les esprits du séparatisme, invoque une politique de chemins de fer la plus autrichienne ! Vienne, c'est-à-dire l'Autriche, laisse passer cinquante ans avant de conduire à bon terme la seconde ligne. Pour l'exécuter, elle choisit un tracé moins « autrichien » que celui qui a été demandé par les représentants de la ville... rebelle ! C'est que le facteur économique pèse sur toutes les autres idéologies et les trouble profondément.

La lutte pour la seconde ligne commence avant 1866, alors que Trieste et Venise reconnaissent le même souverain. Deux tracés se présentent au premier abord à l'attention des Triestins comme les lignes émancipatrices du monopole exercé par la Südbahn : la ligne du Pontebba et celle du Prédil. La première, qui est un prolongement du chemin de fer qu'on appelle Rodolphin, part de Villach, traverse la passe de Seifniz, longe la vallée de Fella et débouche à Udine. Elle vise beaucoup plus Venise que Trieste. L'autre ligne parcourt la vallée de l'Isonzo et débouché à Gorice. C'est une ligne infiniment plus triestine. Le Conseil de la ville est « prédiliste » avant 1866 et même quelques années après. Par contre, la Chambre de Commerce se prononce dès 1870 pour le tracé de Pontebba. Pourtant, au sein du Conseil domine le libéralisme, tandis que la Chambre de Commerce est composée exclusivement d'éléments ultra-loyalistes. Le libéralisme apprécie plus clairement les intérêts de Trieste. Il ne se dissimule pas la fatale antithèse entre ses intérêts et ceux de Venise. Après 1866, le Comité municipal du Chemin de fer dont les membres influents appartiennent au parti libéral, s'évertue à mettre en valeur de nouveaux arguments en faveur du Prédil. Ces arguments sont dictés par la perte de la Vénétie et par la nécessité d'opposer à la ligne de Pontebba — construite par l'Etat italien à l'avantage exclusif de Venise et de l'Italie — l'autre ligne, qui correspond aux intérêts de la ville et de l'Etat autrichien.

En 1870, on conçoit le projet d'une autre ligne encore plus autrichienne. Il s'agit d'un tracé qui, de Trieste à travers le défilé du Praewald, aurait dû aboutir au vieux chemin de fer Rodolphin, aux environs de la gare de Laak et au-delà du Laibl à Klagenfurth. Cette ligne dite du « Laak » représente une conception et une fonction différentes de celles attribuées au Prédil. Celui-ci, en effet s'étend au massif occidental des monts Tauriens (Tauern de Gastein). Il tend à rapprocher Trieste des régions industrielles suisses et germanico-orientales, c'est-à-dire, à l'hinterland formant l'objet de la rivalité entre Trieste, Venise et Gênes. Par contre, l'hinterland autrichien n'est que très faiblement touché. C'est à peine si une zone bohémienne ou de l'Autriche supérieure (régions industrielles) peut profiter de ce raccourcissement. Le chemin de fer du « Laak » tend, au contraire, au massif oriental des monts Tauriens, par delà lequel il représente une communication plus directe avec l'hinterland historique et étatique de Trieste, avec les régions industrielles de l'Autriche les plus riches (Bohême centrale et orientale, Moravie etc) ; chemin de fer qui répond donc aux traditions économiques de la ville mais qui, en même temps, lie Trieste plus que jamais à la destinée des pays autrichiens, par un contraste flagrant avec l'idéologie annexioniste. Malgré cela le tracé Laak-monts Tauriens occidentaux devient pendant trente ans le cri de ralliement, le drapeau de la politique de chemins de fer du libéralisme triestin : son chef c'est un conseiller libéral, Cesare Combi, qui plaide sa cause en s'appuyant sur les données les plus rigides du déterminisme économique déduites de la situation de Trieste et de sa fonction dans l'Etat autrichien. Dès 1874, Combi écrivait : « Acheminons de préférence notre activité vers le Nord, vers la zone que la nature nous a assignée et qui est peuplée de plusieurs millions d'habitants ». Vingt ans après, il insistait encore sur son programme. « Il faut mettre écrivait-il, autant que possible, les intérêts de Trieste d'accord avec ceux de l'intérieur, il faut conserver et étendre notre commerce d'importation et d'exportation au cœur même de notre Empire, à travers nos provinces et ne pas ouvrir d'autres voies aux intérêts étrangers. »

Combi soutient, du reste, une cause excellente sous tous les points de vue. Le tracé qu'il défend n'est pas seulement la meilleure communication entre Trieste et son hinterland autrichien. Il peut soutenir aussi la comparaison avec la ligne Prédal-Tauriens orientaux. Il relie Trieste aux centres industriels sud-allemands. Il soutient, par conséquent, la concurrence triestine avec l'hinterland étranger, vénitien et gênois.

Cela n'a pas empêché le Gouvernement de se décider — après trente ans d'hésitations — à un tracé presque identique à celui du Prédil, sous le rapport économico-politique, à un tracé se raccordant aux Tauriens et au grand tunnel de Gastein. Un tracé plus extérieur qu'intérieur, plus suisse-allemand qu'autri-

chien, plus anti-vénitien et en partie anti-gênois que
triestin. Et ici, il faut relever encore une antithèse
bien suggestive : le Prédil fut éliminé du concours
pour des raisons stratégiques. On choisit à sa place
(pour relier Trieste aux monts Tauriens) une ligne
parallèle, plus coûteuse le long de la vallée de la
Save de Wochein, d'où elle s'est appelée la ligne du
Wochein. Or, cette ligne, plus que celle du Prédil,
représente un tracé aussi contraire que possible au
maintien de la suprématie italienne à Gorice. La ligne de Prédil aurait parcouru dans toute sa longueur
la vallée de l'Isonzo, c'est-à-dire la région ultra-slo-
vène de Gorice qui a toujours gravité vers la ville
homonyme. La ligne du Wochein, en déviant à un
certain point de la Slavie goricienne, relie Gorice à
la Carniole, et fait de cette ville le centre le plus
rapproché de la Carniole occidentale ; par là, elle
renforce, mieux que la ligne du Prédil, la pénétration
progressive et automatique des Slovènes à Gorice,
créant des difficultés insurmontables à la continuité
du processus assimilateur. Les raisons nationales
auraient dû imposer à Gorice une ligne décidément
opposée à celle de la Wochein. Mais les raisons d'é-
conomie priment tout. Elles ont fait de Gorice, sans
distinction de nationalités, l'avocate de la ligne du
Prédil. Et dès que l'autorité militaire s'est opposée
au Prédil, ce sont précisément les cercles italiens de
Gorice, qui, d'accord avec les capitalistes slovènes
de la Carniole, ont lancé le projet de la Wochein ! [84]
Avec la seconde ligne de chemin de fer achevée en
1909, les dangers qui menacent dans le présent et
à l'avenir les rapports entre Trieste et son hinterland ne sont pas tous écartés. Car, tandis que le nouveau tracé s'éloigne de la zone d'attraction du port

triestin, cette zone se trouve sous une autre menace : la menace du perfectionnement des voies fluviales qui d'ores et déjà font graviter vers les ports du Nord une partie du trafic de l'hinterland triestin.

Bien plus que la concurrence de Gênes et que celle de Venise, la ville commerciale de Trieste du XXme siècle, craint la concurrence de Hambourg et de Brême.

Nous avons vu que Trieste se trouve en conflit avec Venise en dehors de son hinterland autrichien, donc dans une zone secondaire. Mais les ports germaniques du Nord, surtout Hambourg, disputent à Trieste sa sphère centrale et spéciale : les régions industrielles de Vienne, de la Bohême, de la Moravie, de la Silésie, etc. Le plus puissant instrument de concurrence se trouve dans la position géographique de Hambourg, à l'embouchure de l'Elbe. Ce fleuve par son affluent la Moldava, relie naturellement Hambourg à la Bohême. Or, la voie fluviale, moins coûteuse que la voie continentale, est la voie préférée pour une quantité d'articles très riches. La nature peut cependant subir des modifications ultérieures de la part de l'homme : un système de canaux peut relier les fleuves entre eux. Il peut élargir aussi la zone du trafic d'un port déterminé. Il peut attirer dans le cadre fluvial des régions plus éloignées et faire sentir, indirectement, ses répercussions sur des territoires très vastes.

Voilà le cauchemar qui pèse lourdement sur le trafic triestin : le projet — voté par le Parlement mais jusqu'ici non exécuté — d'un réseau de canaux qui relieraient le Danube à l'Elbe, à l'Oder, à la Vistule et au Dniester. C'est ainsi que la Bohême, la Moravie, les deux Autriches, la Silésie, la Galicie et la

Bukovine seraient reliées entre elles et avec Hambourg, Brême, Stettin d'un côté et avec Odessa de l'autre. La mer du Nord, et même la mer Noire conspireraient de la sorte à dévier le courant du trafic de l'hinterland spécial de Trieste!

Dans la lutte contre les canaux, le contraste entre l'intérêt économique et les idéalités nationales se manifeste encore davantage. Une politique tendant à détacher de l'Adriatique les régions industrielles autrichiennes et à favoriser, même artificiellement leur gravitation vers le Nord, serait une politique séparatiste par définition. Ce serait même la seule manière efficace et concluante de briser le lien séculaire qui unit la région julienne à un organisme politique non italien, c'est-à-dire de mettre le facteur économique au service du séparatisme. Mais la raison suprême de la vie s'y oppose. Et le cri d'alarme contre les lois des canaux et la documentation des dommages irréparables qu'ils infligeraient au trafic triestin, viennent précisément d'hommes et d'organes de la presse passionnément nationalistes sans aucune protestation de la part des mentalités irrédentisantes.

Il est, d'ailleurs, très admissible que beaucoup de gens ne soupçonnent même pas toute l'étendue de la contradiction. Dans l'ardent désir de concilier les idéalités avec les affaires, ils raisonnent de la manière suivante : « Si Trieste représente le point le plus convenable de ravitaillement et d'échange pour les producteurs et pour les consommateurs de l'Autriche, ceux-ci continueront à se servir du port triestin alors même qu'on l'annexerait à l'Italie et l'Italie aurait un intérêt capital à leur tenir la porte ouverte. »

Ceux qui raisonnent ainsi font de la pure théorie commerciale, en contradiction avec la pratique. En pratique, l'arbitre des destinées d'un port, c'est, aujourd'hui plus qu'hier, l'Etat maître de l'arrière-pays de ce port. Actuellement, à la place des anciens octrois, l'Etat tient à sa disposition tout un arsenal exquis et délicat qui s'appelle organisation de chemins de fer, organisation maritime, frêts, tarifs, primes, droits différenciels, etc. Encore ici, l'art et l'artifice priment la nature et en ont raison. Le chemin de fer le plus rapide et le plus direct peut être paralysé par un jeu de tarifs et de frêts. Admettons que Trieste, unie à l'Italie, possédât les meilleures communications avec son hinterland autrichien, il suffirait que l'Etat, maître de l'hinterland, combinât des tarifs et des frêts visant à favoriser un autre port, situé même à une distance de quelques cinquantaines de kilomètres des pays industriels et importateurs de l'hinterland, on verrait le trafic triestin se détourner de Trieste et affluer au nouveau port. Et il va de soi que l'Etat, auquel Trieste n'appartiendrait plus, serait entraîné à combattre cette ville au profit de son port. Lutte inégale dans laquelle l'Etat italien, même en supposant qu'il fût supérieurement outillé au point de vue économique, finirait par sombrer.

En un seul cas, l'hinterland étranger serait dans la nécessité de se servir des ports italiens : si tous les débouchés du rivage oriental de l'Adriatique appartenaient à l'Italie. Mais c'est une utopie de l'extrême irrédentisme. Je ne pense pas qu'on puisse sérieusement discuter cette hypothèse. Elle serait d'ailleurs combattue par une autre plus dangereuse : le système des voies fluviales tendant à anémier l'Adriatique en faveur des mers du Nord et de la mer Noire. Actuellement (puisque on ne peut pas concevoir une Autriche méditant la ruine de son unique port) quand même la loi des canaux serait appliquée en tout ou en partie, l'intérêt vital de l'Etat lui imposerait d'atténuer les effets désastreux pour Trieste, moyennant un des nombreux artifices qui se trouvent à sa disposition. Mais que demain l'Autriche perde Trieste ou que l'importance de l'Adriatique s'amoindrisse par suite d'une nouvelle réorganisation politique des peuples de l'hinterland julien, alors, il suffirait que l'Etat ou les Etats maîtres de l'hinterland inaugurassent une politique fluviale et se désintéressassent de l'Adriatique pour voir aussitôt les courants rémunérateurs du trafic abandonner l'Adriatique. Cela arriverait sous n'importe quel régime politique : aussi bien si l'Autriche actuelle se décomposait pour entrer dans d'autres unités politiques (irrédentisme allemand, panslavisme etc) que si elle se transformait un jour pour son propre compte (fédéralisme, trialisme etc.)

De toutes ces constatations de fait surgissent d'importants problèmes. Ils sont intimement reliés à celui qui fait l'objet de ces pages. C'est le problème, plus actuel que jamais, des rapports italo-autrichiens.

Quelle doit être la politique de l'Italie par rapport à l'Adriatique ? En dehors des raisons purement sentimentales dictées par le fait de la présence d'Italiens sur le rivage oriental, l'Italie a-t-elle encore d'autres raisons pour suivre une politique annexioniste sur ce rivage ? Et cette politique, à quels résultats — même nationaux — aboutirait-elle ? Quel profit aurait l'Italie à se dresser en face du monde slave adriatique-balkanique, en conquérant des centaines, des milliers de Slaves ? Et l'italianité de l'Adriatique orientale tirerait-elle avantage d'une incorporation de territoires à l'Etat italien ?

Autre chose encore : Une pareille incorporation — étant démontrée l'impuissance absolue de l'Italie à développer économiquement la côte julienne — ne donnerait-elle fatalement le signal de la décadence de cette partie du rivage au profit de/l'autre mise à la disposition de l'hinterland qui actuellement gravite vers Trieste ? Ne marquerait-elle pas la décadence de Trieste, du seul et unique centre en grande partie italien de l'Adriatique orientale ? Et comment une pareille politique pourrait-elle servir aux Italiens « redenti » et « irredenti » ?

Ces questions redoutables ne sont jamais mises à l'ordre du jour. Ceux qui craignent une réponse claire et convaincante, qu'ils obéissent à des motifs purs ou impurs, se dérobent. Mais qui veut étudier l'irrédentisme sous tous ses aspects doit aborder cette enquête. Si ce n'est pas pour répondre définitivement à des questions si complexes et si lourdes de conséquences, que ce soit du moins pour ouvrir un débat dans lequel il est impossible de former une opinion publique raisonnée.

Que l'Italie se trouve actuellement sur l'Adriatique dans des conditions d'écrasante infériorité économique vis à vis de l'Autriche-Hongrie, il n'y a personne qui ne le voie. Je ne veux pas abuser de citations faciles. Il n'y a qu'à comparer les deux marines marchandes pour s'en convaincre. « Mais c'est précisément à cause de cela — riposte le nationalisme italien, surtout le nouveau aux allures littéraires — qu'il faut que l'Italie recouvre la primauté des temps

passés. » Et on évoque Rome, le Sinus Venetus etc.
Cependant à qui s'interroge objectivement, le passé
lui-même ne dit pas tout ce que la rhétorique nationale voudrait lui faire dire. La conquête romaine
des régions orientales de l'Adriatique fut stérile. Elle
ne laisse pas de traces nationales ineffaçables sur le
rivage opposé. Rome put latiniser la côte ça et là :
elle échoua dans la tentative de soumettre définitivement l'arrière-pays. Venise, nous l'avons vu, précisément parce que située sur le rivage oriental, elle a
pu dominer l'Adriatique mais d'une manière contre
nature. Elle a pu le faire en étouffant les énergies des
centres marins de l'Istrie et de la Dalmatie, alors
que l'hinterland, au vrai sens du mot, n'existait guère. Avec le progrès de l'économie capitaliste, la capacité exportatrice et absorbante de l'hinterland devint décisive. Elle délimita les sphères d'influence
maritime des Etats particuliers. Car, il ne suffit pas
de posséder la côte. Il faut aussi posséder l'hinterland. Le vrai maître du trafic et, par conséquent de
la mer, c'est l'Etat de l'arrière-pays. D'où l'infériorité intrinsèque et irrémédiable de l'Italie sur l'A-
driatique. Elle y détient, en effet, l'hinterland moins
favorisé par la nature (la côte occidentale), plus
mince et, dans sa zone plus riche, disputé victorieu-
sement par l'attraction méditerranéenne de Gênes.
L'acquisition de tout le rivage oriental arraché de
son hinterland ne pourrait pas plus remédier à cette
infériorité. Détachées de l'Adriatique, les régions
industrielles de l'Autriche subiraient, nous le répé-
tons, l'attraction des fleuves et des mers du Nord et
peut-être aussi de l'Egée et de la mer Noire. L'annexion d'une très petite zone du rivage oriental (la
zone julienne ne représente qu'un quart de toute la

côte orientale) produirait des conséquences encore pires, tant pour la région julienne que pour l'Etat italien. Ce dernier chercherait évidemment un compensation pour son nouveau port de Trieste. Il la trouverait fatalement dans la zone d'attraction des autres ports adriatiques et surtout de Venise. La lutte entre Trieste et Venise reprendrait avec un redoublement de violence et avec une ampleur qu'elle n'a jamais eu sous Marie-Thérèse. Il n'y aurait plus de pauvres caravanes de marchands carsiques et carnioliens disputées par Capodistria vénitienne à Trieste autrichienne. La « mondialisation » des trafics a produit un conflit entre les deux ports de Venise et Trieste dont les sphères d'attraction se heurtent dans l'Allemagne orientale et centrale et dans la Suisse ; aussi bien dans les régions que dessert le nouveau tracé des Tauriens que sur toutes les lignes « vénitiennes » construites ou à construire, du Brenner, de la Valsugana, du Cadore, etc. Actuellement, la lutte pour la conquête de ces transits et de ces marchés, ne constitue certainement pas un élément vital du trafic triestin qui tourne autour du pivot territorial autrichien. Mais demain, ce pivot supprimé, ce n'est que du côté italien que Trieste et la région julienne pourraient trouver un succédané, bien relatif ! Et voici que l'Etat italien se trouvera en face du problème redoutable de s'épuiser soi-même et d'épuiser ses ports adriatiques (et, par répercussion, ses ports méditerranéens) dans l'effort de partager des aliments trop mesurés, avec le résultat inévitable de ne rassasier personne. Citons en exemple, les disputes récentes entre Bari et Venise à propos des conventions maritimes. Je ne veux même pas parler d'une concurrence possible entre Venise et Trieste pour le service de l'hinterland spécifiquement italien. Venise reliable par les voies fluviales au cœur de la Lombardie et du Piémont, battrait Trieste sans l'ombre d'un doute.

La politique de conquête territoriale vers laquelle le néo-nationalisme voudrait pousser l'Italie, n'est donc, pour ce qui regarde l'Adriatique, qu'une absurdité économique. Je rappelle ces paroles de Cesare Combi qui condamnent l'irrédentisme économique de son homonyme et parent : « Celui qui possède un port de mer d'une valeur appréciable pour l'économie nationale, doit aussi posséder toutes les routes qui y conduisent. » Et l'Italie ne pourrait jamais être cette route pour Trieste sans conquérir... l'Autriche entière, voire même un peu d'Allemagne et de Suisse alémanne !

Ces constatations pourront déplaire au sentiment national. Mais ceux qui ont la charge de le guider ou de l'interpréter doivent en tenir compte, parce qu'une annexion dépourvue de base économique, menace de devenir stérile même sous l'aspect national.

Pour se former une idée précise de la valeur intrinsèque de l'irrédentisme — même comme élément d'irradiation et de conservation nationale — n'oublions pas que les conquêtes de l'italianité dans la région julienne sont dues essentiellement au développement du trafic triestin. Trieste ne serait qu'une petite ville de 3.000 habitants, isolés parmi les Slaves de la campagne, privés de toute énergie assimilatrice à l'égard de ceux-ci et de toute force d'irradiation sur les autres petits centres urbains autour d'elle, sans l'apport régénérateur du trafic.

C'est cet apport qui a permis à Trieste d'absorber et d'italianiser les dizaines de milliers d'étrangers accourus de toutes les directions. C'est encore cette marée commerciale qui lui a permis d'assimiler en partie les masses slaves qui sont devenues, automatiquement, le nerf de l'italianité actuelle triestine et julienne.

C'est seulement ainsi qu'a pu se former le bloc — probablement définitif — des 140.000 italiens indigènes de la grande Trieste du XXme siècle, c'est-à-dire le seul centre de l'italianité de quelque importance sur le rivage oriental de l'Adriatique. Et ce centre vit et prospère de la vie et de la prospérité du trafic. Que deviendrait-il (que deviendrait avec lui l'italianité orientale) le jour où le trafic émigrerait vers une autre rade [85] ou tendrait à s'éloigner de l'Adriatique ? Le courant prolétaire slave et le flux économique allemand se tariraient certainement, mais, avec eux, l'immigration italienne du Royaume — qui a triplé depuis quarante ans — perdrait sa raison d'être.

Certes, on ne conteste pas par là que l'Italie n'ait des intérêts à protéger sur le rivage oriental de l'Adriatique, abstraction faite de la question de sentiment. Mais il y a au moins lieu de discuter pour savoir si d'ultérieures annexions seraient un moyen efficace de sauvegarder ces intérêts. Il est discutable, mais on ne le discute jamais. Bien au contraire, affirmer que l'irrédentisme, s'il était réalisable, répondrait aux buts du développement national, c'est une espèce de présomption tacite, contre laquelle ne s'insurgent pas même les anti-irrédentistes. Que signifie, au fait, la « renonciation », ce mot qu'ont à la bouche tous ceux qui s'insurgent contre une politique de revendications territoriales dans la région julienne ? Evidemment ceci : « Ce serait une bien belle chose si on pouvait, mais... on ne peut pas ! »

Serait-ce vraiment une bien belle chose ?

Etre « belle » pour une conception politique veut dire tout simplement être encadrée dans les lignes normales d'ascension d'un peuple et d'un Etat. Ces lignes, conduisent-t-elles l'Italie vers une politique de conquête du rivage opposé de l'Adriatique ? Une politique de conquête pourrait être recommandée voire même imposée aux classes dirigeantes de l'Etat par un ensemble d'intérêts, réels ou illusoires, qui s'appellent synthétiquement, et très souvent faussement, coloniaux.

Faut-il dire que pour l'Italie la côte orientale de l'Adriatique (surtout la côte autrichienne) ne correspond aucunement à l'idée économique de « colonie » ? Il suffirait, pour le prouver, de citer deux éléments négatifs ; l'impossibilité de soumettre économiquement l'*hinterland* et la haute puissance capitaliste non italienne qui en a déjà disposé.

Cependant, si nous nous tournons vers le rivage adriatique non autrichien, les intérêts italiens de l'Adriatique devront être étudiés sous un autre angle visuel. Il s'agit en l'espèce des régions balkaniques qui touchent au rivage oriental de l'Adriatique (Epire, Albanie, Monténégro, Novi-Bazar, Serbie, Macédoine etc.) ou qui gravitent vers ce rivage.

Et ici le problème julien se relie au problème balkanique. Une certaine forme d'attraction économique pourrait paraître encourageante pour certaines velléités d'expansion. Le pays de l'hinterland adriatique balkanique, contrairement à celui de l'hinterland autrichien, constitue un champ de pénétration industrielle dans lequel l'Italie cherche et peut trouver sa part d'influence. Il ne faut pas toutefois en exagérer l'importance.

L'Egée et la mer Noire disputent à l'Adriatique l'hinterland de plusieurs régions balkaniques (une partie de la Macédoine, la Bulgarie, la Roumanie, une partie de la Serbie). En outre, les Balkans s'industrialisent sous l'influence de la civilisation capitaliste qui augmentera au fur et à mesure que les Etats respectifs se fortifieront. On peut donc prévoir qu'à l'avenir ces pays perdront peu à peu leur capacité d'absorption des produits industriels étrangers. Et puis le trafic italien a d'autres débouchés infiniment plus importants : l'Allemagne, la France, la Suisse, l'Autriche même, les Etats-Unis et cette seconde partie du travail et du capital italiens qui est l'Amérique du Sud. Les Italiens filateurs de coton soutiennent avec honneur sur les Balkans la concurrence des Anglais, des Allemands et des Autrichiens. De même l'importation de produits italiens dans les pays balkaniques pourrait être couronnée de succès. [88]

Maic ces modestes courants économiques, loin d'être fortifiés par une politique de conquête sur le rivage oriental — voire même le simple soupçon d'une telle politique — ne pourraient qu'être profondément troublés.

A ce propos, quelques chiffres que je viens de lire sur les exportations italiennes et autrichiennes en Albanie, nous invitent à méditer. C'est plus qu'un traité tout entier de politique étrangère : d'après ces données, en 1900 l'exportation autrichienne représentait encore le quadruple de l'exportation italienne. En 1907 l'exportation italienne était supérieure à l'autrichienne d'un million de francs.

Ce qui est certain, c'est que l'Albanie est peut-être la seule région balkanique où la pénétration capitaliste italienne aurait pu — du moins avant l'expédition tripolitaine — marquer de constants et rapides progrès. Des facteurs techniques et économiques y encourageaient, mais surtout un facteur moral : la confiance dans l'Italie, à l'inverse de l'Autriche qui était, à tort ou à raison, soupçonnée de velléités annexionnistes. Or l'Albanie, si profondément déchiquetée par des divisions religieuses s'accorde en une seule note : dans la haine de toute forme de centralisme politique, ce qui lui fait haïr tout régime qui serait contraire à son autonomie. Il a suffi du voyage de Victor-Emmanuel en Grèce (or celleci aspire à la conquête de l'Albanie méridionale) pour attiédir l'italophilie des Albanais.

Car il ne faut pas oublier que, en dehors de l'Albanie autonomiste et de l'Epire peut-être en partie hellénisant, le gros des régions qui gravitent vers l'Adriatique est slave. C'est le monde slave méridional qui cherche encore son *ubi consistam* et qui est pris entre deux courants opposés : l'allemando-magyar (le dualisme) et le russo-tsarien, national-religieux. Or la raison d'être de l'Autriche — et j'entends par Autriche l'ensemble qui s'étend des Alpes aux Carpathes et qui gravite avec plus ou moins d'intensité vers le rivage oriental adriatique — c'est l'équilibre entre ces deux forces opposées.

Cette fonction ne saurait qu'être avantageuse pour les intérêts italiens qui seraient compromis en cas de victoire d'une tendance ou de l'autre. [87]

Actuellement, cette fonction autrichienne d'équilibre est exercée tant bien que mal, par les organisateurs de l'Etat de l'Empire dualiste des Habsbourg. Cet empire est, d'une manière bien bizarre, un stimulant et, en même temps, un contre- stimulant au courant allemand : il lui est utile en tant que grande puissance bureaucratique et militaire opposant une barrière au courant russe ; mais, en même temps, par suite de l'influence toujours croissante de ses sujets slaves et de par sa puissance intrinsèque, il est toujours le centralisme autrichien qui empêche la formation d'une grande Allemagne du « Belt à l'Adriatique. »

Le centralisme, comme toute chose humaine, ne sera pas éternel. La structure actuelle dualistique est peut-être même à la veille de s'effondrer. Mais quelle que soient les formes de sa prochaine évolution, ou quel que soit le partage de sa succession, il est certain que le monde slave méridional, dans le cadre de la Monarchie ou hors de lui, est appelé en première ligne à en continuer la fonction d'équilibre et de compensation. Le panslavisme, c'est-à-dire l'Etat monstrueux de Moscou à Constantinople, apparaît aux yeux des Yougoslaves comme une monstrueuse utopie. Le néo-slavisme (union intellectuelle de tous les Slaves) qui voudrait le rajeunir, n'est qu'un arc-en-ciel sentimental vide de contenu politique. Les Slaves méridionaux de l'Autriche, de la Hongrie et des Balkans se sentent entraînés au fur et à mesure que leur évolution capitaliste et intellectuelle s'accentue, à développer leurs autonomies. à former leurs propres groupes.

Ici notre enquête se croise avec l'enquête sur la future organisation des Slaves du Sud (Yougoslaves) c'est-à-dire avec l'ardue et complexe question de l'unité yougoslave souhaitée, nous l'avons vu, dès 1848, par Cavour, Valussi, Valerio etc. A n'en parler que dans les grandes lignes, c'est un sujet qui réclamerait un autre volume. Je n'ai pas l'intention de dépasser le programme que je me suis tracé. Aussi je ne veux relever qu'une nouvelle antithèse qui pointe sur l'horizon, quant au problème yougoslave et à toutes les solutions qu'il comporte.

Les Yougoslaves (c'est-à-dire les Serbes, les Croates et les Slovènes) peuvent atteindre l'unité par deux voies :

Iº — Attraction des indépendants (Serbie, Monténégro) sur les Yougoslaves qui sont encore sujets de l'Autriche-Hongrie ou de la Turquie. (Croatie-Slavonie. Dalmatie, Istrie, Bosnie-Herzégovine, Sandjacat de Novi Bazar, Vieille Serbie etc.) C'est l'aspiration de l'irrédentisme serbe ou *panserbisme* contre lequel Vienne et Budapest combattent par toutes les armes dont elles disposent. Cela se fait en maintenant et en favorisant les scissions et les équivoques entre Serbes et Croates, en gouvernant ou plutôt en tyrannisant de Budapest la Croatie (qui représente le gros des Yougoslaves habsbourgeois : environ 2 millions et demi) par les pires corruptions et les violences les plus effrontées, facilitées par un suffrage très restreint, par le vote oral, par la dépression économique etc. etc. Mais là aussi, le choc et le frottement produisirent des effets opposés à ceux qu'on attendait. Le serbo-croatisme, déçu par le pacte de Fiume (1905 : tentative d'un accord avec le parti Kossuth) exposé à l'épreuve du feu par l'infâme procès de Zagreb suivi de scandaleuses traînées (procès Friedjung), le serbo-croatisme, dis-je, représenté par la coalition serbo-croate, se dresse désormais pour témoigner de la fusion progressive et fatale de deux peuples jumeaux, unis par une langue commune, séparés seulement par des haines religieuses et par les astuces de leurs maîtres. Elles sont bien caractéristiques, à ce propos, les répercussions à Saraïevo, à Spalato, à Raguse, entre Serbes comme entre Croates, des récentes violences du régime magyar à Zagreb. [88]

Tout cela et d'autres circonstances encore agiraient en faveur du panserbisme (c'est-à-dire de la tendance centrifugale des Slaves Habsbourgeois) et aussi indirectement en faveur de l'idée d'une Fédération balkanique, qui pourrait se composer de ce nouvel Etat yougoslave *in spe,* de la Bulgarie, de la Roumanie, de la Grèce et même de la Turquie. Mais tout cela est hérissé d'obstacles. Trois quarts de l'Europe (peut-être même la Russie) y seraient contraires. Et je passe sous silence les antagonismes formidables entre les « fédérés ».

IIº. — Irrédentisme à rebours.

Les Yougoslaves du dehors subissant l'attraction des Yougoslaves du dedans, dès que ceux-ci auraient atteint une unité autonomique nationale. — En sa faveur, il y a la loi physique d'attraction, croissant en proportion directe de la masse : les Yougoslaves sujets aux Habsbourg, représentent désormais plus de 7 millions de population compacte [89], contre peut-être 4 millions de la Serbie, du Monténégro, de la Vieille Serbie.

Ces sept millions de Yougoslaves, malgré les résistances de Vienne et de Budapest ou peut-être grâce à ces résistances, sentent désormais l'impulsion de l'Unité. L'idée n'est pas nouvelle, c'est le « trialisme ».

Elle a été juqu'ici enveloppée d'une certaine obscurité, mais nous la retrouvons fixée dans un mémorandum des députés serbo-croates à la Chambre de Vienne, (de Dalmatie et d'Istrie) et aux Diètes de Zagreb et de Saraïevo. Dans ce memorandum, on demande que les pays serbo-croates soient réunis plus étroitement entre eux dans le cadre de la Monarchie. Parmi les signataires, les députés Slovènes ne figurent pas, mais dans le memorandum on fait mention de l'Istrie slovène et de la lutte nationale dans la région julienne. Le programme final serait un « troisième Etat » de la monarchie, formé des Yougoslaves, divisés actuellement entre l'Autriche, la Hongrie et les Provinces occupées. Ce serait la voie conduisant à l'irrédentisme à rebours. Elle serait peut-être moins longue et moins difficile que celle qui mène du dualisme d'aujourd'hui au trialisme de demain.

Contre le trialisme, en effet, luttera avec la force du désespoir l'oligarchie magyare qui en serait frappée à mort. Le trialisme priverait la Hongrie de la mer, l'affaiblirait vis-à-vis des autres nationalités, (roumains et allemands) qu'elle a déjà beaucoup de peine à maintenir sous son joug. Les résistances des Allemands d'Autriche seraient peut-être moindres. On ne voit pas bien ce que pourrait devenir sous le régime trialiste cette grande pomme de discorde slavo-germanique : la Bohême. Ce qui est bien certain c'est qu'aujourd'hui à Zagreb on regarde vers Vienne allemande avec moins de défiance que vers Budapest magyare. Celle-ci à son tour se défie plus des Croates soupçonnés d'austrophilisme, que des Serbes marqués et persécutés jusqu'à hier comme irrédentistes et conspirateurs avec Belgrade. Tout ceci est bien chaotique encore pour qu'on puisse hasarder des prévisions. Cela dépasserait en même temps, l'économie de ce travail. On peut affirmer seulement que le trialisme a pour condition préalable la fin de l'Autriche actuelle et l'aurore d'une nouvelle Autriche. Quelques symptômes précurseurs se font sentir déjà. Une indication et un levier : le suffrage universel, qui devra s'étendre tôt ou tard à la Hongrie.

Et j'arrive au contraste dont j'ai fait mention plus haut : L'Italie Royaume n'a aucune raison de s'alarmer de l'éventuelle constitution du « troisième » Etat habsbourgeois. Elle pourrait même le saluer avec satisfaction, comme un élément de tranquillité et d'équilibre à ses frontières orientales, du moins tant qu'il ne deviendra pas assez fort et assez homogène pour exercer une attraction sur les Yougoslaves du dehors. L'engloutissement de ces deux Etats enrayarait jusqu'à un certain point — toutefois n'en exagérons pas l'importance — la pénétration industrielle balkanique de l'Italie. Il créerait, sur le rivage opposé, un organisme économique — militaire puissant. A vrai dire, l'équilibre pourrait se rétablir moyennant une forme de protectorat italien sur l'Albanie, qui certainement ne se soucie pas de disparaître dans la future Yougoslavie. Quoi qu'il en soit, l'avenir se présenterait dans ce cas comme un peu obscur. Mais pour les Italiens de la région julienne — et on peut déjà le pressentir sous quelque forme isolée et académique [90] — serait logiquement disputée entre l'Autriche allemande et l'Autriche slave comme débouché d'un hinterland qui est, en réalité slavo-allemand et même actuellement plus allemand que slave (grâce au plus grand développement capitaliste). Et voilà que du choc entre ces deux forces pourrait se dessiner une situation favorable aux Italiens de la région julienne même au point de vue national. La pensée maîtresse de l'histoire triestine, le vœu de François Dall' Ongaro, de Nicolas Tommaseo pourrait se réaliser : Une Trieste véhicule et lien entre des courants ethniques et économiques différents, sous un régime nécesairement neutre et autonome, qui devrait comprendre — pour répondre entièrement à sa mission — un ample rayon du rivage oriental adriatique, c'est-à-dire au moins de Trieste à Pola. Les parties slaves de la région julienne seraient du coup retranchées et incorporées administrativement à l'hinterland auquel elles appartiennent. Au demeurant, les deux races auraient à chercher la base d'une cohabitation nationale pacifique, facilitée puissamment par la défense d'une commune position économique. La culture italienne, dont la pointe menaçante serait fatalement émoussée, pourrait se répandre, avec un rythme plus large entre conationaux et étrangers. [81]

Musique de l'avenir ?... Certainement, mais aussi de nouvelles luttes se dessinant à l'horizon. Quoi qu'il en soit, et quelle que puisse être à l'avenir l'organisation du monde slave méridional, il est certain que ce monde s'opposera de toutes ses forces à une éventuelle séparation politique de la région julienne. Car c'est elle qui est son débouché maritime le plus proche et le plus naturel. Certes, l'hinterland est plus indispensable à la région julienne que cette région ne l'est à l'hinterland. Mais les intérêts de celui-ci, même les intérêts purement économiques, sont assez forts pour le faire s'insurger contre l'annexion de la région julienne à l'Italie.

La réalité est peut-être douloureuse, mais elle n'en

est pas moins la réalité. Or elle nous apprend que les futurs organismes politiques slaves ne sauraient être ni solides ni féconds s'ils ne peuvent être reliés aux grandes voies commerciales qui unissent les Slaves centraux et méridionaux au-dessus et en dehors de toute concurrence et de toute pression militaire et dynastique. Les observateurs du phénomène irrédentiste julien ne devraient pas oublier que ces courants partent d'Orient vers l'Occident, du bassin du Danube vers celui de la Save et de celui-ci vers le rivage oriental de l'Adriatique. Or la côte adriatique julienne exerce une fonction spécifique de débouché maritime non seulement sur les énergies slaves méridionales mais aussi sur les énergies bien plus puissantes des Tchèques de Bohême et de Moravie. Courant national et économique qui à son tour paralyse la gravitation allemande et son programme d'une grande unité politique et économique entre l'Adriatique et la mer du Nord. Or cet intérêt suprême de la région julienne se rencontre, au double point de vue national et politique, avec l'intérêt du Royaume.

Tout compte fait, Trieste, exercera peut-être cette fonction de port de la future Slavie dont a parlé prophétiquement César Cantù.

Le simple veto d'un gouverneur autrichien, fondé de pouvoirs du centralisme germanisant, supprima jadis cette pensée, mais la pensée a pour elle la force suprême de la vie. Et les Italiens de la région julienne sont eux-mêmes (nous l'avons vu) poussés à en hâter l'accomplissement.

Contradiction fatale qui pousse bien malgré eux, les irrédentistes contre les irrédentistes. Contradiction qui a de profondes racines, indépendantes de la volonté des hommes et des groupes. Ce sont encore elles qui formulent le plus formidable des points interrogatifs contre l'aspiration séparatiste julienne.

Il faut donc donner à ce point interrogatif une réponse définitive. Et si cette réponse devait être défavorable aux Italiens de la région julienne, l'Italie ne saurait mieux aider les Italiens juliens qu'en renonçant, hautement et loyalement, à toute conquête territoriale, à toute annexion du rivage opposé de l'Adriatique. Le mot, probablement sincère, de Bismarck que ce serait une folie de vouloir incorporer à l'Allemagne les Allemands de l'Autriche, a servi et servira leurs intérêts, même nationaux, assurément bien plus que ne saurait le faire une agitation séparatiste.

FIN

NOTES

Notes. *)

———

¹) Le mot « irrédentisme » — un des rares mots italiens, dit Ascoli, qui soit devenu de nos jours européen, — fut jadis employé dans un sens dérisoire. En effet, Fambri (Venezia Giulia p. 165) nous donne de cet adjectif une définition peu flatteuse. « Il a été — dit-il — frappé à Vienne pour se moquer des gens et on ne devrait pas s'en servir chez nous ».

²) On sait que Trieste appartient à l'Istrie géographique ou historique. C'est sa capitale naturelle. Administrativement cependant elle est séparée de l'Istrie. D'autre part, l'Istrie géographique ne forme pas un seul tout avec le margraviat d'Istrie, unité administrative autrichienne, qui avec la ville-province de Trieste et le Comté Princier de Gorice-Gradisca forme la région (Land) du Littoral (Küstenland). Le Littoral et la région Julienne (La Giulia) dénomination inconnue à l'Autriche ont presque les mêmes limites septentrionales. Par contre, à l'Est, une partie du Littoral (district de Volosca, une partie du district de Castelnuovo, les îles des deux Lussini, Cherso et Veglia) est exceptée de l'Istrie historique. D'aucuns contestent leur appartenance à la région julienne et au groupe des revendications unitaires.

L'Istrie historique (Trieste exceptée) a deux histoires, surtout à partir de la féodalité. Les villes de la côte et leur hinterland (c'est ce qu'on appelle vulgairement « Le marquisat d'Istrie ») par suite de leur éloignement des seigneuries auxquelles ils ont appartenu, échappèrent, en grande partie, au féodalisme. Ces villes conservèrent ou ressuscitèrent les statuts commu-

———

*) Nous avons omis quelques notes indiquant seulement les sources ou ne se rapportant plus, aujourd'hui, au problème traité. On peut d'ailleurs consulter l'original qui se trouve notamment à la Bibliothèque Nationale à Paris (Cat. 4º K 960).

naux. A l'instar de Trieste, elles essayèrent de se défendre contre Venise. Pendant les XIIIme et XIVme siècles, elles louvoyèrent entre Venise, qui devenait de jour en jour plus puissante, et le Patriarcat d'Aquilée, leur dernier maître féodal au nom de l'Empire. Déchirées par de sanglantes rivalités, elles se courbèrent définitivement et à tour de rôle sous le joug vénitien, Elles manquèrent leur destinée. Venise avec ses *Podestà* opprime les autonomies et par ses monopoles et prohibitions anéantit leur vie économique. Par exemple les produits istriens, nécessaires à la République, ne peuvent être déchargés qu'à Venise. Le vin, par contre, ne peut être exporté dans l'Etat. Aussi longtemps que Venise est riche et puissante, le joug n'est pas lourd à porter ; le grand emporium absorbe tout et il fournit des produits à bon marché. Les énergies étouffées sur mer, trouvent un regain de prospérité sur terre ferme, naturellement aux dépens de Trieste. Mais avec la décadence de Venise et avec le triomphe de Trieste, la situation devient intolérable (Cf. Morteani, Conditions économiques de Trieste et de l'Istrie au XVIIIme siècle) si bien que l'Autriche en 1797 se présente comme libératrice. Elle restitue les autonomies et donne la liberté aux trafics. (Cf. Benussi : Histoire et Statistique de la région Julienne et Storia documenta di Rovigno p.224). La conquête française opprime et appauvrit de nouveau l'Istrie. Elle s'insurge, quoique elle eût à perdre moins que Trieste (v. les insurrections de Rovigno op. cit.). Dès sa seconde arrivée en 1813, l'Autriche fidèle aux traditions historiques, concentre à Trieste le gouvernement de l'Istrie, ex-vénitienne, jusqu'en 1825. Mais ensuite la bureaucratie centraliste reprend le dessus. L'Istrie toute entière est administrée de Pisino, centre du Comté, nommé aussi « Istrie anciennement autrichienne » (la partie intérieure et montagneuse de la région) parce qu'elle devint Habsbourgienne dès 1374. Elle a une histoire à part même au point de vue ethnique et elle est tout à fait retranchée de la vie italienne. Le féodalisme — dont Venise a su sauver l'Istrie maritime (et c'est son plus beau titre de gloire) — sévissait, au contraire, dans le comté qui fut cédé en 4 siècles à 22 seigneurs féodaux qui le saignèrent à blanc.

Si le régime vénitien opprime les classes moyennes, le régime féodal s'appesantit tout particulièrement sur les paysans. C'est pourquoi le régime de St Marc laisse des regrets parmi les humbles. Les patriotes istriens de 1848 espèrent trouver pour le mouvement unitaire des alliés chez les paysans (slaves !) du Comté, brisés et désemparés par les servitudes féodales donl la Révolution les affranchit. Et — soit dit en passant — c'est la seule conquête définitive de 1848 en Autriche !

La poussée séparatiste dans l'Istrie vénitienne est donc antérieure à celle de Trieste. Et on en comprend facilement la genèse :L'Istrie vénitienne, quoique opprimée et appauvrie, vit pendant des siècles de la vie politique d'un Etat italien. Elle prend part au mouvement intellectuel de la nation italienne (Carpaccio, Tartini, Santorio, Carli etc. sont istriens). Le bienfait du port-franc cosmopolite de Trieste ne la touche pas. Tout ceci explique la priorité des germes unitaires en Istrie et leur développement plus précoce et plus vigoureux.

De la région Julienne fait encore partie le district de Monfalcone, vénitien jusqu'au traité de Campoformio, les comtés de Gradisca et de Cormons, appartenant à l'Autriche dès 1500. Ces territoires ensemble forment le Frioul oriental qui est aujourd'hui la sule partie de la région presque complètement italienne. Entre le Frioul et la Slovénie se trouve la ville de Gorice, dernière arrivée dans l'histoire julienne avec un passé féodal allemand et avec un slavisme suburbain millénaire. Toute la Julie géographique — à part les régions précitées — soit la vallée supérieure de l'Isonzo jusqu'au Predil et au Carso carniolien a toujours été et est slave. On en parlera dans ces pages au seul point de vue de la délimitation territoriale.

[3]) C'est un régime obstinément oligarchique. La classe dirigeante c'est le patriciat qui est à la fois négociant, militaire et aulique. C'est un corps fermé jusqu'à 1809, date de sa mort. Il se renouvelait par l'hérédité, par l'agrégation ou par la nomination royale, mais toujours en dehors de toute forme de nomination populaire. L'histoire de la vieille commune ne connaît donc guère les réformes florentines et les révoltes populaires de Florence non plus. La « serrata » vénitienne c'est-à-dire l'interdiction de nouvelles agrégations, est aussi inconnue au patriciat triestin qui se compose d'éléments très variés, même au point de vue ethnique .Beaucoup de familles patriciennes sont originaires des pays alpins et aussi de la côte méridionale de

l'Italie, surtout à partir du XVIme siècle. Ces villes méridionales italiennes étaient des échelles convoitées par la petite république triestine. L'ambiance exerce un pouvoir irrésistible sur les immigrés. Ils parlent tous la langue latino-frioulane qui n'est remplacée par une forme du dialect vénitien qu'à la fin du XVIIIme siècle.

Le pacte avec l'Autriche n'introduit au commencement qu'une réforme toute de surface. L'ancien *Podestà* (d'ailleurs étranger à la commune italienne) devint *Capitaine,* d'abord comme consul impérial, ensuite représentant d'une autorité qui de protectorat se transforme lentement au cours de trois siècles (1470-1749) en souveraineté. Au fur et à mesure que le pouvoir du prince s'accroît, l'autonomie communale se restreint. Jusqu'à Marie-Thérèse, la base juridique du pacte c'est le caractère de Trieste de *ville immédiate de l'Empire.* Toutes les tentatives, surtout des Carnioliens, pour transformer Trieste en simple débouché commercial des régions alpines-slaves, en la privant du caractère de ville de l'Empire, échouèrent complètement. L'ancien caractère renaît et se traduit dans son caractère actuel de « ville-province » rebaptisée par le statut de 1850 actuellement en vigueur et qui fut — nous le verrons dans ces pages — la récompense du loyalisme dynastique de Trieste pendant la révolution de 1848.

[4]) Pendant la longue dispute au sujet de la souveraineté de l'Adriatique, Trieste soutient la thèse moderne de la liberté des mers. V. le journal de P. Kandler, l'Istria de 1847 (Nos 53-57 et de 1850 (Nos 24-26). Le sel est le plus rigide des monopoles vénitiens.

[5]) Quatre-vingts ans après le pacte austro-triestin éclate une guerre sanglante entre Trieste, Venise et Capodistria. Cette dernière ville attire les Slaves du Carso et de la Carniole à ses marchés au détriment du commerce triestin. Le terrible siège de 1463 oblige Trieste, mal défendue par son empereur et seigneur Frédéric III, de conclure une paix désastreuse. Elle perd pour toujours ses possessions carsiques, dont elle s'était emparée pour barrer le chemin aux marchands vénitiens et forcer les marchands slaves à descendre à Trieste. La ville avait dû, en même temps, renoncer au commerce maritime du sel, et au

commerce de terre avec les sujets de Saint-Marc, demander pardon au doge, continuer à lui acquitter le tribut etc.

[6] « Opinione come debba governarsi esternamente ed internamente la repubblica di Venezia ». Colonia 1685.

[7] L'empereur Charles VI n'accorda à Trieste qu'une seule grande douane, un « punto franco ». La ville ne s'en avantageait pas. C'est seulement Marie-Thérèse qui comprit ce qu'il y avait d'antithétique entre le monopole et le port-franc. L'ère thérèsienne (1740-1780) élargit le port-franc de la ville, abolit le régime du monopole et par l'équiparation des étrangers aux indigènes, crée de Trieste une échelle et un marché international.

Les indications démographiques confirment cette évolution de la ville : avant le XVIIIme siècle les chiffres de la population sont hypothétiques et approximatifs. Vers la moitié du XVme siècle Trieste avait — semble-t-il — 9000 habitants, à la fin du XVIme siècle 8000 et même 3000 dans les premières années du XVIIme siècle à la suite des guerres et de la peste. Le premier recensement est celui de 1735. Il prouve l'inanité des moyens employés par Charles VI pour animer le commerce de Trieste. La ville n'a que 3865 citoyens. Mais déjà en 1758, dix ans après l'institution thérésienne du port-franc, le chiffre des habitants de la ville monte à 6433 (avec le territoire 10.000) et au XVIIIme siècle ils sont 28.000. Quant aux exportations maritimes, elles représentaient en 1766 la valeur de 3.700.000 de florins et en 1790 elles ont déjà dépassé les 10 millions et peut-être atteint les 18.

[8] Après avoir consolidé l'emporium en 1777, Marie-Thérèse redonne à la ville le gouvernement autonome et, par conséquent l'individualité provinciale. Joseph II, le grand centralisateur prive Trieste d'une autonomie et de l'autre. Il réunit Trieste à Gorice. Ses successeurs, Léopold et François, rétablissent en partie les anciens privilèges. Tout cela laisse la ville indifférente. Elle n'a d'autres soucis que le commerce.

[9] L'esprit autrichien, c'est-à-dire, la conscience que le bien être des citoyens est inséparable de l'union politique de Trieste avec son hinterland, cette conviction se trouve exprimée dans

tous les rapports de la commune avec son souverain et protecteur. Je passe sous silence les innombrables déclarations de loyauté et les pamoisons dynastiques de la ville. Aussi je ne veux que rappeler, à cause du caractère bizarre du contraste, les instructions aux envoyés triestins chargés de demander à l'Empereur Maximilien le parachèvement des fortifications de la ville (1518). Dans ces curieuses instructions, la mission étrangère et la reconnaissance de l'origine ethnique s'entremêlent. Au sujet de Trieste, le document s'exprime ainsi : « erit unum de principalibus fortalitiis Italiae » — mais aussi « antemurale ad provinciam Carniolae... emporium Carsiae, Carniolae, Stiriae et Austriae. »

Dans un autre mémoire au souverain, en 1673, la ville se dit « établie par la nature pour servir d'échelle aux pays du nord ». Cette pensée se répète pendant le cours des siècles, jusqu'au programme de la société des Triestins en 1848 qui attribue à Trieste le rôle « d'entrepôt des pays cis-danubiens. »

Dans ce milieu il n'y a pas de place à la trahison. Tous les partis sont toujours d'accord contre Venise. A partir de la fin du XVme siècle ce sentiment antivénitien devient une idée fixe. Ce n'est pas l'effet du pur hasard que la part prise par Trieste à la conspiration de Bedmar contre la Sérénissime République. L'état d'âme de l'oligarchie triestine avant et après le pacte avec l'Autriche, se traduit par le geste de ce gentilhomme triestin, Enrico Rapicio, qui plutôt que crier : « Vive Saint-Marc ! » prend le chemin de l'exil.

[10]) La langue italienne — écrit Kandler — qui était la langue de la vieille ville, de la marine et de tous les bureaux devint une *langue cosmopolite* même à la Bourse où on parlait tant de langues étrangères. Cependant les négociants enrichis préféraient la civilisation allemande, par un sentiment de snobisme et pour flatter les cercles auliques. Les négociants immigrés d'Italie rivalisaient avec les autres dans cette flagornerie. Dans ses Mémoires biographiques, G. G. Sartorio, fils d'un immigré de San Remo du XVIIIme siècle, fait suivre des morceaux poétiques allemands à de la prose italienne qui n'est pas toujours correcte. Mais elle est intéressante en tant qu'exemple personnel et immédiat de l'âme mercantile de Trieste.

[11]) Les passagères occupations militaires françaises de 1796 et 1805 font saigner à blanc les poches des négociants triestins. Les contributions de guerre sont énormes, mais elles n'arrêtent pas l'essor de la ville. Après Campoformio, l'incorporation de Venise, de l'Istrie vénitienne et de la Dalmatie à l'Autriche efface les derniers vestiges d'une rivalité avec Venise et Trieste en tire son profit. Seulement, en 1808, la crise commence. Elle s'inaugure par la faillite de 80 maisons de commerce qui spéculaient su la hausse des marchandises importées par les navires anglais. L'Autriche aurait dû leur fermer ses ports. Elle ferme plutôt les yeux et les coloniaux entrent également. L'année suivante l'Autriche est expulsée de l'Adriatique. Le rivage oriental — qui lui appartenait en entier — entre, depuis Montfalcone jusqu'à Cattaro, dans le grand rouage français. Et c'est alors que la catastrophe s'accuse. En 1812, les habitants sont réduits de 37.000 à 24.000. En 19 mois plus de 64 maisons de commerce émigrent ou font faillite .En 1813, le commerce cesse presque entièrement. Les importations et les exportations réunies n'arrivent guère à 3 millions de florins. En 1814, avec le retour de l'Autriche, elles montent immédiatement à 60 millions. Les habitants, en 1815, sont 45.000. Après une courte période de décadence, due à la famine, la population de la ville de 1820 à 1840 a doublé (80.000 hab.)

Ces chiffres nous dispensent de répondre à la question pourquoi pendant la domination française, Trieste a été le centre des conspirations antibonapartistes. Et aussi pourquoi le retour de l'Autriche a été salué avec enthousiasme, comme le retour de la curée marchande. D'ailleurs, le cosmopolitisme de la Bourse aurait accueilli l'Angleterre avec le même enthousiasme. Le bruit avait, en effet, couru en 1813 que l'Autriche renoncerait à la mer et céderait l'Adriatique aux Anglais : « Vraies ou fausses. ces nouvelles provoquèrent un engoûment pour les modes anglaises, pour les extravagances anglaises, on zézaya en anglais dans les sociétés... le mot : anglais c'était le nec plus ultra de la beauté, du savoir, du vouloir ». (Kandler, Histoire de Trieste p. 163)

En 1836, le Lloyd est fondé, le germe d'une puissante institution maritime.

[12]) Marmont-Mémoires de 1729 à 1841. L'Illyrie napoléonienne comprenait les districts de Lienz et Sillian (Tyrol), le cercle de Villach (Carinthie), de la Carniole, de Gorice, Trieste, l'Istrie, Fiume, la Dalmatie et une partie de la Croatie sur la rive droite de la Save.

[13]) Le nouveau sentiment patriotique est de nature plutôt locale. Détail caractéristique : sur le jeu de cartes imprimé en 1847 par un sieur Mengotti, on lit : « Nationalité triestine ».

[14]) A propos d'une autre partie de plaisir à Venise (27 mai 1838), il me plaît de citer le passage suivant : « Au dessus de nous flottait notre drapeau aux deux jolies couleurs(blanc et rouge : le drapeau autrichien). Le pavillon à bandes rouges, mais non ensanglantées, à bandes blanches mais non pâles. Il était là déployé, pour rappeler l'instrument dont la Providence se sert pour ouvrir à Trieste et à notre heureux empire les voies de la prospérité... »
Ce sentiment de rigide loyalisme se concilie parfaitement avec une propagande très vivace de culture nationale. Trieste inspire à l'Autriche une telle confiance, que celle-ci choisit cette ville pour y interner les têtes trop chaudes. (Léon Fortis, F. Seismit-Doda)

[15]) Dans l'article très important de Kandler (Istria du 25 mars 1848) celui-ci exprime la crainte que le mouvement constitutionnel ne devienne un mouvement révolutionnaire, c'est-à-dire unitaire : « Maintenir cette ville comme l'entrepôt des provinces cis-danubiennes... C'est une dette d'amour envers la terre. Devant ce sentiment tout le reste passe à l'arrière-plan. »

[16]) Dall' Ongaro écrivait d'Udine aux Triestins (10 avril 1848) « L'Italie n'a pas besoin de vous. L'Italie a deux ports dans la Méditerranée, un port dans l'Adriatique ; on va les relier sous peu par un chemin de fer. Ils n'ont aucune concurrence à craindre. Que Trieste soit en même temps ville italienne et ville libre. » C'est au programme de Dall- Ongaro que la Gazette de Vienne (II avril 1848) fait allusion, lorsqu'elle mentionne un écrit qui prône la séparation de Trieste de l'Empire et sa neutralité sous le protectorat de l'Autriche. Elle n'en parla pas d'un ton aigre, au contraire !

[17]) Valussi resta à la tête du journal « L'Osservatore » jusqu'au mois d'avril 1848. Dans une série d'articles il résume le rôle de Trieste ainsi : « Port-franc des nations et des opinions. Point de contact de trois grandes races. » (Osservatore Triestino, 1er et 16 avril 1848) Cette même idée avait été lancée par N. Tommaseo qui avait défini Trieste « la ville habitée par des races différentes et qui sera entre plusieurs nations un anneau de confiance et d'intelligence ». C'est donc une thèse qui n'est ni unitaire ni même nationale .En effet, Valussi, dans un de ses articles, exhorte Trieste à renoncer « aux questions nationales qu'il ne peut guère résoudre. » Dans les articles publiés à Venise — alors républicaine — nous trouvons la confirmation de cette thèse.

[18]) A partir de 1819 elle portait aussi le titre de « Fedelissima » (Très fidèle)

[19]) Le fanatisme dynastique autrichien ne saurait s'identifier avec le seul parti conservateur. Les deux partis se balancent et ils rivalisent de zèle loyaliste. En 1856, le Conseil vote un crédit de 60.000 florins pour la réception du couple impérial. Après l'attentat du hongrois Libeny, Trieste confère le droit de cité à l'irlandais O'Connell, aide de camp de l'Empereur, qui a sucé la blessure du souverain dans la crainte que le poignard ne fût empoisonné.

[20]) Trieste avait une école humanistique italienne, dirigée par les Jésuites. Après la suppression de la Compagnie par Joseph II, la ville n'eut plus le lycée classique jusqu'en 1842. C'est alors que le gouvernement déplace à Trieste le lycée allemand de Capodistria. Le Commission provisoire avait inutilement demandé en 1842 la langue italienne comme langue obligatoire pour les écoles. En 1851 les opinions sont partagées. La langue allemande trouve des défenseurs même dans le conseil décennal. Tout le monde est d'accord à reconnaître la nécessité de l'étude de l'allemand. A la votation, 17 conseillers seulement, avec Kandler votent pour une instruction complètement italienne. Une proposition transactionnelle — lycée inférieur italien et supérieur allemand — est votée par 32 voix contre 10. Le programme germanique du gouvernement reste en vigueur jusqu'en 1859. Avec l'ère constitutionnelle le problème est abordé dans un esprit différent.

[21]) Cette conclusion s'impose en voyant la tendance de tous ces publicistes istriens à peindre en rose le régime vénitien en Istrie et à déprécier les résultats bienfaisants du pacte austro-triestin pour le bien-être de la ville. Pour eux, la rivalité historique entre Venise et Trieste n'a qu'une importance relative. Luciani qui cependant fut un historien très érudit — l'appelle « une rivalité contre nature » (« Istria » p. 20). Il affirme que « Trieste et Venise, situées dans la même mer, sont invitées par la nature à collaborer en vue de destinées communes. »

J'ai essayé de synthétiser au chap. Ier la sombre réalité sur la domination vénitienne en Istrie et sur ses côtes.

[22]) Cependant on peut — même de cette presse italophobe ou amorphe — déduire quelque symptôme de changement de l'ambiance. « La Sferza » se moque des contributions anonymes dd Trieste aux sociétés unitaires italiennes. En 1860, elle annonce la capture d'un « Comité d'enrôlement pro Garibaldi ». A vrai dire l'activité de ces comités clandestins n'a pas été couronnée de succès. La part prise par les Triestins aux campagnes de 1859-61 contre l'Autriche est à peu près nulle. On peut affirmer presque la même chose des Istriens. Par contre 17 Trentins prennent part à l'expédition garibaldienne de Quarto. Le Trentin aurait donné, depuis 1848, 1200 volontaires aux guerres de l'indépendance italienne. La région julienne n'a fourni pas même le dixième de ce chiffre. Cependant la jeunesse julienne, surtout l'istrienne, a contribué un peu plus aux campagnes de 1866-70. Trois Triestins prennent part au combat de Villa Glori. Deux ouvriers triestins sont tués dans une attaque de la police du pape à la maison Aiani. Il y a eu quelques triestins avec Garibaldi dans les Vosges.

[23]) La brochure : « Le Alpi che cingon l'Italia considerate militarmente ». (Turin, 1845) sort de l'état-major sarde. Elle pousse l'Italie à occuper tout le territoire qui s'étend à l'est jusqu'au mont Bitoraj (haut plateau du littoral croate) par conséquent il demande l'annexion de Fiume, Buccari, Porto Re et Veglia (île). Il tombe ensuite au nord-ouest aux lignes de partage des eaux entre l'Adriatique et la Mer Noire. Il trace la frontière aux passages de Saifnitz, de Predil, d'Idrie et de Oberlaibach, c'st-à-dire jusqu'à la frontière de la Carinthie et à quelques kilomètres de Laibach. Du côté de l'Istrie, les opinions

varient. Il y a la solution moyenne, soutenue par l'autorité d'A-
drien Balbi, puis de Giovanni Marinelli et tout récemment préconisée par Filippo Porena (Memoria sui confini geografici della
regione italiana) et par le docteur Charles Gratzer (Archivio
Triestino III Serie vol. 1910). Cette solution s'arrête à Fiume ou
plutôt à ses environs immédiats. Finalement, il y a la ligne plus
modeste du Monte Maggiore — Punta Fianona Pax Tecum —
Catena della Vena-Agro Triestino-Timavo. C'est la ligne préconisée par tous les séparatistes de 1859-66 surtout par les Istriens. Car, en effet, elle suit la frontière de l'Istrie historique.
Cependant elle ne peut non plus concilier la frontière naturelle
avec la frontière linguistique, quoique on ait voulu exclure de
l'Italie certains territoires foncièrement slaves de l'Istrie administrative (Districts de Castelnuovo, de Volosca et des îles).
D'ailleurs, cette conciliation est irréalisable. L'ethnographie et
la géographie se heurtent surtout ou nord-est. Les partisans
de la frontière plus étroite, dès qu'ils arrivent au fleuve Timavo,
tournent vers le nord pour chercher les passages plus hauts des
Alpes Juliennes. Ils annexent à l'Italie le haut comté de Gorice
et un morceau de la Carniole foncièrement slaves. Il n'y a de
contestation qu'au sujet de la frontière carsique, où les Alpes
Juliennes s'écartent et se débandent. Les plus modérés arrivent
à la ville de Prevald, d'autres à Loitsch, mais toujours en
territoire incontestablement slovène. C'est ainsi qu'on n'arrive
pas à accorder la science avec le sentiment. Fambri lui-même
admet dans son ouvrage La Venezia Giulia que le sentiment
trouble la science. « Nous ne sommes guère plus impartiaux que
ces géographes allemands qui soutiennent que l'Italie commence
non pas aux cimes mais aux pieds des Alpes qui courent de
Chambéry à Vienne et que les Alpes du Gothard au-delà sont
des Alpes allemandes. » Fambri accepte — semble-t-il — la ligne
Predil-Monte Maggiore-Fianona. L'auteur de ces pages s'abstient
— à cause de son incompétence — de formuler une opinion sur
le côté stratégique du problème. D'autant que le critérium militaire est, après tout, subordonné au critérium politique. Que
de frontières proclamées militairement nécessaires a changé la
politique allemande en Allemagne et en Autriche à partir de
1859 !

[24] Mazzini dans son célèbre ouvrage « I Doveri dell' uomo »
nous donne une énigmatique définition de la frontière de l'Isonzo.

« Ouvrez un compas : posez une pointe du compas au nord de
l'Italie sur Parme et l'autre à l'estuaire du Varo. Dessinez ensuite avec cette dernière pointe un demi-cercle dans la direction
des Alpes. La pointe qui tombera sur les bouches de l'Isonzo
c'est la frontière que Dieu vous a donnée. »

[25]) Valerio avait contesté au Lloyd le caractère de Société
étrangère parce que son siège était Trieste « ville italienne ».
Schleutnitz, ministre des Affaires Etrangères de Prusse, chargea
le représentant prussien à Turin, Brassier, de rappeler à Cavour
que Trieste faisait partie de la Confédération Germanique. Les
lettres de Cavour à Valério et une note du gouvernement prussien se trouvent au vol. VI de la Correspondance. Josephine
Benso di Cavour a surpris sur les lèvres de son oncle agonisant
la phrase suivante qui pourrait être interprétée comme l'expression de sa pensée : « quant à l'Istrie et au Tyrol... ce sera l'œuvre d'une nouvelle génération. »

[26]) Ricotti dit de Trieste que c'est « le seul port non seulement
de l'Empire d'Autriche mais de tout le bassin de la Méditerranée, la seule sortie vers l'Asie dont la Germanie saurait dispo-
ser. » Voilà une pensée qui aujourd'hui passerait pour panger-
manique.

[27]) Ricasoli : Lettres et Documents, Le Monnier 1893 Vol.
VIII p. 608. Dans quelques brochures de propagande irrédentiste on cite un télégramme de Ricasoli du 12 juillet 1866 qui
contiendrait les paroles suivantes : « L'Italie doit finir au Quarnero ». Le recueil des documents diplomatiques ne contient point
cette dépêche. Je n'ai pas su la trouver .Il y a peut-être confusion avec ses instructions verbales à Persano du 13 juillet.

[28]) Le bruit a couru en 1866 (v. Diamilla-Miller : Politica se-
greta italiana) que le député Broggio, qui se trouvait à bord
de la frégate « Re d'Italia » en qualité d'historiographe naval
et qui a disparu dans la catastrophe du navire, se trouvait en
possession d'un décret de nomination de commissaire royal à
Trieste. Mais le débarquement et l'occupation de la ville sans
défense auraient simplement pu être une conséquence militaire
de la victoire, sans aboutir à une conquête définitive. N'oublions
pas qu'à cette époque l'état-major prussien poussait Garibaldi
à débarquer en Dalmatie. Ce n'est certainement pas pour favo-

riser l'installation des Italiens sur le rivage occidental de l'Adriatique.

[29]) Belcredi songeait à partager la Monarchie en cinq royaumes (y compris la Hongrie) unis seulement par le même souverain et par une politique étrangère commune, dirigés dans un esprit absolutiste, sans parlement central. Chaque royaume aurait dû avoir une Diète pour ses affaires intérieures, élue en grande majorité par les classes riches. Conception bizarre où les vieux principes se rencontraient avec le projet révolutionnaire de la suppression des provinces historiques. Le projet resta à l'état d'idée vague et s'écroula définitivement après les défaites de 1866. Celles-ci donnent naissance au dualisme et au statut du 21 décembre 1867 qui — sauf les réformes électorales — régit toujours l'Etat et qui reproduit substantiellement la constitution centraliste de 1861. Le fédéralisme renaîtra quatre ans plus tard sous le ministère Hohenwart, mais sans résultat.

[30]) Preuve bien caractéristique de l'immaturité du conflit ethnique : le club était composé d'Italiens et de Slaves ! Il était présidé par le baron Petrino, Bucovinien, qui fut ministre de l'agriculture dans un des gouvernements de transition entre le centralisme d'Auersperg et le fédéralisme de Hohenwart.

[31]) En effet, le slavisme autrichien fait un accueil favorable au projet Hohenwart dont le cabinet est, pour la première fois, composé en partie de membres slaves non germanisés.

D'après les plans de Hohenwart, le grand pouvoir législatif des Diètes était tempéré, sinon paralysé, par la sanction parlementaire des lois votées par les Diètes. Toutefois cette sanction ne pouvait être refusée qui si la loi était « contraire aux intérêts généraux de l'Empire. » Une phrase bien élastique ! La Bohême — d'après le plan de Hohenwart — devait occuper dans l'Empire « une place à part presque identique à celle de la Hongrie, avec un chancelier de Bohême. » (Rescrit impérial du mois de septembre 1871). Mais peu de temps après, Hohenwart se retire et le fédéralisme s'évanouit avec son auteur.

[32]) Le centralisme allemand espérait par là avoir raison de la résistance passive des adversaires, mais celle-ci renaîtra sous la forme de l'abstention électorale et plus tard de l'obstruc-

tionnisme parlementaire. L'attitude hostile des centralistes à la politique balkanique de la monarchie hâtera leur émiettement. A partir de 1879 (deuxièmes élections directes) et jusqu'en 1893 le comte Taaffe gouverne l'Autriche. C'est l'ère Taaffe au cours de laquelle la force civile et politique des Slaves augmente considérablement et la lutte nationale s'aiguise. C'est aussi l'aube de la démocratie sociale. L'aristocratie foncière et le haut clergé organisent les masses rurales et les petits bourgeois contre le socialisme et aussi, jusqu'à un certain point, contre la grande bourgeoisie industrielle qui — paralysée par la lutte des races et par le mouvement du prolétariat — renonce à l'œuvre de démocratisation et de laïcisation de l'Etat. C'est ainsi qu'on introduit subrepticement un peu de confessionalisme dans l'école par la loi de 1883. En même temps, on essaie d'imiter le socialisme d'Etat bismarkien et on introduit les assurances obligatoires des ouvriers contre la maladie et les accidents.

[33]) On a voulu voir dans l'envoi en Bosnie du régiment d'infanterie Baron Weber — composé de Triestins — un caractère international de représailles contre les agitations séparatistes.

[34]) La société « Pro Patria » fut dissoute à la suite d'un télégramme d'adhésion à la « Dante Alighieri ». La société « Il Progresso » fut dissoute pour avoir protesté contre la dissolution de la « Pro Patria ». Mais elles renaissent bien vite sous d'autres noms. La Société « Pro Patria » devient la « Lega Nazionale ».

[35]) Une dernière lueur de tactique garibaldienne est contenue dans la « Ligue nationaliste irrédentiste » dont on parle en 1899 et qui est attribuée à Riciotti Garibaldi. Les côtes istriennes furent surveillées par l'infanterie et par une escadre de torpilleurs, même pendant l'expédition Garibaldienne en Thessalie ! .

[36]) Voir C. Czörnig sen. (Das Land Görz und Gradisca, Vienne 1873) Ouvrage un peu vieilli, mais que la région julienne peut toujours envier au Frioul. L'ethnographie exigerait une revision, mais les données fondamentales sont plus sûres que les données récentes.

Les races indigènes sont les suivantes : les ladins-frioulans avec une langue à part qui n'est pas un dialecte, tourment et délice des philologues qui y trouvent des affinités avec le vieux catalan, le provençal, le roumain etc. Les Frioulans reconnaissent cependant comme langue de culture l'italien. Ils sont, d'ailleurs, à partir de 1880, inscrits dans les statistiques officielles comme italiens. Malgré cette concession, le centralisme autrichien tend à entretenir chez les Frioulans l'esprit régional qui subsiste toujours, surtout dans la campagne, fidèle au trône et à l'autel.

Les Slovènes sont plus nombreux que les Frioulans. Ils datent de très loin. Leur existence remonte aux incursions et aux pénétrations inaugurées au VIIme siècle après Jésus-Christ. Ils envahissent même une partie du royaume actuel d'Italie, mais ils ne la maintiennent pas. Ils sont en partie absorbés, ils reculent en laissant derrière eux quelques éléments dans la Province d'Udine, sur le haut Isonzo. A Vipacco (Gorice-campagne, Canale, Aidussina etc.) ils sont encore les seuls habitants de cette partie de la Julie. Les Slaves baptisent la ville de Gorice (*villa quae sclabonica lingua vocatur Gorizia*, dit un acte de donation de 1001 de l'Empereur Othon III au Patriarche d'Aquilée). Ils en forment depuis 1000 ans toute la population suburbaine.

Le troisième élément (beaucoup moins nombreux) de la province est l'élément vénéto-italien : il est indigène dans les lagunes de Grado et en partie dans la région de Monfalcone. Ailleurs il est le produit d'une immigration séculaire.

Gorice-Gradisca est la seule des trois circonscriptions administratives de la Julie, partagée en zones nationales très nettes, exceptée une partie de la région de Cormons (Coglio) où le slavisme se rattache à celui — millénaire — de Udine et qui lui aussi se trouve en plein réveil.

La zone frioulane-vénitienne de la plaine compte 93.000 habitants (recensement de 1910) la zone slovène de la montagne en a 151.000. Cependant dans ces chiffres — qui sont assez exacts pour les parties compactes — se trouve aussi la pomme de discorde — Gorice.

Czörnig, qui fut président de la commission centrale de statistique, tenait à sa disposition un matériel dont il a essayé (le premier et le dernier en Autriche) à tirer profit pour une sérieuse recherche ethnique. Or il constate dans la ville de Gorice d'il y a 40 ans une majorité absolue d'Italiens (11.000 sur 16.000 habitants). A quelle nationalité appartiennent les

28.000 habitants de la ville actuelle de Gorice, nous le verrons plus tard, car il faut d'abord s'entendre sur la signification du mot *statistique nationale* en Autriche, à partir de 1880.

[37]) Les statistiques officielles, suspectes pour les proportions entre Italiens et Slaves, le sont moins pour les Allemands.

En 1840, Kandler comptait à Trieste 8000 Allemands (Autrichiens et Allemands de la Confédération) soit le dixième de la population. C'est l'époque du cosmopolitisme qui penchait du côté germanique. Le recensement de 1880 réduit les Allemands — citoyens autrichiens — au chiffre de 5200.

Augmentation importante dans la période décennale de 1890 à 1900 (de 5500 à 8800). C'est l'époque de l'abolition du Port-Franc et Trieste resserre davantage ses liens avec le hinterland, non seulement slave. Au dernier recensement on a constaté une diminution des Allemands à Trieste (de 5,8 à 5%).

Somme toute, les Allemands — quoique la population de la ville de Trieste se soit triplée en 70 ans — ont baissé de 1/10 à 1/20 de la population totale, même en y comprenant les Allemands de l'Empire et les Suisses.

Dans toute la région julienne ils ne représenteraient que le 3,26 % (3,13 en 1900). Ils sont donc trop peu nombreux pour exercer — sauf à Gorice et à Pola — une influence quelconque sur les luttes nationales.

Des raisons économico-sociales et aussi les répercussions de la lutte entre Slaves et Allemands poussent ceux-ci à Trieste à s'allier aux Italiens et à se fondre avec eux. C'est ce qui explique la stérilité allemande à Trieste dans la période qui va de 1900 à 1910.

[38]) Kandler (Istria 1846 p. 45) pendant quelque temps a pensé que les aborigènes istriens fussent slaves. D. A. Facchinetti (Istria 1847) son collaborateur. qui a étudié profondément les mœurs et les usages des Slaves Istriens, affirme qu'ils peuvent se vanter d'être les plus anciens habitants du pays. L'ethnographie moderne est plus prudente dans des affirmations de priorité et d'indigénat. Elle peut, d'ailleurs, fournir des arguments pour toutes les thèses, surtout pour les thèses politiques.

Les dernières populations arrivées dans la région Julienne vers le Vme siècle, ont été certainement celtiques ; or le celtique aurait d'anciens mélanges slaves. Je me garderai bien même d'effleurer la controverse entre les partisans de la thèse de la « race » comme éléments de nationalité, et leurs adversaires. Je rappellerai seulement que le patriarche des anthropo-sociologues, le comte de Gobineau, considère les Slaves comme le plus ancien des mélanges arien-finniques soumis par une aristocratie celte.

Parmi nous, des savants non suspects (Benussi — L'Istria fino ad Augusto e Carlo de Franceschi Istria 1862) ont trouvé des origines celtiques aux noms des plus anciens groupes slaves de la Julie. Les Carnes, les fondateurs supposés d'une Trieste préromaine, auraient été des Celtes. Le Docteur Koban (Archeografo Triestino I série v. I), philologue de l'époque de Rossetti, propose l'étymologie slovène (trg-marché), rappelée aussi par Benussi (op. cit. p. 146).

Il y a en vérité beaucoup d'élément dont la phraséologie politique slave peut se servir pour opposer au *Tergeste* romain un antérieur *Trst* carno-slovène et supposer le celtique préromain de la Julie mélangé de Slaves. Ce sont des questions oiseuses et d'une douteuse portée scientifique. Nous dirons plutôt avec Bartoli (Lettere Giuliane N. 19) que l'histoire en général mais surtout l'histoire ethnographique de toute la haute Italie avant la conquête romaine, n'est que de la *préhistoire*.

Commençons donc à parler d'histoire à partir de la conquête militaire et de la colonisation romaines inaugurées dans la Julie au IIme siècle après J. C. Au moment de la dissolution de l'Empire d'Occident la région apparaît latinifiée. Il est certain que les langues juliennes néo-romanes (le frioulan et puis les vieux dialectes de l'Istrie et de Trieste) dérivent de cette latinité mélangée avec des restes linguistiques antérieurs. Le dialecte vénitien se greffe sur tout cela, conséquence naturelle de l'immigration et de l'hégémonie politique vénitienne.

C'est le processus-base de l'italianité actuelle. Mais un autre processus se développe à côté, bien plus fragmentaire et laborieux. C'est l'évolution du slavisme actuel julien.

J'ai déjà mentionné les origines plus que millénaires du slavisme et de ses vicissitudes dans la Julie goricienne. Pour l'Istrie, il y a des historiens slaves et allemands qui préten-

dent qu'elle fait partie dès le VIIme siècle d'organisations politiques slovènes ou croates bien incertaines et aux frontières
rien moins que documentées. Cette thèse ne peut se défendre
sur la base de documents. Par contre, nous avons toute une
documentation très riche et convaincante dont on peut conclure
que le caractère national et la constitution politique romano-
byzantine ont duré dans les villes istriennes et dans leur territoire (y compris Trieste) jusqu'au delà du VIIIme siècle. Mais
les Italiens ont une tendance prononcée à prolonger dans les
siècles bien au-delà de la réalité l'image d'une Istrie solidement
néo-romane et dans laquelle les Slaves ne font qu'apparaître de
temps à autre comme brigands ou pâtres, importés ou infiltrés,
sans laisser d'autres souvenirs que de violences ou de pillages.
L'arrière-pensée de ces affirmations est trop évidente.

Benussi lui-même, l'auteur du plus grand ouvrage historique
istrien (Nel Medio Evo, 1897) ne cherche-t-il pas à séparer
complètement la première présence documentée des Slaves en
Istrie (800 après J. C.) des descentes postérieures ? Ne cherche-t-il pas à prouver que les Slaves descendus jusqu'au XIIme
siècle de la Carniole en Carsie n'ont pas été même remarqués ?
Et que le caractère national romain a continué sans altérations
en Istrie jusqu'au XIXme siècle ? Cependant, le même historien
est obligé de signaler des noms de villes slaves dès le XIme
siècle, le nom de Via Sclava entre Parenzo et Pisino dans un
acte de 1030, un *Zupan* (chef de commune rurale) dans la région de Pisino dans un document de 1199 etc etc. La ville Lon-
gera près Trieste est appelée *Villa Sclavorum* dans un document de 1213 ce qui fait audacieusement dire à un historien que
les *autres* localités des environs de Trieste n'étaient encore au
XIIIme siècle habitées par des Slaves. Quoi qu'il en soit, le fait
est certain : à partir de 1400 le territoire actuel de Trieste est
occupé par les Slaves et par des éléments valaches slavisés.
La commune de Trieste a favorisé elle-même cette immigration.

Entre les deux tendances historiques politiques (slave et italienne) une ligne diagonale nous livrera peut-être la vérité :
elle nous dit (v. Kandler et d'autres articles non suspects de
tiède italianité : Pagine Istriane IIme année p. 110 Archeografo
Triestino serie III vol. IV p. 135) qu'une pénétration slave dans
l'Istrie historique des régions limitrophes et liburno-dalmates,

documentée dès l'année 800 après J. C. s'est poursuivie sans solution de continuité aux X, XI, XIImes siècles. Causes : des raisons primordiales, comme par exemple la recherche de terrains meilleurs, la tendance vers la mer etc. Cette immigration fut favorisée par le féodalisme, qui préférait l'élément slave, plus malléable, à l'élément roman et autonomiste des villes contre lequel le féodalisme lutte et auquel il enlève le territoire communal. C'est vers l'an mille que les campagnes de l'Istrie commencent à se peupler de pâtres, puis d'agriculteurs slaves qui peu à peu forment la commune rurale et entourent le château féodal ou la petite ville perchée sur la colline ou étendue en demi-cercle au bord de la mer. Cette immigration peuple de Slovènes le territoire triestin et l'Istrie septentrionale et de Croates l'Istrie moyenne et orientale (territoires de Pisino, Pinguente, Portole, Albona etc). Ces immigrations sont émiettées. Il est difficile d'en fixer les frontières particulières topographiques par suite d'une confusion des dialectologies et de l'influence des langues néoromaniques sur les Slaves habitants de ces régions. Néanmoins cette influence est bien faible, puiqu'elle n'arrive pas jusqu'à l'assimilation malgré le travail des siècles. Nous le verrons beaucoup mieux plus tard.

Le slavisme s'affirme donc en Istrie dès le Moyen-Age comme un élément agricole sédentaire. Il occupe les localités abandonnées par les populations romanes. Et c'est ce qui explique la fréquence des racines toponomastiques latines dans des pays actuellement slaves. En 1349, le processus s'est développé à un tel point que Venise, maîtresse de presque toute l'Istrie maritime, se voit obligée de créer un Capitaine des Slaves « pour les surveiller et les protéger ». Malgré ces faits si évidents, la phraséologie nationaliste continue à traiter le slavisme istrien d'une importation artificielle et postérieure de la République, qui, notoirement, procède au XVme siècle à des colonisations étatiques. Mais ces colonisations qui se poursuivent jusqu'au XVIIIme siècle ne furent que des importations d'éléments plus pastoraux qu'agricoles et ils n'étaient pas tous slaves. Venise avait tout intérêt à repeupler les campagnes qui eurent tant à souffrir des guerres et des épidémies. Ces colonisations n'eurent cependant rien de commun avec le mouvement ethnique préexistant.

[39]) Stradner calcule que de l'an 1000 à l'an 1400 le sixième de la population était déjà slave. Les proportions empirent rapidement pour les Italiens à la suite des épidémies (31 épidémies en Istrie entre 1200 et 1500 ; à Trieste 10 ans de peste entre 1502 et 1558) et des colonisations étatiques. Les misérables centres urbains se réduisent à des chiffres invraisemblables : Parenzo en 1580 est réduite à 300 habitants. Pola en 1600 est un village malarique. Vers la fin du XVIIme siècle, l'Istrie orientale et centrale est presque entièrement slave. Les Slaves arrivent même jusqu'au rivage occidental.— Ils y sont toujours. — Ils s'enfoncent en coin entre les petites villes istriennes presque dépeuplées.

Les 400 habitants de la ville de Pola du XVIIme siècle sont devenus 40.000. Ils sont encore en majorité italiens. Mais cette majorité est le résultat d'une immigration régionale ou vénitienne (surtout vénitienne après 1866) et d'une assimilation qui est en train de s'arrêter tout comme à Trieste, à la suite des mêmes causes.

[40]) Le journal « Il Piccolo » (22 janvier 1911) — dans un article concernant les diocèses épiscopaux — a dû aussi reconnaître cette physionomie nationale de la région julienne dès 1830. Le premier recensement sérieux de la ville de Trieste (1735) nous donne 3865 citadins (c'est-à-dire italiens ou italianisés) contre 3385 villageois (slaves). En 1842, l'enquête de Kandler aboutit au résultat suivant : 53.000 Italiens, 21.000 Slaves (dont 7000 dans la ville). Les candidats pour l'emploi de médecin de l'hôpital de la ville doivent connaître « une langue slave ». (Avis officiel du 23 juillet 1848) preuve de tolérance nationale et aussi de l'ignorance de la langue italienne chez les populations de la campagne. Dans la vie de l'église, le slavisme occupe une place bien plus importante. « L'église — nous dit encore Kandler — ne fit jadis aucun usage de la langue italienne, car tout le monde était persuadé que ce peuple est slave. » Primus Truber, le Luther slovène, [1] prêcha en slave à Gorice et peut-être aussi à Trieste. *(Primus Truber's Briefe, Tübingen,*

---

[1]) Voir l'ouvrage de M. Krek — *Les Slovènes,* Paris, F. Alcan, 1917. (Note du Traducteur)

1897). Une lettre patente de Marie-Thérèse mentionne les sermons slaves dans les églises de Trieste. Voir encore chez Kandler les nombreux exemples de la vie nationale slave à Trieste, reconnue par les autorités municipales. Il mentionne dans son ouvrage « Istria » une école bilingue d'agriculture . Il cite le slave comme une langue absolument nécessaire aux Italiens de Trieste (ce qui jadis était moins vrai qu'aujourd'hui). Il déplore l'absence d'une école slovène à Trieste, alors que les Serbes en ont une etc. Il admet un certain degré de civilisation chez les Slaves entre le IXme et le XIVme siècles. Mais — ajoute-t-il — cette civilisation par crainte de schismes religieux fut enrayée dans son développement. Il fait allusion à la Réformation qui aurait apporté un regain de vitalité aux Slovènes et qui, bien au contraire, fut pour les Slaves du Sud un désastre.

[41]) Windischgrätz s'empare de Prague, soulevée avant Vienne (juin 1848). Mais l'action générale du slavisme de 1848 aboutit au triomphe du centralisme absolutiste. Les nations opprimées par d'autres nations, les nations « sans histoire » sont — sauf une — toutes slaves. Elles ressentent la pression locale plus que la pression centrale. Le centralisme absolutiste exploite tous les réveils nationaux slaves à son propre avantage ; les Croates contre les Magyars et contre les Italiens, les Tchèques contre les Allemands, les Ruthènes contre les Polonais. Et il est le vainqueur. Le slavophobe Stadion, qui de gouverneur de Trieste devient gouverneur de Galicie, est accusé d'avoir « inventé » les Ruthènes ! Or ce n'est toujours que le même phénomène, en Galicie comme dans la région julienne : le réveil du peuple de la campagne. En 1849, à Kremsier, lorsque les nations « historiques », affaiblies elles aussi par le centralisme, n'excitent plus aucune crainte, le slavisme devient fédéral. Palacky l'historien et l'homme d'Etat tchèque, propose le partage national de la monarchie en sept royaumes (il y a aussi une Autriche italienne représentée par le Trentin mais sans la Julie). Le coup d'Etat du 4 mars, organisé par Bach et par Schwarzenberg, en opposition avec la politique libéralisante de Stadion, fait tout avorter.

[42]) Des sources slaves font remonter la première demande d'écoles slovènes à Trieste à l'an 1848 ; je n'en ai trouvé aucune mention dans les mémoires de l'époque. Pour trouver des tra-

ces de la vie intellectuelle slovène formée et continue à Trieste, il faut arriver à 1861, c'est-à-dire au moment où, aussi, une vie intellectuelle italienne s'affirme définitivement. En effet, la *Citalnica* (société de lecture) célébra en 1911 son cinquantenaire. En 1867 existe déjà à Trieste un journal hebdomadaire slovène *Primorec.*

[43]) Une assemblée de représentants slaves du sud convoquée à Zagreb en septembre 1860 fixa à la rivière Arsa (frontière romaine) les limites de la Slavie du Sud. C'est donc la seule ville d'Albona appartenant à l'Istrie historique, qui est englobée dans les revendications territoriales des Yougoslaves. La Diète de Croatie en février 1861 n'a revendiqué que la Dalmatie et la ville de Fiume. Vœux platoniques assurément, mais qui indiquent une incertitude quant à la potentialité et aux intérêts du slavisme aux confins méridionaux.

[44]) Le règlement électoral voté par la majorité italienne de la Diète en 1908, reconnaît, en substance, l'entité réelle du slavisme istrien ; en effet, la campagne où la lutte entre les deux races se poursuit avec vivacité a été incorporée aux circonscriptions électorales slaves. C'est seulement grâce au système autrichien des curies, système dont la clef de voûte est la propriété foncière, que les Italiens disposent encore d'une faible majorité (sur 44 sièges 25 sont occupés par les Italiens et 19 par les Slaves). Malgré cela les Italiens contestent obstinément aux Slaves l'égalité linguistique, c'est-à-dire l'égalité de traitement pour les discours et les actes slaves et italiens. Ils se retranchent derrière des difficultés pratiques, l'ignorance de la langue slave de la part des Italiens, en se gardant bien d'excuser l'ignorance de l'italien de la part des Slaves etc. On sacrifie, malheureusement, toujours le fond à la forme. Car il est probable que les députés parleraient plus souvent l'italien si leur droit de parler en slave n'était contesté. Les Slaves citent d'autres provinces où l'égalité de la langue est acquise aux minorités dans les Diètes (p. ex. aux Italiens à la Diète d'Innsbruck, aux Slovènes aux Diètes de Styrie et de Carinthie etc).

[45]) Il y a cependant des moments fugitifs de « détente » comme le souvenir d'une bonhomie à tout jamais passée. En 1876, des combattants du théâtre insurrectionnel herzégovien passent

à Trieste. Il y a des Italiens et des Slaves : Facella, Cesari (un garibaldien) Glioubibratitch, le chef des insurgés. Trieste leur fait un accueil magnifique italo-slave. Un slave dit à Glioubibratitch en slave : « Ce peuple sans distinction de nationalité fête ton arrivée ». Un Italien le salue au nom de la démocratie. Le journal « Il Nuovo Tergesteo », l'organe du néo-libéralisme, se fait saisir pour un article de protestation contre la déportation de Glioubibratitch à Linz. Mais c'est un épisode passager. En 1878, l'explosion irrédentiste et ses répercussions en Julie poussent les Slaves à en profiter. A une assemblée, qui a lieu à Dolina tout près de Trieste, les Slaves juliens renouvellent leurs déclarations de loyalisme dynastique et s'insurgent contre les tendances séparatistes. C'est une arme dont ceux-ci se serviront bien souvent et avec succès.

[46]) « Allez à Laibach, à Zagreb, chez vous. » « Nous voulons être les maîtres chez nous. » Ce sont les expressions habituelles de cet état d'âme. Mais le mal, c'est que « notre » maison a été et est en réalité la maison commune et les locataires des mansardes ou de l'entre-sol ne pourraient déménager même en le voulant. Les habitants de l'étage noble seraient les premiers à les empêcher de partir car ils ont besoin de leurs services.

[47]) C'est l'opinion courante des historiens. L'école sociologique de Gumplovitz ne voit pas des aristocraties nationales, mais des conquérants étrangers. Gumplovitz insiste sur cette thèse pour les Serbes et les Croates. Quoi qu'il en soit, le fait est que les Tchèques, les Croates, les Serbes et les Bulgares sont arrivés à fonder des organismes étatiques indépendants, mais les Slovènes jamais. Ce trait négatif de son histoire aura une répercussion permanente sur le slovénisme.

[48]) Le slavisme julien participe aussi au mouvement de la Réforme. Etienne Consul, un Slave de Pinguente, est parmi les plus actifs coadjuteurs de Truber, aux côtés des autres prêtres de la région julienne (Croco, Nucli, etc.) ; et Vergerius, le célèbre schismatique de Capodistria, aide Truber dans l'entreprise d'imprimer la traduction slovène du Nouveau Testament ; preuve de cette absence complète d'esprit national qui caractérise aussi le régime de Venise (grande usine typographique de missels paléo-slaves). Cela n'empêche pas l'assimilation d'agir

également ; mais peut-être l'aide plutôt... Pour l'influence nationale de la politique anti-féodale thérésienne et joséphine, surtout sur les Tchèques, cf. Bauer *Op. cit. p. 188* et suiv.

[49]) Loin d'être tout récemment inventée, comme le voudrait la phraséologie des pseudo-politiciens, la langue slovène a un passé et même très ancien : deux philologues de renommée mondiale : Kopitar et Miklositch (tous les deux Slovènes) prétendent que le paléo-slave, c'est-à-dire la langue savante et ecclésiastique, la langue des apôtres slaves du VIIIme et du IXme siècle était la langue slovène. D'autres, la rattachent au bulgare. Le professeur Courtenay de l'Université de Pétrograde appelle le slovène la mère de toutes les langues slaves. Quoi qu'il en soit, le noyau de la langue actuelle littéraire est déjà formé au XVIme siècle, du temps de la Réforme et de Truber qui peut être considéré comme le fondateur de la langue littéraire slovène. A partir de la moitié du XIXme siècle nous assistons à un travail de résurrection et non de création. On dégage le pur métal de la langue d'un amas confus de scories dialectologiques. On tend à la débarrasser des idiotismes allemands et italiens et à les remplacer par des formes slaves, empruntées à la littérature sœur, serbo-croate. D'où encore certaines dissonances entre la langue écrite dans les centres où les Slaves subissent l'influence italienne (Trieste) et ceux qui se rapprochent du croatisme et qui s'en servent pour combattre les influences délétères allemandes (Laybach). La morphologie et la syntaxe sont fixées depuis bien longtemps. Les voyelles sont assez rares dans le slovène. Par contre, il y a excès de demi-voyelles et de consonnes. Les oreilles latines en sont blessées et ce n'est pas la dernière des raisons du sentiment de répugnance et de mépris que les Italiens ont pour le slovène. La cantilène croate que les Dalmates — soumis à l'influence ethnique croatisante — ont transposé dans leur italien est beaucoup moins âpre. Le slovène et le serbo-croate (qui diffèrent entre eux comme l'italien et l'espagnol) sont deux langues très développées (p. ex. le dual, richesse synonymique, le verbe imperfectif, les nuances de pensée etc). D'autre part elles le sont moins (p. ex. presque identité morphologique entre l'imparfait, le parfait et le plus-que-parfait).

La littérature des Serbes et des Croates est plus ancienne et plus glorieuse. Le serbisme peut faire remonter sa renaissance littéraire du XVIme siècle à la renaissance italienne (école ragusaine). Le premier grand poète slovène est Presiren (1800-1849), poète lyrique, épique et satyrique. Après lui, la vie littéraire n'a fait que de se développer et produire des fruits abondants ; seulement les œuvres slovènes ne dépassent pas le cadre étroit national. La cause en est plutôt dans la déplorable situation politique et dans la structure sociale de la race que dans la valeur intrinsèque, qui est loin d'être négligeable. L'idée d'adopter pour langue littéraire le serbo-croate compte des partisans, mais elle est reléguée au second plan, du moins jusqu'à ce qu'un futur Etat yougoslave ne l'impose officiellement.

[50]) Il suffit de feuilleter au hasard le « Guide » de Trieste pour rencontrer une énorme quantité de noms slaves de gens italianisés dpuis deux ou trois générations. Italianisation artificielle — dit la phraséologie nationaliste slovène — mais elle non plus ne tient compte de la réalité. Je dirais, au contraire, que l'étendue et l'intensité du phénomène prouvent à souhait son caractère spontané. La campagne artificielle pour donner au phénomène un caractère de continuité ne commence que maintenant.

[51]) Les indications relatives aux illettrés, dans le dernier recensement (1910), se trouvent encore à l'état d'élaboration. Il faut espérer que la civilisation italienne dans la région julienne en sortira moins compromise ; peut-être sera-ce justement la lutte nationale scolaire qui y aura contribué, bien que, comme nous le verrons, les critériums qui la dominent souvent ne coïncident pas avec les besoins intellectuels les plus urgents de la nation. Il est frappant que dans la région goritzienne, par exemple, le pourcentage des illettrés âgés de plus de six ans dans le district presque entièrement italien de Gradisca (31,66 %) est supérieur à celui du district entièrement slovène de Tolmin (28,67 %) et plus encore à celui de l'autre district tout aussi slovène de Sesana (21,98) ; il est de même frappant que le pourcentage de tous les illettrés à Trieste oscillait de 14,70 et que la moyenne était de 24,87 %. Et ici, comme excuse, on peut invoquer l'immigration surtout maritime de la Dalmatie, laquelle comptait 72,63 % d'illettrés parmi les gens de plus de six ans. Mais avec la Dalmatie, la Galicie et la Bukovine, l'Istrie partageait aussi le triste record des maximums d'illettrés (60,08 %). Et si les Croates istriens y participaient par le chiffre énorme

de 74,1 % les Italiens enregistraient le non moins triste chiffre de 49,1 %.[1] Le district de Pisino (slave en majorité) avait encore en 1900 77,29 % d'illettrés âgés de plus de six ans ! Ceux de Parenzo et de Capodistria (mixtes) en avaient 65,27, et 54,46 % tandis que Trente et Rovereto (villes) en avaient seulement 4,19 % ; Prague 1,80 Linz 1,71, Vienne 4,27% etc.

Ces chiffres nous donnent probablement le « pourquoi » secret de tant d'espoirs manqués ; ils nous montrent une culture italienne, beaucoup plus phophorescente au sommet que répandue aux bases de la nation, très mauvaise maîtresse de la civilisation, et par conséquent de faible irradiation sur les alliés et sur les étrangers. Certainement le croatisme peut faire porter la responsabilié de son instruction arrièrée en partie sur les Italiens et les Magyars (66 % d'illettrés en 1900, aussi parmi les Croates de la couronne de St-Etienne). Mais les Slovènes doivent peut-être un peu à l'exemple voisin de l'école allemande la conquête de la première place, après les Tchèques, dans les statistiques de la culture slave (Polonais. 51,4 % d'illettrés ; Ruthènes 80,1 % ; moyenne générale de l'Autriche : 24,4 %). Tout cela naturellement n'empêche pas les perroquets du nationalisme de répéter, presque toujours, par ignorance, la ritournelle de la « barbarie » slave opposée à la civilisation latine, etc., etc. Mais ce qui est insuffisant (autant en Istrie qu'en Carniole) ce sont les écoles primaires supérieures (à 8 classes), tandis que les écoles à un instituteur (écoles d'une classe) y sont trop nombreuses.

[2]) La société scolaire qui porte le titre de Société des Saints Apôtres slaves Cyrille et Méthode a été fondée en 1885. Elle a initié sa campagne avec 55 groupes répandus en Carniole, en Carinthie, en Styrie, et en Julie. Elle ne comptait au début que 90 élèves et un revenu de 12.000 couronnes. Elle compte aujourd'hui 197 groupes (dont 9 à Trieste) avec 19.000 membres (dont environ 2000 en Amérique et 1811 à Trieste) 2919 élèves et 141.700 couronnes de revenus. Son capital se chiffrait à la date du 21 décembre 1910 à 963.000 couronnes. Deux legs l'ont augmenté, en une seule année de 650.000 couronnes (un legs de 180.000 et un autre de 400.000). Tout récemment un Slovène léguait 100.000 couronnes pour la cause nationale dont 60.000 pour la « Cyrille et Méthode ». Le patrimoine de la société est peut-

être un peu supérieur au patrimoine de la société italienne, « La
Lega Nazionale ». Il s'agit en l'espèce d'une société *scolaire slovène*. La « Cyrille et Méthode » croate est tout à fait indépendante de l'autre. Son activité s'étend aussi sur l'Istrie. N'oublions
pas encore ceci : alors que le cléricalisme protège la « Lega Nazionale », la « Cyrille et Méthode » est battue en brèche par les
cléricaux slovènes qui ont fondé une autre société scolaire, cléricale (Nasa Straza : « Notre Sentinelle »). Malgré cela, la Cyrille et Méthode comprend 1000 membres qui se sont obligés à
verser dans la caisse sociale 200 couronnes par personne. D'autres sociétés existent encore pour la diffusion de livres, de brochures et par exemple la célèbre société de Mohor (St. Herma-
gore), société cléricale qui répand parmi les prolétaires slovènes
6 volumes par an. La cotisation annuelle est de 2 couronnes. Il y
a la« Matica Slovenska » (société littéraire) etc. etc.

⁵³) Il y a eu des Slaves qui se sont exprimés dans un sens
pessimiste au sujet de l'avenir des Slovènes, mais ces sombres
prophéties ont été démenties par de nombreuses preuves de vitalité. Carl Marx lui aussi — il y a environ soixante ans — a pu
croire que les Tchèques seraient absorbés par les Allemands !

⁵⁴) L'usure atteignait en Istrie des proportions incroyables,
surtout avant la fondation de l'Institut de Crédit foncier, louable
initiative italienne, qui pourtant ne peut arriver jusqu'aux paysans. On m'a assuré que dans les registres d'hypothèques il y a
des traces d'hypothèques pleinement garanties sur des terres
d'enfants mineurs, même au taux de 16 % ! ! Et il ne s'agit pas
des temps préhistoriques, mais d'il y a une vingtaine d'années.
Cela aussi, comme le nombre d'illettrés, explique beaucoup de
choses. Cela explique par exemple, pourquoi aux premières
tionnelle des Italiens le fait de ne pas bien traiter les paysans. »
slaves du territoire de Parenzo le bruit que la victoire de leur
candidat aurait pour conséquence la destruction des registres
d'hypothèques ; pourquoi ces paysans vinrent en groupes armés
aux portes de la ville pour surveiller les opérations électorales,
et pourquoi il y eut alors, et aussi plus tard, de sanglants conflits, des actes de sabotage agricole (destruction des vignes),
etc., etc. La critique nationaliste régionale se borne ici aussi à
une phraséologie superficielle, mais le fond du conflit n'échappa
pas à l'œil perçant de Pasquale Villari (cfr. *Discussioni critiche,*

discours d'inauguration des Congrès de la « Dante Alighieri »,
p. 329,480 et 525) bien que lui aussi, pressé par les nécessités du
milieu, ne puisse en tirer aucune conclusion quelque peu réaliste
sur le conflit julien. Villari appelle « faute historique et traditionnelle des Italiens le fait de ne pas bien traiter les paysans.
Ce n'est peut-être pas seulement une faute des Italiens : on voit
partout que ceux qui sont économiquement les plus forts oppriment les plus faibles.

[55]) Ascoli (*Gli Irredenti,* Nuova Antologia Vol. VIII) reconnaît que « les recensements autrichiens, pour autant qu'ils dépendent des bureaux de l'Etat, son sincères et bien organisés.
Les illégalités doivent être mises à la charge des Conseils municipaux. »

[56]) Le droit à une école primaire est acquis, d'après la législation scolaire autrichienne, là où les parents d'au moins 40 élèves en réclament une, lorsque l'école la plus voisine est éloignée
de plus de 4 kilomètres. Cette règle, qui n'a rien à voir avec la
langue d'instruction, est appliquée par la jurisprudence aux écoles destinées aux minorités nationales. On restreint ainsi la foi
fondamentale relative aux droits des citoyens qui (art. 19) ga-
rantit à chacun les moyens d'instruction dans sa propre langue,
ne le contraignant d'aucune façon à apprendre celle des autres. Il va de soi que le critérium kilométrique, appliqué à une
ville comme Trieste, qui possède déjà des écoles slovènes dans
la banlieue, annule en effet le droit des élèves slovènes, citadins,
à une école nationale même, dans le cas où ils obtiendraient,
ce qui paraît impossible, la majorité sur les Italiens ; car s'ils
étaient 10 ou 100 ou 10.000 ils continueraient toujours à avoir
dans la banlieue, une école éloignée de moins de 4 kilomètres.
Les décisions du Tribunal de l'Empire, qui ont jusqu'ici approuvé
le refus par la commune, sont probablement dues avant tout à la
crainte de créer un précédent qui pourrait être invoqué par les
Tchèques de Vienne, bien que la position nationale de ceux-ci
soit en réalité assez différente de celle des Slovènes à Trieste ;
car aux Tchèques attirés à Vienne par les avantages de la capitale, font défaut la continuité avec le gros de la race et, par
conséquent, les caractéristiques d'indigénat qu'on ne peut nier
aux Slaves de la région julienne. En effet, une décision très
discutée de 1904 ne reconnut pas pour ces motifs l'obligation

pour la commune de Vienne d'ériger des écoles pour les Tchèques, et à présent la Diète de la Basse-Autriche voudrait même codifier, comme celle de Trieste l'avait tenté en son temps, le monopole de la langue d'instruction allemande dans toute la province dont Vienne est le chef-lieu. Il est toutefois peu probable que cette loi (la fameuse *lex Axmann)* arrive jamais jusqu'à la sanction suprême ; le slavisme est trop fort et les gouvernements autrichiens préfèrent naviguer dans les eaux variables des « décisions » des cours administratives suprêmes qui ne sont pas obligées d'être toujours de la même opinion. A Trieste aussi, la politique du Gouvernement a jusqu'ici doublé le cap en payant de ses deniers quelques instituteurs (10 sur 35) des écoles de la Société St-Cyrille et Méthode, dont la municipalité était demandée par les Slovènes. Je dis « était demandée » car depuis quelque temps ils exigent l'étatisation, logiquement plus conforme à l'idéologie nationaliste, aussi bien slovène qu'italienne ; je ne dis pas aux intérêts italiens réels qui exigeraient plutôt que toute l'instruction slave fût administrée par la Commune et qu'il y eût un enseignement obligatoire large et sérieux de l'italien, langue de la majorité et, par conséquent, indispensable aux écoles destinées à la minorité nationale. L'intervention de l'Etat (qui au fond tire l'intransigeance italienne d'embarras) est considérée, officiellement, comme une preuve de la partialité du gouvernement en faveur des Slaves.

[57]) La soi-disant population scolaire (c'est-à-dire de 6 à 14 ans période de l'instruction obligatoire à Trieste) — correspond à environ un septième de la population totale ; mais en réalité, pour des raisons diverses, dont l'inobservation trop fréquente de la loi n'est pas la dernière (en 1907-1908 il y avait à Trieste 12,7% d'enfants qui ne fréquentaient pas l'école bien qu'obligés à le faire, tandis qu'en Carniole il y en avait 2,6 %), la population scolaire effective monte à présent à 10 % environ de la population totale. Les 60.000 Slovènes ne devraient donc donner plus de 6000 élèves d'écoles primaires ; ils en devraient plutôt donner moins puisque dans leur structure sociale à Trieste ce sont les célibataires (ouvriers et domestiques) qui dominent. Or, les élèves des écoles communales slovènes étaient (1909-10) au nombre de 3790 ; dans les écoles d'Etat allemandes il y en avait environ 900 qui se déclaraient Slovènes ; ces élèves, unis aux 1500 des écoles de la Société St Cyrille et Méthode, dépas-

sent les 6000. Et il faut remarquer qu'une partie de la population scolaire, celle de plus de 10 ans, entre aussi dans les écoles secondaires et que dans les faubourgs et dans la banlieue il y a des sections et des écoles autonomes italiennes, fréquentées largement par des enfants qui chez eux parlent le slovène, destinés à rester Slovènes ou à devenir Italiens, selon leur destin, qui certainement n'est pas formé par les quelques années d'instruction. La question relative à la langue parlée dans la famille qu'on pose lors de l'inscription dans les écoles communales, donne pour les écoles de la ville une proportion insignifiante de ceux qui parlent le slave ; mais cela n'est pas toujours concluant ; souvent (c'est un instituteur, qui n'est plus jeune, qui me l'a confirmé) la prononciation et la lenteur des progrès, fait reconnaître des Slovènes même parmi ceux qui s'étaient déclarés Italiens. Que conclure de tout cela ? Que le noyau slovène actuel à Trieste est supérieur même au chiffre du recensement « revisé » ? Dans ce cas seul, l'école italienne pourrait encore contribuer à l'assimilation, bien que moins largement et moins efficacement qu'on ne le croit ; la rue, surtout pour les fils des prolétaires, est malheureusement, de beaucoup plus assimilatrice que l'école à Trieste.

[58]) Carnizza, Marzana, Barbana (cette dernière localité même avant 1848) par exemple avaient des écoles italiennes ; toutes ces localités sont restées complètement slaves. En 1880 encore (Procès verbaux de la Diète d'Istrie, p. XLIX) un rapport officiel du comité exécutif de la Diète parle d'« écoles dont les écoliers sont presque tous ou uniquement slaves avec l'italien comme seule langue d'enseignement. »

[59]) Un exemple pour l'illustration de ce fait : A Castelvenere (district de Pirano, Istrie) l'école publique italienne existe depuis 1869. Les Slovènes qui représentaient dans le recensement de 1880 la *totalité de la population* avaient disparu de la statistique en 1900 et ils ressuscitèrent très nombreux en 1910 et aux élections politiques de 1911 !

Il est bien possible que l'école ait contribué à l'italianisation très récente de Lussinpiccolo — ville (île du Quarnero) qui toutefois n'appartient pas à l'Istrie historique, port d'un hinterland (îles de Lussin et de Veglia) purement slave. A la propagande scolaire il faut ajouter à Lussinpiccolo la mer qui est un véhicul assimilateur de premier ordre. Mais je ne sais pas si on peut appeler définitive la néo-italianité des côtes de Lussin !

[60]) Le plus grand effort assimilateur est fourni par la « Lega Nazionale » dans les zones hybrides istriennes. Sur 27 écoles de la « Lega » (en 1911) 19 se trouvent en Istrie et précisément 10 sur territoire slave et qui est déclaré tel par la réforme électorale de la Diète. Dans ces zones de la campagne toutes les écoles de la « Lega » exercent leur propagande parmi les enfants slaves, pour les arracher à l'école publique ou privée nationale. Les résultats sont bien douteux. Trop d'écoles italiennes surgissent en des localités purement slaves où les tentations d'assimilation sont vouées à un échec certain (par exemple Carcauze, Bercaz, Sossich St. Jean de Sterna, Sdregna etc.). A Castelnuovo d'Arsa (près Dignano) la « Lega » dut se retirer devant la « Cyrille et Méthode » qui dispose en Istrie de 38 écoles fréquentées par 3200 élèves (les écoles de la « Lega », en 1910, n'en ont que 1200 environ). Toutes les écoles slaves se trouvent en des endroits ou complètement slaves ou en majorité slaves. La « Cyrille et Méthode » pour l'Istrie croate fut fondée en 1893. Son patrimoine se chiffre à 360.000 couronnes, les contributions en 1910 à 186,244 couronnes.

[61]) Ascoli, toujours serein et impartial, écrivait à un ami :
« Quant aux subsides du Royaume destinés aux Italiens d'Autriche, je suis complètement d'accord avec vous : les refrains contre le « Schulverein allemand » et contre la « Cyrille » sont ridicules. La société slave ne veut qu'une seule chose : que les Slaves se sentent slaves ! » (Ricordo del VIIe Congresso della Lega Nazionale ad Arco 1900).

[62]) Il ne faut pas confondre celui-ci avec le paysan habitant dans la ville (presque toujours d'origine néo-romaine ou dans les manoirs ou bourgades où il est souvent, plus ou moins récemment, mais définitivement italianisé (par exemple Verteneglio, Torre, Visignano, en partie Visinada, etc). Parenzo, Rovigno, Dignano etc sont des villes du type italien méridional ; leurs habitants sont en majorité des paysans, des petits propriéaires qui travaillent depuis l'aube jusqu'à la nuit dans la campagne et se rencontrent dans les champs avec le paysan slave, normalement (sauf pendant les périodes de surexcitation élec-

— 254 —

torale) sans dispute avec lui. Ils auraient plutôt des intérêts et
des pensées communs : en 1897 (premières élections de la Vme
curie) un manifeste lancé par le nationalisme slave exhortait les
agriculteurs de la ville à voter avec leurs « frères » de la campagne. Le paysan italien de l'Istrie n'a pas de conscience nationale. Il a tout au plus des sentiments régionaux (« istriotes »).
Au fond, il est austrophile et très religieux, donc accaparé par
le cléricalisme qui, avec ses prêtres issus eux aussi de la glèbe
ou se trouvant en contact continu avec elle, peut beaucoup mieux
que le libéralisme (le parti détesté des « signori » détestés), gagner la confiance du paysan, et cela souvent par une attitude
démagogique : le vote de plusieurs centaines de paysans Italiens
authentiqués de Rovigno et de Dignano, en faveur du candidat
slave plutôt qu'en faveur du « libéral » italien, au scrutin de
ballotage des premières élections au suffrage universel (1907)
est caractéristique. Avec cela ils ont contrevenu même au mot
d'ordre des chefs qui leur avaient dépeint le candidat « libéral »
italien avec des couleurs anti-catholiques trop vives. Aux dernières élections, en 1911, ces mêmes paysans reportèrent, dès le
premier tour de scrutin, leurs voix sur un candidat de compromis, libéro-clérical ou vice-versa. On trouve aussi une psychologie à peu près identique parmi les paysans frioulans. Il est vrai
que la classe paysanne est encore « anationale » dans beaucoup
de régions de l'Italie.

[63]) Exemple : Ce qui se produit parmi les habitants des campagnes dans le triangle Buie-Umago-Cittanova. La population est,
au fond, probablement slovène, mais d'une hybridité si accentuée que Kandler et Combi demandaient si elle était slave-italia-
nisée ou italienne-slavisée ; jusqu'en 1910, elle passait dans le
recensement pour presque entièrement italienne. A Mattarada
(l'un des gros centres du triangle, à quelques kilomètres d'Uma-
go) il y a depuis quelques années une école publique italienne ;
les jeunes gens parlent tous l'italien, entre eux ; souvent aussi
chez eux, avec les vieux ; le recensement de 1900 notait 13 Slaves contre 908 soi-disant Italiens ; aux élections de 1907 le candidat slave obtient une voix : à celles de 1911 : 245 ! Les Slaves renaissent : la Société St-Cyrille et Méthode a érigé récemment à Matterada une école qui compte plus d'élèves que l'italienne. « Des intrigants slaves sont allés jusqu'à suborner ces
populations jusqu'ici pacifiques », etc., etc., dit la phraséologie

nationaliste italienne. Mais il est évident que la propagande slave n'aurait pas réussi si, sous le vernis italien, la couleur nationale originaire n'était restée vive pendant des siècles. Devant ces phénomènes de ténacité ethnique, la responsabilité qu'on fait généralement peser sur l'oligarchie italienne, dominante de 1861 jusqu'à 1900, de n'avoir pas italianisé l'Istrie en répandant l'instruction italienne parmi les Slaves qui alors l'auraient acceptée, est au moins hâtive et sommaire. L'instruction n'aurait pas suffi ; il aurait fallu des « sauts » d'idéologie et d'intérêts que la nature et l'histoire ne font pas.

[64]) R. Timeus (dans la *Voce*, IIme année, No 52) parle même d'Italiens aborigènes penchant vers le slavisme pour des raisons économiques et mentionne la région de Portole ; je ne sais pas s'il y a des Italiens authentiques, au moins en groupements appréciables. Le cas des habitants de Sterna et de Cepich est amusant par ses fluctuations. En peu d'anées ils demandent d'abord l'enseignement en croate, ensuite en italien et puis de nouveau en croate (Procès verbaux de la Diète d'Istrie, 1898, p. 139).

[65]) Il est bien difficile de savoir combien de *Slaves* ont été compris dans les 18.000 voix italiennes, mais il y en a assurément eu plusieurs centaines. La propagande italienne en 1907 et en 1911 s'est adressée aussi aux Slaves des zones hybrides et on peut croire qu'on n'a pas eu partout la main légère. Quant aux Slaves, ils se trouvent dans l'impossibilité d'accaparer les suffrages italiens.

[66]) Voici les derniers chiffres officiels : *Istrie administrative :* Italiens 147,000 Slaves (Slovènes et Croates) 223,000.
Istrie historique : (sauf les districts politiques de Lussin, Veglia et Volosca où le recensement attribue aux Slaves le chiffre de 78.500 et aux Italiens celui de 12,250) Italiens 134,000, Slaves 145.000 (dont 39.000 Slovènes et 106.000 Croates). D'après les statistiques, le nombre des Italiens serait encore supérieur de quelques milliers *au tiers de la population istrienne* comme un journal italien (Idea Italiana, Rovigno 1 juillet 1909) dans un accès de sincérité l'aurait reconnu. Ce qui n'empêche d'ailleurs pas le nationalisme italien de pleurer sur la « multiplication artificielle des Slovènes ». Je pense donc que les dernières statistiques officielles istriennes sont encore beaucoup trop favorables

à l'italianité en Istrie. Je rappelle encore que les îles des Lussini, de Cherso et de Veglia, ainsi que les districts de Castelnuovo et de Volosca (Liburnia) appartiennent aussi à l'ensemble des aspirations unitaires : La Liburnie et l'île de Cherso en outre à l'Italie géographique. Dans la Julie les sensations oscillent : un député istrien, en parlant de la Liburnie l'appelle « ce monstrueux appendice de notre pays ». Mais l'activité de la « Lega » ne se limite pas aux confins de l'Istrie historique et même tout récemment Lovrana a été appelée « notre ville » par un journal italien. Les trois îles furent souvent revendiquées à l'Italie par la phraséologie irrédentiste. D'autre part, pour stigmatiser le réveil slave comme importation étrangère, les avocats, les maîtres d'école etc qui du district de Volosca passent en Istrie, sont considérés comme « venue du dehors » et c'est comme des étrangers que sont considérés les avocats slovènes venus de Sesana à Trieste ou à Gorice de Tolmino ou Caporetto, localités appartenant à la Julie géographique.

[67]) *Procès verbaux de la Diète d'Istrie,* 1883 p. 20 et *l'Istria* (journal de Parenzo) 30 mai 1885. Dans le Frioul aussi le gouvernement soutient les Italiens plus ou moins libéralisants ; cette politique s'accentue plutôt durant la lieutenance de Rinaldini (1889-1897), la bête noire des Slaves qui, enfin en obtiennent la tête.

[69]) Sur onze écoles secondaires de l'Etat dans la région julienne (les écoles normales mises à part) quatre sont allemandes : une (le lycée de Goritz), est aussi allemande, mais avec des classes parallèles d'italien et de slovène, à peine instituées ; cinq sont italiennes (lycées de Capodistria et Pola, « académie » de commerce et école industrielle de Trieste, école navale de Lussinpiccolo) ; l'une est croate (lycée de Pisino). Les Italiens sont traités moins défavorablement que les Slaves, ce qu'on peut expliquer d'ailleurs par la structure économique encore différente des deux collectivités nationales ; mais Italiens et Slaves se trouvent très mal en comparaison des Allemands. Il est vrai, que l'Etat, comme justification de ses écoles allemandes, peut invoquer le chiffre considérable d'Italiens et de Slaves qui les fréquentent. A Trieste, par exemple, les écoles techniques allemandes enregistraient dans la dernière année scolaire 201 élèves qui avaient déclaré comme « langue maternelle » l'italien, 90 le

slovène et 181 l'allemand ; le lycée en comptait respectivement 152, 199 et 182. Les Slovènes ne possèdent pas d'écoles secondaires nationales à Trieste, mais les Italiens en possèdent. Leur large concours aux écoles allemandes est surtout en rapport avec les raisons économico-commerciales ; nous en reparlerons au chapitre IV.

[69]) Ce « bilinguisme » choque surtout la psychologie nationaliste italienne qui, d'une part, se froissait d'être mise au même rang que les Slaves, et, d'autre part, craignait que cette égalité n'eût pour conséquence la disparition de l'italianité. Incohérence du sentiment ! A Pisino où les Italiens comprennent le croate et vice-versa, le « bilinguisme » n'aurait pas même les difficultés matérielles, qui se présenteraient, par exemple, à Trieste. A Pisino aussi, comme il va de soi, le sentiment se nourrit de sucs matérialistes : la propriété (italienne) devine dans la prédominance nationale un moyen ou un soutien de la prédominance économique.

Sur la tardive italianisation de Pisino cfr. Biedermann : *Die Romanen und ihre Verbreitung in Oesterreich* p. 137 note 3. Plus récemment Camillo De Franceschi dans *L'Italianità di Pisino nei secoli diversi (Pagine istriane,* année II) trouvait des germes d'une vie communale italienne dès 1500.

Le croatisme istrien tend de plus en plus vers Pisino, son centre économique et intellectuel aux dépens de la Libournie et surtout de Volosca qui résiste : le lycée d'Etat de Pisino, qui doit subir à présent la concurrence du collège communal de Volosca, était fréquenté (1910) par 187 élèves dont 41 Slovènes et 62 appartenant à l'Istrie historique. A Pisino paraît une revue littéraire et scientifique croate : récemment on y a fondé une société « Pro Coltura » pour le règlement des campagnes, etc., etc. Voir aussi « l'Idea Italiana » du 18 janvier, qui reconnaît les desseins civilisateurs de l'action croate. En réalité, Pisino est le centre économique de l'Istrie intérieure.

[70]) En effet, les projets d'intensifier *ad arte* l'immigration frioulaine à Trieste sont restés jusqu'ici sans résultat. De même les tentatives semblables à l'égard des ouvriers trentins ne paraissent pas destinées à un meilleur succès. L'immigration de la main-d'œuvre est un peu comme l'assimilation ; elle obéit à des facteurs complexes, spontanés. Et puis il n'est pas exact que les

Italiens soient partout exclus ou qu'ils soient une minorité infime pas même parmi les plus bas salariés de l'Etat : Il résulterait, pour moi par exemple d'une statistique privée, que j'ai des raisons de croire exacte, que parmi les soi-disant « officiants », fonctionnaires subalternes de l'Etat, (catégorie intermédiaire entre les garçons de bureau et les fonctionnaires) il y avait à Trieste en 1910, 339 Italiens contre 126 Slaves ; plus on descend, plus augmentent les Slaves ; parmi les garçons de bureau (Staatsdiener), il y avait 1188 Slaves et 522 Italiens ; le plus grand contingent de Slaves est fourni par les employés des Postes et Télégraphes. Parmi les gardiens de la paix, par exemple, il y avait 212 Italiens et 382 Slaves. Les Italiens sont pour la plus grande partie Istriotes. Preuve nouvelle de l'absence des Triestins au concours pour ces emplois.

[71]) Le principal élément slave à Trieste ne vient pas « du dehors » — comme l'affirme la phraséologie nationaliste — mais précisément de la Julie slave de la campagne : sur 178.000 habitants — recensement de 1900 — 139.000 étaient nés dans le littoral, qui s'identifie à peu près avec la Julie et seulement 10.000 en Carniole et 300 en Dalmatie.

Un cas « d'importation », même du dehors de la région julienne, s'est produit récemment lors de l'envoi à Trieste d'à peu près un millier de familles de cheminots dont environ 300 allemandes et 700 slaves, que l'administration des chemins de fer de l'Etat y concentrait par suite de l'achèvement d'une deuxième ligne. Mais si l'administration des chemins de fer de l'Etat avait voulu ou pu prendre des employés nouveaux au lieu de déplacer ceux qu'elle possédait déjà le long de ses lignes parcourant à partir de Trieste, des pays purement slovènes et allemands, elle n'aurait pas pu trouver d'Italiens, au moins à cause des nécessités linguistiques. Ici encore il s'agit plus que d'un machiavélisme diabolique, il s'agit de facteurs extérieurs concordant, si l'on veut, même avec la « raison d'Etat » mais n'étant pas créés par elle. C'est si vrai que les mêmes chemins de fer (du Sud et de l'Etat), qui ont à Trieste de 80 à 60 % d'employés slaves, emploient dans le Trentin (pays dont les villes et les campagnes sont italiennes) des ouvriers italiens ; là les mêmes facteurs qui dans la région julienne font préférer les Slaves, agissent plutôt en faveur des Italiens ; l'Italien, qui baragouine un peu d'allemand, fait concurrence au cheminot allemand, ignorant l'italien, même au-delà des confins linguistiques sur la ligne Ala-Innsbrück, pour les mêmes nécessités du service ; le nombre des employés subalternes italiens sur les chemins de fer du Tyrol allemand est de beaucoup supérieur à celui des Allemands dans le Trentin ; d'où les mêmes lamentations nationalistes sur une « favorisation » de la part du gouvernement. Jusqu'à il y a deux ans s'est produit un essai de mouvement des cheminots allemands, auxquels, dans le service des express, on avait préféré les Italiens pour des raisons linguistiques ; mouvement exploité naturellement par des politiciens. Dans l'armée même les critériums pratiques prévalent sur les théoriques. Les Italiens du Trentin sont versés, probablement en raison d'une méfiance politique, dans les régiments de chasseurs tyroliens, mais après, ceux d'entre eux qui sont nés aux confins linguistiques (Ladins de Fassa et Gardena, Italiens du Haut-Adige) et connaissent les deux langues, sont promus caporaux et sergents de préférence aux Allemands, jouissant de plus de confiance, mais connaissant une seule langue ! On peut s'imaginer le piquant pour les feuilles de chou du nationalisme tyrolien de voir : le *deutsche* commandé par un *wälsche* !

[72]) Le représentant du gouvernement n'eut dernièrement pas de peine à répondre à quelqu'un qui se plaignait que six postes d'ingénieurs d'Etat eussent été confiés à des non-Italiens : aucun Italien ne s'était présenté au concours. Un jeune licencié en droit italien accepté parmi les fonctionnaires de la lieutenance, en reçut des reproches d'un journal du radicalisme. Certes les Slaves, jusqu'à hier exclus des postes supérieurs, avancent vigoureusement : le fonctionnarisme est, comme en France et dans le midi de l'Italie, l'idéal de leur petite bourgeoisie, c'est le rêve des familles prolétaires qui font péniblement étudier leurs fils ; et le Gouvernement, dans la région julienne, considère les Slaves comme plus dignes de confiance et entoure de méfiance même ceux des Italiens qui ne le méritent pas ; dommage causé par le radicalisme, plus ou moins, par ci ou par là, à toutes les nations. Du reste, toutes les bureaucraties nationales en Autriche se plaignent d'être négligées et tendent à exagérer ; les politiciens, il va de soi, font même pis : je rappelle la protestation de l'organe nationaliste italien contre l'avancement d'un juge... polonais qui pourtant était né à Trieste, y ayant acquis droit de cité, et qui n'avait de polonais que le nom ! !

[73]) Les moyennes classes slaves du parti radical sont exposées elles aussi à l'arbitraire du gouvernement. Le journal « Il Diritto Croato » qui fut publié d'abord en italien ensuite en français, à Pola et à Trieste, fut saisi 117 fois en 5 ans. A Laybach, la lutte entre le gouvernement et le nationalisme libéral slovène fit couler du sang (septembre 1908.)

[74]) A une conférence publique composée surtout de prolétaires j'ai entendu un bon bourgeois italien prononcer cette phrase typique : « Ils ne peuvent rien comprendre, ils sont tous Slaves ! » Ils étaient, au contraire, tous Italiens. Le pauvre homme identifiait la blouse avec le slavisme !

[75]) Je m'exprime ainsi parce que le prolétaire slave, lui aussi, tend comme il va de soi, à s'élever au rang de maître-ouvrier ou de maître-artisan ; quelques frottements pourraient donc se manifester à l'avenir dans certaines catégories, dont naturellement le nationalisme ne manquerait pas de profiter. Cependant, ce sont pour la plupart justement les patrons italiens et nationalistes qui détournent leurs employés de l'observation de ces dispositions minutieuses ou leur rendent difficile l'observation de ces dispositions (constitution de syndicats de patrons et d'ouvriers, contrat et examen d'apprentissage, etc.) dont le règlement industriel autrichien fait et fera dans l'avenir de plus en plus dépendre les qualifications d'ouvrier autorisé éventuellement à exercer le métier de peintre, menuisier, boulanger, etc. pour son propre compte. Cfr. les plaintes fréquentes et non suspectes sur l'incurie des patrons triestins dans les *Rapports de la Chambre de Commerce*, de l'*Istituto per le piccole industrie*, de l'*Ispettorato industriale*, etc. L'instructeur des syndicats (fonctionnaire de l'Etat) remarquait récemment au Congrès constitutif de l'Assemblée des « adhérents » (ouvriers) au syndicat des peintres, qu'en 1910, en Carniole, 206 apprentis passèrent l'examen d'ouvriers, et dans tout le Littoral seulement 7 % !' Qu'en conclure ? Que la petite bourgeoisie slovène est plus patriotique que l'italienne ? Il y aura d'autres raisons qui m'échappent. Quoi qu'il en soit, tout cela peut réellement intensifier la force de la classe des artisans slaves à Trieste.

[76]) *Porco de s'ciavo* (cochon de Slave) alterne dans ces bouches avec *porco de taliàn* (cochon d'Italien — du Royaume). L'antislavisme des fils de pères ou des neveux de grand-pères slaves

est fréquent. On l'observe même dans les couches supérieures ; nombre de radicaux sont des italianisés depuis une ou deux générations ; c'est par les noms qu'ils le révèlent.

[77]) L'influence nationale du prêtre sur la population rurale est très forte : je connais un prêtre italien ou italianisant qui fait voter pour le candidat italien des Croates d'Istrie, qui ne sont pas même hybrides. Les prêtres italiens (c'est admis) manquent ; le clergé slave remplace ceux qui manquent. Celui qui veut continuer la lutte nationale telle qu'elle se pratique aujourd'hui, ne peut pas se priver de l'aide du prêtre ; c'est pour cela que le nationaliste pur ne peut pas se permettre le luxe d'être anti-clérical ; et moins encore l'irrédentiste (bien que cela puisse sembler contradictoire. Ces groupes nationalistes, qui insistent pour que la « Lega Nazionale » continue à subventionner les aspirants au sacerdoce sont donc très logiques.

[78]) En effet les socialistes slaves de la région julienne se sont déclarés plusieurs fois en faveur de l'université italienne à Trieste sans compensations et sans restrictions, comme droit et non comme échange.

[79]) Une comparaison est particulièrement instructive par sa symétrie : En 1873, quand le mouvement national était certainement moins répandu qu'il ne l'est aujourd'hui, le *Progresso* (18 septembre), combat, entre beaucoup d'autres, la candidature (gouvernementale) au Conseil d'un avocat, parce qu'il est directeur de l'établissement naval qui fournit du bois de guerre au gouvernement. Le Vice-Président actuel, élu par les voix de tout le libéralisme, même radical et « étatophobe », est directeur du même chantier, qui est plus que jamais le constructeur des navires cuirassés de l'Autriche ! Certaines adaptations, d'ordre administratif, à Trieste, seraient cependant incompréhensibles sans cette renonciation des classes bourgeoises, petites et moyennes à défendre leurs propres intérêts, dans l'illusion de la concorde nationale. En récompense, la haute bourgeoisie se laisse par ces classes imposer certaine conduite ou la subit ; mais généralement, comme il arrive aux plus forts, elle vend de la fumée et achète du rôti.

[80]) Pour l'université indésirée qu'on se rappelle l'aveu échappé à M. Barzilai dans le *Corriere della Sera* et dans d'autres journaux du 14 février 1909, l'accès oratoire sympathique d'Attilio

Hortis (d'autres pourront se servir de l'université pour des buts d'agitation politique ; moi non etc.) ; en outre, pour le Royaume, les déclarations franches de Fogazzaro et de Giacosa, dans Pellegrini : *Verso la guerra ?* p. 159 etc. Pour les votes opposés à la demande au gouvernement d'écoles italiennes (sous réserve de se plaindre parce qu'il ne les accorde pas) cfr. *Procès-verbaux du Conseil* 1910 et 1911. —

[81]) On cite souvent la Dalmatie comme un exemple typique de pays italien slavisé. Il y aurait beaucoup à dire là-dessus. Je puis seulement affirmer que l'énorme majorité des Dalmates est slave depuis douze siècles et même davantage ; que le Croatisme a eu en Dalmatie un développement historique bien autrement profond qu'en Istrie ; que le dialecte néo-roman (dalmate) ne s'est jamais fondu avec le vénéto-italique et qu'il est désormais bien mort (voir Bartoli : *Das Dalmatische)* que les groupes italiens actuels dérivent tout simplement de la conquête et de l'italianisation vénitienne maritime, qui ne date que du XVme siècle et que les Italiens se sont maintenus au pouvoir jusqu'en 1880 dans les communes maritimes grâce à l'appui du centralisme autrichien qui plus tard protégea le croatisme opprimé. Celui-ci se débarrassa du vernis italien là où il en avait, d'où les soi-disant conversions au croatisme et l'oppression des opprimés d'hier. Or il m'est agréable d'accentuer que cette oppression fut en réalité avantageuse aux groupes de la minorité italienne qui est aujourd'hui plus vivante qu'elle ne l'a jamais été.

Géographiquement, la Dalmatie est hors de l'Italie. Tommaseo lui-même l'excluait des tendances séparatistes, Tommaseo qui se reconnaissait lui-même Slave, qui appelait les Dalmates Serbes et non Croates et qui affirmait qu'il n'y avait pas de Dalmate qui n'eût quelque goutte slave dans son sang. Combi, dans son livre *Rivendicazione dell' Istria agli studi italiani* (1877) reconnaît lui aussi le caractère slave de la Dalmatie. Il faut accueillir avec méfiance les bruits pessimistes concernant la situation politique des Italiens en Dalmatie. Certes, ils ne sont plus les maîtres (sauf à Zara) et ils ne sauraient plus l'être ! Mais les Italiens authentiques n'y sont rien moins qu'en danger de mort ! !

[82]) L'immigration est toujours très intense à Trieste, dont le bilan migratoire, dans le dernier recensement est, comme il va

de soi, actif ; il est même, avec celui du Tyrol, le seul qui manifeste une augmentation absolue en comparaison avec le recensement précédent (excédent d'immigrés sur les émigrés à Trieste en 1900 : 16,908 ; en 1910 : 36,744). Mais le pays de Goritz d'où le plus fort courant des Slaves descend à Trieste, bien que continuant à offrir un bilan migratoire passif, marque un excédent d'émigrés sur les immigrés de beaucoup moins important que dans la précédente dizaine d'années : 2875 contre 8111 ; l'Istrie passe même d'un excédent passif (7572) à un excédent actif (4226). L'immigration vers les villes a partout tendance à s'atténuer peu à peu, sous l'influence des mêmes phénomènes qui l'ont créée.

[89]) En ce qui concerne la force économique du slavisme julien les indications suivantes peuvent suffire : Le mouvement d'association des dépôts et emprunts (caisse d'épargne et associations coopératives de crédit) est, même en chiffres absolus, plus intense à Trieste parmi les Slaves que dans les institutions italiennes privées de même nature : la banque triestine indépendante la plus forte — au moins parmi les banques par actions — est slave et étend de plus en plus son influence économique sur les classes moyennes italiennes. Je ne parle pas des banques tchèques très fortes qui ont des succursales à Trieste. Tout cela n'est pas dû au sentiment : c'est au contraire la répercussion de ces mêmes courants économiques grâce auxquels le trafic triestin s'oriente de plus en plus vers les pays non-italiens. C'est pour cela que les tentatives faites par les personnes les plus influentes pour que les banques italiennes s'établissent à Trieste, n'eurent jusqu'ici pas même un commencement d'exécution ; au contraire, des banques allemandes (viennoises) et slaves sont prospères. Les banques suivent l'orientation du commerce ; l'étiquette nationale est plus un moyen qu'un but, mais, naturellement par le phénomène habituel de dépendance mutuelle, elle peut définitivement aider et aide aussi au développement des forces nationales.

A Trieste, les Slovènes ont un théâtre et un opéra à eux, des sociétés chorales et sportives, etc.

A présent trois journaux quotidiens slovènes paraissent à Trieste parmi lesquels l'organe officiel du parti nationaliste (*Edinost-Unité*) avec un tirage de 7000 exemplaires.

[84]) Après cela que penser de l'agitation contre l'école supé-rieure slovène à Gorice et en général de l'éffort tendant à con-tester aux Slovènes le droit d'indigénat dans la ville ? Quelle atroce ironie !

[85]) Si l'Autriche — me disait un homme très compétent en matière de trafics — après avoir perdu Trieste créait un autre port pour le hinterland de l'Adriatique orientale, ce port n'ab-sorberait pas seulement tout le trafic pour l'Autriche, qui passe actuellement par Trieste, mais aussi une partie des marchan-dises destinées à l'Italie. La marine marchande affectée au ser-vice du hinterland autrichien, disposant de l'immense supério-rité d'absorption et d'exportation de ce même hinterland, conti-nuerait à charger aussi les marchandises pour l'Italie (café, coton etc.), mais elle trouverait plus utile — à cause de la fai-ble entité du chargement — de décharger ces marchandises dans le port autrichien, sans toucher barre à Trieste.

[86]) Les plus considérables marchés d'exportation italienne ne sont ni balkaniques ni orientaux. C'est avant tout (pour l'indus-trialisme) l'Argentine où les produits industriels italiens occu-paient la première place en comparaison avec les autres pays et où l'Italie a exporté (1910) pour plus de 150 millions de lires. L'Italie a exporté (1910) en Allemagne pour 293 mille lires, aux Etats-Unis pour 263, en France pour 218, en Angleterre pour 210, en Suisse pour 216, en Autriche-Hongrie pour 164. Ces sept pays absorbent presque les ¾ des exportations italiennes.

Dans la Turquie européenne et asiatique (avant la guerre) les exportations italiennes (1910) se chiffraient à 107 millions de lires contre 138 millions d'exportation autrichienne. En Serbie, malgré les erreurs de sa politique économique, l'Autriche écrase encore l'Italie comme puissance exportatrice (18 millions de cou-ronnes en 1910 contre un peu plus de 2 millions). Le lin et le chanvre italiens pénètrent dans le Levant tout entier après ces mêmes produits anglais : les tissus, moins. Mais il faut ajouter que la position économique de l'Italie dans les Balkans dépen-dra de la solution des problèmes des chemins de fer. On sait qu'il y a deux trains transversaux Danube-Adriatique et que l'Autriche, ne pouvant les éliminer tous les deux en faveur de sa ligne verticale (Mitrovitza-Salonique), se range du côté du tracé plus méridional (Uskub-S Giovanni di Medua) qui serait presque inutile pour la Serbie et le Monténégro.

[87]) Si ce n'est pas exactement la phrase c'est la pensée attribuée à Crispi que : si l'Autriche n'existait pas, il faudrait l'inventer. * On retrouve la même pensée dans le discours déjà cité de M. Brunialti, au cours de la discussion pour la politique étrangère à Montecitorio (décembre 1910)

[88]) Aussi en Bosnie le centralisme austro-hongrois a voulu inventer une « nation » bosniaque et cependant toute la Bosnie est yougoslave, puisque même les mahométans sont slaves de nationalité. Et alors on vit cette impayable *pochade* : Kallay ordonnant la saisie de l'Histoire des Serbes, dont il était l'auteur, et dans laquelle il avait affirmé, comme de raison, que les Bosniaques étaient Serbes !

[89]) Environ 1 million et demi de Slovènes et 800.000 Croates en Autriche, 3 millions de Serbo-Croates en Hongrie et 2 millions en Bosnie-Herzégovine. Le facteur économique prônerait l'absorption ; il suffit de songer à la situation de la Serbie, situation d'une absurdité économique sans égale.

[90]) En 1912 le député nationaliste allemand Dobernig, président de la Délégation autrichienne, préconisait une alliance italo-allemande contre les Slaves, pour paralyser les dangers d'un trialisme autrichien sur le rivage oriental de l'Adriatique, mais cette alliance — il faut le dire bien haut — est encore une utopie dans le sens que les Allemands voudraient lui attribuer. Les Allemands, en Julie, comme élément ethnique indigène, n'existent pas. Les Slaves existent. Le problème donc ne regarde que les Italiens et les Slaves. Ce serait autre chose s'il s'agissait d'utiliser les antagonismes slavo-allemands pour obtenir une autonomie julienne ou triestine. Mais même dans ce cadre autonome, il faudrait aborder le problème italo-slave et le résoudre.

[91]) Une université italienne à Trieste, d'où on n'aurait préalablement pas exclu des chaires juridiques, économiques, commerciales etc, en d'autres langues (serbo-croate, allemande etc)

---

* La phrase est du Tchèque Palacky et Crispi s'en est emparé. (Note du Traducteur.)

pourrait en effet devenir un centre d'irradiation de la culture et de la science italiennes sur tout le rivage oriental de l'Adriatique. Si Trieste savait, elle pourrait devenir ce que Bari s'efforce d'être inutilement, ce que jadis fut Venise, un grand agent de diffusion de culture slave, un médiateur non seulement commercial mais intellectuel aussi, entre l'Orient et l'Occident. Tout cela — faut-il le dire ? — doit répugner à la mentalité actuelle des nationalistes qui tremblent à la seule pensée de l'entrée de non-Italiens à la faculté italienne ! Ils vont jusqu'à méditer de les en exclure par une loi spéciale ! ! ! (Piccolo, 26 décembre 1911, 23 février 1912). Arrivé jusqu'à ce degré d'absurdité, le Nationalisme finit par se renier lui-même.

ERRATA

Page   5, 17me ligne, après « ville » placer la note No 3.

»   13, avant dernière ligne, lire note 13 au lieu de 12.

»   17, 19me ligne, supprimer le No de la note.

»   18, 31me ligne lire note 15 au lieu de 57.

»   46, 11me ligne, après « ultra-fedelone », placer la note 19,
28me ligne à la fin de l'alinéa, placer la note 20.

»   55, 7me ligne après « propagandisme », placer la note 21.

»   85, 6me ligne, lire note 32 au lieu de 37.

» 134, fin du deuxième alinéa, placer la note 51, fin du
troisième alinéa, placer la note 52.

» 149, 6me ligne, lire note 62 au lieu de 69.